22/32

D'UNE ÉTOILE L'AUTRE

ROGER VADIM

D'une étoile l'autre

ÉDITION° 1

NOTE DE L'AUTEUR

La publication d'un Journal ou de Mémoires n'est pas une innovation des temps modernes. Ecrivains, politiciens, philosophes et même saints (ou saintes) ont écrit à propos de leur famille, de leurs amours, des gens qu'ils ont connus, et cela depuis des millénaires. En revanche, une certaine notion « d'atteinte à la vie privée » est récente.

Pourtant, le terme « vie privée » ne peut avoir la même signification pour tous les individus. Il tombe sous le sens, par exemple, qu'une comédienne qui, pour faire carrière, recherche l'attention des médias en parlant de sa vie privée, de ses sentiments, aussi bien que de son métier et n'hésite pas à dévoiler au monde par l'écran ou la photo l'ensemble de ses charmes, serait mal venue de décider soudain, au sommet de sa gloire, que tout ce qui a été dit et écrit doit être oublié et, comme au temps de Savonarole, censuré, ou subir l'autodafé.

Une vedette de l'actualité ne peut se réclamer d'une existence totalement secrète. Si tel est son désir sincère, elle avait d'autres voies à envisager que de se faire un nom par la scène, l'écran et l'écho des médias.

Il y a naturellement des exceptions. Greta Garbo en particulier. Mais elle a vécu recluse à l'ombre

7

des studios géants de Hollywood et n'a de sa vie convoqué un photographe à l'occasion d'un anniversaire ou de tout autre événement, intime ou privé.

Mon idée en publiant ce livre n'est certes pas de jouer sur le sensationnalisme. (Dieu m'est témoin pourtant que la matière ne me manquerait pas!) Au contraire, il s'agit d'un hommage tendre et respectueux à l'adresse de femmes remarquables.

R.V.

PREMIÈRE PARTIE

BRIGITTE BARDOT

7

1

DEPUIS que Botticelli a peint sa Vénus flottant sur une coquille de nacre, on n'avait plus revu la déesse de l'amour sortant de l'onde.

C'est à ce miracle qu'assistèrent le 12 mai 1953 à onze heures trente deux mille marins américains du porte-avions *Enterprise* ancré en rade de Cannes.

Ils virent d'abord les longues mèches flottant à la surface de l'eau, puis le visage ruisselant de gouttelettes qui scintillaient au soleil comme autant de diamants. La bouche innocente et sensuelle, les yeux à l'ovale parfait, le nez délicat, les joues qui gardaient encore les rondeurs de l'enfance, étaient faits pour le rire et le plaisir. Deux mains aux poignets aristocratiques attrapèrent le bord d'un chriscraft et l'apparition se hissa sur l'embarcation : cou de cygne, épaules graciles, seins généreux, taille si fine qu'un homme pouvait en faire le tour des deux mains, un cul rond, provocant et tendre qu'Adonis et Aphrodite eussent envié, hanches à la courbe parfaite, cuisses aux muscles longs et fermes, mollets charmants et pieds cambrés de danseuse. Un petit bikini, une ombre davantage qu'un vêtement, ne dissimulait rien de ce corps sensuel et glorieux.

Les marins de l'*Enterprise* savaient reconnaître

une déesse même s'ils en ignoraient le nom. Leurs sifflets et les applaudissements s'entendirent jusqu'aux marches du Palais du Festival, sur la Croisette. Ils coururent tous au bastingage de bâbord où ils se bousculèrent pour mieux voir.

Brigitte Bardot, debout dans le chriscraft, éclata de rire. « Ils vont faire chavirer le porte-avions! » s'écria-t-elle.

Un officier descendit l'échelle de coupée et fit signe à Brigitte de monter à bord. C'était contre le règlement mais il préférait cette entorse à la discipline à une émeute ou une mutinerie généralisée.

Avec cette spontanéité qui lui était propre, Brigitte accepta l'invitation.

Arrivée sur le pont, elle serra les mains, fit rire avec ses quatre mots d'anglais et laissa les amateurs de souvenirs prendre autant de photos qu'ils le désiraient. Cela changeait des visites de Bob Hope et des pin-up préfabriquées *made in Hollywood* dont les marins avaient l'habitude.

En quittant le bateau, Brigitte s'était fait deux mille amis.

Avant d'accoster au ponton du Carlton, elle enfila son blue-jean. Il lui fallut plus d'une demi-heure pour parcourir les cent mètres de la plage à l'hôtel, et le même temps pour traverser le hall. Elle réussit finalement à s'engouffrer dans l'ascenseur mais d'autres photographes l'attendaient dans le couloir du troisième étage où se trouvait sa chambre.

Le Festival de Cannes battait son plein. C'était le temps des folies et de la gaieté. Les stars ne savaient pas encore qu'elles étaient envoyées sur terre, tel le Messie, pour guider l'humanité, et les journalistes ne jugeaient pas leur talent en fonction de leurs activités sociales ou de leur engagement politique. Brigitte Bardot avait déjà tourné quelques films mais, n'étant pas encore star, elle n'avait pas été

12

invitée par le comité directeur du Festival. Elle était à Cannes pour accompagner son mari, un jeune reporter de *Paris-Match* qui s'appelait Roger Vadim...

Brigitte et moi n'étions mariés que depuis quatre mois et elle n'avait pas voulu rester seule à Paris.

Malgré l'allergie de Brigitte pour les réceptions officielles et les conférences de presse, et le fait qu'aucun de ses films n'était présenté en compétition, un phénomène étrange se produisit dès le soir de notre arrivée au Carlton : les photographes abandonnèrent leur gibier ordinaire – stars internationales des deux sexes – pour traquer Brigitte. On la poursuivait partout, au restaurant, à la plage, dans les magasins et jusque dans notre chambre.

Je me souviens d'un après-midi où je fus l'un des seuls journalistes interviewant Lollobrigida, Kim Novak et Kirk Douglas dans la salle de conférences du Palais du Festival. Tous les autres couraient après ma femme, des boutiques de la rue d'Antibes aux palmiers de la Croisette.

Le « phénomène » Bardot, cette incroyable attraction qu'exerçait une gamine de dix-neuf ans sur les médias, n'était pas nouveau. Mais c'est à Cannes, cette année-là, qu'il prit une dimension internationale.

Le soir de sa visite à l'*Enterprise*, nous dînions avec des amis dans une petite auberge de La Napoule. Nous avions réussi à semer les photographes (étrange pour un journaliste d'avoir à se cacher de ses confrères...) quand un homme s'approcha de notre table. Il se présenta comme l'un des secrétaires particuliers d'Onassis.

« Comment m'avez-vous retrouvée? demanda Brigitte.

– Je ne donne jamais mes sources, mademoiselle. Question de principe.

– Votre patron possède une bonne organisation, remarqua Brigitte.

– On peut le dire, en effet. Il m'a prié de vous inviter demain soir à la réception qu'il donne à bord du *Christina*. Toutes les stars du festival s'y trouveront. M. Onassis m'a prié de vous dire qu'une soirée ne saurait vraiment être réussie sans votre présence.

– Il a bien raison, dit Brigitte. Malheureusement, demain soir je suis prise. Je dîne avec mon mari. »

Et comme le secrétaire se tournait vers moi pour étendre son invitation, elle ajouta : « En tête-à-tête. »

On connaît de Brigitte la beauté et l'insolente sensualité. Elle illustre l'érotisme et la joie de vivre d'une époque révolue. Mais l'on sait peu de chose de ses angoisses, de ses peurs, de son don pour le malheur qui faillit souvent la conduire au bord de la tragédie.

Les amoureux qui se promènent et s'embrassent à la lumière argentée de la lune ne pensent pas à l'autre côté du satellite, le côté qui ne voit jamais le soleil. Il en va ainsi de Brigitte dont on ne connaît qu'une face.

Qui se cachait réellement derrière l'image radieuse du dernier des sex-symbols?

2

LE 92 descendait l'avenue Paul-Doumer en direction du Bois de Boulogne. Les premières semaines d'octobre avaient été maussades, mais brusquement, ce matin-là, le temps s'était adouci. Le soleil d'automne, quand il se montre, offre à Paris sa plus belle lumière. L'air était léger, les arbres parés d'or et de rouille. Brigitte se tenait sur la plate-forme ouverte de l'autobus et fouillait dans un grand sac de toile où s'entassaient un collant de danseuse, ses ballerines, ses cahiers et ses livres d'écolière, en répétant : « Merde, merde, merde... » Elle venait d'avoir quinze ans.

Le receveur admirait les jeunes seins sous le chemisier entrouvert.

« On a perdu quelque chose, ma p'tite dame?

– Mon bouquin d'algèbre. Il a dû tomber du sac quand je me suis changée chez Boris. »

Le receveur envia ce Boris. Il ne pouvait deviner que Boris Knazieff, maître de ballet à la cour du tsar Nicolas II, n'était que le professeur de danse de cette ravissante jeune fille. Trois fois par semaine, après le lycée, elle se rendait au studio Walker, place Pigalle, chez le tyran de génie. Enlevé! Attitude! Pirouette! Entrechat! Jeté battu!... Un, deux, trois... Tête haute! Grand saut, déboulé... Après la première audition, Boris avait dit : « Bien. Mais beaucoup de trrravail! » Ce qui, en clair, signifiait : « Tu seras danseuse étoile. »

A l'arrêt de la place de la Muette, Brigitte quitta l'autobus et marcha de son pas vif et léger jusqu'au 1 *bis*, rue de la Pompe. Dans l'antique ascenseur hydraulique, perché sur sa colonne tel un champignon de métal, elle réfléchissait à la meilleure tactique à employer pour convaincre ses parents de la laisser aller au cinéma avec une copine. Arrivée au cinquième et dernier étage de l'immeuble, elle sortit de l'ascenseur et sonna trois coups brefs à la porte d'entrée de l'appartement. C'est la femme de chambre qui lui ouvrit.

Dans le salon, une surprise l'attendait. Sa mère parlait avec Hélène Lazareff, la rédactrice en chef du magazine *Elle*. Hélène cherchait un visage nouveau pour illustrer un reportage sur la jeune fille française moderne. Amie de Mme Bardot, elle connaissait Brigitte : « C'est elle, je te le dis. C'est elle », répéta-t-elle, quand la jeune fille entra dans la pièce. Mme Bardot, « Toti » pour les intimes, se méfiait des journaux et de la publicité. Pour faire plaisir à Hélène elle finit par accepter. « A condition que Brigitte ne manque pas ses cours », précisa-t-elle.

Brigitte, toujours d'accord avec ce qui dérangeait la routine familiale, était ravie.

A l'époque, j'habitais chez Danièle Delorme et Daniel Gélin, jeune couple vedette du cinéma français. Je gardais parfois leur fils qui avait trois ans. Le statut de baby-sitter me convenait : j'ai toujours aimé les enfants. Après avoir joué au barracuda dans la baignoire, tiré au revolver à plombs sur les passants de l'avenue de Wagram et taillé une toge romaine dans un vieux dessus-de-lit, nous étions, Zazi et moi, à court d'inspiration.

« Fais-moi un avion », dit-il.

J'arrachai une page du dernier numéro de *Elle* et la pliai en diagonale, quand un visage attira mon attention. Zazi attendait son avion et s'impatientait.

« Qu'est-ce que tu fais?
– Je regarde une photo. »

Zazi me prit des mains la page.

« J' la connais pas. Mais elle est jolie », dit-il.

Brigitte, à l'époque, était châtain foncé. Contrairement à ce qui a été souvent écrit, je n'ai jamais préféré les blondes. C'est la beauté qui me touche. Brune, Brigitte était aussi très belle.

Le lendemain, je montrai le magazine à Marc Allégret qui avait décidé de mettre en scène mon premier scénario, dont le titre était *Les lauriers sont coupés*. Il fut sur-le-champ convaincu que cette jeune fille était l'incarnation même du personnage principal de mon histoire. Il écrivit un mot à M. et Mme Bardot, exprimant son désir de rencontrer leur fille en vue d'un essai.

Le cinéma, cinq ans après la fin de la guerre, n'était pas encore accessible aux jeunes metteurs en scène. Marcel Carné, René Clair, Henri-Georges Clouzot, René Clément, Jean Renoir, Julien Duvivier et Marc Allégret régnaient sur le cinéma en France (moyenne d'âge à peine en dessous de cinquante ans). Marc était réputé pour avoir découvert un nombre impressionnant de vedettes. Il avait un don unique pour détecter le talent.

Je l'avais connu trois ans plus tôt. Je faisais de la figuration dans un de ses films, *Petrus*, quand il dut soudain quitter le plateau; sa fille avait eu un petit accident à l'école. Je me trouvais dans la cour du studio quand je le vis monter en voiture et démarrer sur les chapeaux de roues. Je retournai sur le plateau où le producteur, angoissé, se mangeait les ongles. L'heure, ce jour-là, coûtait cher : on tournait une scène de foire avec trois cents figurants. Je m'approchai du pauvre homme et lui dis que Marc Allégret m'avait donné des instructions pour le tournage du plan suivant. Pas une seconde, le producteur ne se douta qu'un gamin de dix-sept ans pût avoir le culot de mettre en scène, de sa propre initiative, une séquence compliquée avec travelling, panoramique sur des chevaux de bois, pour finir en gros plan sur la vedette du film qui était Fernandel. Il me crut.

L'équipe mit en place mon « plan », on répéta et deux heures plus tard, la scène était dans la boîte. Quand Allégret revint sur le plateau, le producteur le remercia chaleureusement. « Je sais ce que c'est d'être père. Vous auriez pu partir sans laisser d'instructions... » J'étais prêt à prendre lâchement la fuite, mais au lieu de se fâcher, Allégret joua le jeu. Il m'observait du coin de l'œil et à la fin du tournage me convoqua dans sa loge. Il ne m'avait jamais encore adressé la parole.

« Le plan était bon, dit-il. Passer de la tête du cheval à Fernandel, c'est une idée amusante. Je n'y avais pas pensé. Etes-vous libre pour dîner? » ajouta-t-il.

Marc Allégret allait devenir mon mentor, mon ami (mon complice en certaines occasions que l'on pourrait qualifier de « piquantes ») et en quelque sorte mon troisième père. Mon père originel Igor Plémiannikov, consul de France, était mort à trente-quatre ans d'une soudaine attaque cardiaque. Mon beau-père Gérald Hanning, architecte urbaniste, collaborateur de Le Corbusier, était un homme remarquable, de dix ans plus jeune que ma mère et

18

il eut sur moi une grande influence intellectuelle. Je l'admirais et l'aimais comme un frère aîné. Il venait, hélas! de se séparer de ma mère. Bien que très indépendant (j'ai volé de mes propres ailes depuis l'âge de quinze ans), je me trouvais, quand j'ai rencontré Marc, en mal de papa.

C'est à Londres, dans un film qu'Allégret tournait pour Sir Alexander Korda, *Blanche Fury* avec Valerie Hobson et Stewart Granger, que je fis mon apprentissage d'assistant. Les syndicats anglais était farouchement isolationnistes et pour cette raison, je n'étais pas payé. Cela m'importait peu. J'habitais au Dorchester dans la suite réservée au metteur en scène, j'apprenais l'anglais, les Anglais et d'une façon plus intime les Anglaises.

Un an plus tard (toujours à Londres) je travaillais avec Marc au scénario d'un film policier, *Blackmail*. Chaque nuit ou le matin au studio de Hammersmith, il fallait réécrire les scènes. Un second rôle restait à distribuer. Marc m'emmena dans un club privé (tout était privé à Londres) pour voir une jeune fille qui présentait le spectacle vêtue d'un maillot de bain pailleté d'argent et décoré de trois plumes d'autruche collées à la base de sa colonne vertébrale. Elle était ravissante et délivrait son texte avec humour et charme. « Elle serait parfaite pour Polly », me dit Marc. Pendant deux semaines, il lutta pour la faire engager. Le producteur, un brave homme dont je tairai le nom par charité chrétienne, ne voulut rien entendre. « Elle a déjà fait trois essais, disait-il, personne n'en veut. Elle a un nez impossible. Cette fille n'a pas de carrière. » Cette « fille » s'appelait Audrey Hepburn. La maîtresse d'un des financiers du film obtint le rôle.

De retour en France, je terminai mon scénario, *Les lauriers sont coupés*. Une histoire dont aucun des héros n'était majeur. La moyenne d'âge des spectateurs, à l'époque, se situait entre vingt-cinq et cinquante ans. Les films de jeunes n'étaient donc pas au goût du jour. Mais Allégret ayant donné son accord pour mettre en scène mon scénario, un producteur paya 80 000 F (anciens) les droits de mon histoire. Ce n'était ni la gloire ni la fortune mais un journal de cinéma, *Cinémonde,* me fit l'honneur d'un court article titré : *Roger Vadim, 19 ans, le plus jeune scénariste d'Europe.*

Marc et moi avions rencontré dans le train entre Londres et Paris la plus douée des danseuses étoiles des Ballets de Paris, Leslie Caron. Il lui fit faire un essai pour le rôle principal de mon scénario. Le producteur n'en voulut pas. « Elle ressemble à un Esquimau », fut son verdict. Grâce à cet essai, cependant, Leslie obtint la couverture de *Paris-Match* et Gene Kelly l'engagea pour son film : *Un Américain à Paris.*

J'éprouvais beaucoup de tendresse pour Leslie qui, de son côté, me portait davantage que de l'affection. Nous passâmes trois semaines de vacances dans les Alpes, aux sports d'hiver. Funambules en équilibre sur le fil de l'amour nous n'osions, ni l'un ni l'autre, faire le pas décisif. J'étais timide, elle se remettait mal d'une liaison tumultueuse avec un de ses partenaires, vedette des Ballets de Paris. A l'hôtel du Mont-Blanc, à Megève, nous partagions la même chambre (essentiellement pour des raisons d'économie). Leslie dormait par terre sur un matelas. Culpabilisée de passer les nuits sans faire l'amour dans la chambre d'un homme dont elle avait encouragé les sentiments, elle se mortifiait en m'abandonnant le confort du lit. Elle dormait avec des œillères en velours noir, comme une star de cinéma d'avant-guerre.

Après quelques mois à Hollywood où elle préparait le tournage d'*Un Américain à Paris*, Leslie se sentit très seule. Elle m'écrivit une longue lettre qui se terminait ainsi :

Pourquoi ne viens-tu pas ici? Tu serais tranquille pour écrire. Je suis sûre que tu pourrais vendre tes idées de scénario. C'est très triste de te savoir si loin – plus j'y pense et plus c'est triste...

J'aurais sans doute répondu à son invitation si un événement important n'était intervenu dans ma vie. Un mois environ avant de recevoir la lettre de Leslie, j'avais rencontré Brigitte Bardot. Je savais maintenant que la tendresse, l'amitié et l'attirance physique que j'éprouvais pour Leslie (nous n'avions échangé que des baisers) n'étaient pas de l'amour.

Considérant le genre d'avenir que M. et Mme Bardot espéraient pour leur fille (un mariage avec un banquier, un industriel, à la rigueur un ministre), les chances qu'ils répondent à la lettre de Marc Allégret étaient minces. Mais comme elle ne prenait pas cette audition au sérieux et qu'elle était curieuse de rencontrer un cinéaste célèbre, Mme Bardot céda à l'insistance de sa fille. Elle se dit que rien ne sortirait de cette rencontre mais qu'elle s'éviterait ainsi la mauvaise humeur et les reproches de Brigitte. Rendez-vous fut pris au domicile de Marc Allégret, 11 *bis*, rue Lord-Byron, en fin d'après-midi, après les heures de classe.

Brigitte ne s'attendait nullement à être engagée pour tourner un film. D'ailleurs, elle ne voulait pas faire de cinéma, mais poursuivre une carrière de danseuse classique. En revanche, elle était toujours prête à rencontrer des gens qui la changeaient des amis de papa et maman et des lycéens de bonne famille acceptés rue de la Pompe. Comme sa mère, elle était intéressée à rencontrer un homme qu'elle imaginait régnant sur une cour de vedettes et de célébrités.

Ni Toti, ni Mlle Bardot n'imaginaient que cette visite allait bouleverser le cours de leur existence.

3

CE qui me frappa chez Brigitte quand je la rencontrai, ce fut, pour employer un terme de danse, sa « tenue », son allure. Taille cambrée. Port de tête royal. Et sa façon de voir. Beaucoup de gens regardent mais ne savent pas voir.

Sa mère avait des cheveux châtain clair, coupés assez court. Les beaux yeux en amande, le nez fin, un peu long, la bouche finement dessinée, qu'un sourire toujours retenu et un rien mondain rendait injustement sévère, donnaient à son visage sans ride un air de jeunesse rare chez une Parisienne de sa condition que deux années seulement séparaient de la quarantaine. Elle ne ressemblait pas à sa fille. Chez la première, l'éducation et les stigmates de classe avaient pris le pas sur la nature, chez l'autre, telle une source vive, tout était spontané.

Nous nous trouvions au septième étage, dans l'appartement ensoleillé de Marc Allégret, à qui Mme Bardot expliquait qu'elle avait cédé au caprice de sa fille et au plaisir de faire la connaissance d'un homme de grand talent, mais qu'elle n'envisageait pas de carrière de comédienne pour Brigitte. Tout en bavardant, elle réalisait que Marc était à l'opposé de l'image qu'on se faisait dans son milieu des gens du spectacle. Ses manières et son élégance de vocabulaire évoquaient davantage le style d'un diplomate que celui de l'artiste inspiré, possédé de son art et hurlant des ordres sur un plateau. Sa culture, bien qu'il n'en fasse pas étalage, impressionna Mme Bardot – qui connaissait le mot du président Poincaré : « La culture, c'est comme la confiture, moins on en a, plus on l'étale. »

Elle se laissa convaincre par Marc (« Brigitte est à l'âge où l'on aime les expériences nouvelles. Un essai n'engage à rien. »)

Pendant cette conversation, l'intéressée jetait des regards en coin vers le jeune homme que Marc lui avait présenté sur un ton moqueur comme son collaborateur : « Roger Vadim... Il a écrit le scénario. Il est paresseux, toujours en retard et trop doué pour son âge. » Brigitte avait éclaté de ce rire spontané et communicatif qui, tout de suite, me séduisit. Elle m'avoua plus tard qu'elle avait de son côté subi « une sérieuse attaque de coup de foudre. »

Il fut décidé que je ferais répéter son texte à Brigitte après ses cours, les jours où elle ne se rendait pas au studio Walker.

Avant même d'arriver chez elle, Mme Bardot regrettait d'avoir dit oui à Marc Allégret. Mais c'était une femme de parole, elle ne reviendrait pas sur sa promesse. Restait à convaincre son mari. Appelé familièrement Pilou, M. Bardot était de quinze ans l'aîné de sa femme. Un grand front, des cheveux poivre et sel – plus sel que poivre –, une bouche sans lèvres, un menton aigu, volontaire, un regard intense devenant fixe par moments et rendu encore plus étrange par des lunettes aux verres épais. Il aurait pu être directeur d'un hôpital psychiatrique, colonel à la retraite ou inventeur du

24

masque à gaz. Il était en fait président-directeur général d'une usine d'air liquide. Toujours précis, même dans le désordre, c'était le genre d'homme à prévoir (à la minute) un itinéraire en voiture, avec points de ravitaillement et moyenne horaire à suivre au kilomètre près, tout en tombant amoureux d'une vache dans un champ qu'il photographiait pendant une heure, pour ensuite rattraper « la moyenne », risquant à chaque virage la vie de sa famille alors que personne ne l'attendait à l'étape, sinon l'heure inscrite sur son calepin de voyage. Il adorait les calembours et les bonnes blagues et ne se séparait jamais d'un carnet où il notait ses histoires drôles. Il interrompait une conversation pour ouvrir son carnet, lisait la blague, se trompait de chute et riait tant qu'il ne remarquait pas l'expression gênée ou inquiète de son auditoire. Il était convaincu de tout décider sous son toit mais c'est Toti qui, en fait, tenait les rênes à la maison.

Sa première réaction à la nouvelle que sa fille allait faire un essai cinématographique fut : « Pas de romanichel dans la famille! » Il ajouta : « Avant de mettre les pieds dans un studio, elle passera sur mon corps. – C'est plutôt vous, papa, qui faites du cinéma », remarqua Brigitte. Toti ajouta qu'elle avait déjà donné son accord. « Tu as donné ta parole? » demanda Pilou. « Oui. » Situation cornélienne pour M. Bardot : une épouse parjure ou une fille déshonorée? Il opta pour la seconde solution, se disant qu'après tout un essai n'engageait à rien, et leva son veto.

Brigitte arriva au 44, avenue de Wagram, chez les Gélin, un lundi en fin d'après-midi. Elle posa ses livres de classe sur une des chaises de l'entrée et me suivit dans le salon.

« Vous me faites penser à Sophie », lui dis-je.

Sophie était le nom de l'héroïne d'un roman que j'avais écrit encore adolescent et qui ressemblait à Brigitte comme une sœur. Vulnérable et dynamique, romantique, terriblement sentimentale mais très moderne dans ses idées sur le sexe et son allergie aux règles de la morale bourgeoise. Sophie parlait comme Brigitte. Un dialogue imagé, impertinent, assaisonné de mots crus mais sans jamais de vulgarité. Plus tard je fis lire mon roman à Brigitte et « Sophie » devint son nom de code, son nom secret. Pendant des années, elle signa ses lettres d'amour : « Sophie. »

Brigitte se laissa tomber dans l'un des fauteuils du salon et nous commençâmes à travailler la scène que je lui avais demandé d'apprendre. Je devais ma formation théâtrale à Charles Dullin dont j'avais été l'élève de quinze à dix-huit ans. Je ne possédais pas l'expérience de mon illustre maître mais je compris tout de suite que Brigitte était inimitable et que ses défauts pouvaient être parfois des qualités. Elle avait davantage besoin d'un jardinier que d'un professeur. C'était le genre de fleur qu'on ne taille pas mais qu'on arrose. Discipliner sa voix aux intonations capricieuses eût été un acte de vandalisme. Parler de la psychologie du personnage, de ses motivations, ne l'intéressait absolument pas. Elle comprenait d'instinct ou ne comprenait pas. Elle digérait le personnage, le « bardotisait », le rendait réel à travers ses propres émotions; alors le miracle s'accomplissait.

La mémoire de Brigitte était particulière, dans la mesure où elle pouvait mémoriser une scène entière quelques minutes avant de tourner, mais où elle oubliait complètement un texte appris la veille si un événement quelconque l'avait entre-temps préoccupée ou troublée. Quand nous nous quittâmes après la première séance de travail, elle connaissait son texte par cœur. Deux jours plus tard, elle ne se souvenait plus d'un mot. « Mon père casse les assiettes », fut son excuse. Chaque fois qu'elle parlait de moi, à table, Pilou attrapait son couteau en argent et tapait du manche sur son assiette de porcelaine fine qui, en général, se brisait. « Maman trouve que vous nous coûtez cher », me dit-elle. Elle se mit à rire. Bergson a écrit que le rire était le propre de l'homme. J'ai toujours pensé qu'il était le propre de Brigitte.

Elle était assise sur le plancher, vêtue d'une jupe et d'un cardigan, dos au mur et les genoux remontés sous ses coudes. Je m'efforçais de ne regarder que ses yeux mais elle comprit que j'étais troublé et la désirais. Elle me dit :

« Et si on se disait tu ? »

Je pris cette demande pour ce qu'elle était, une déclaration d'amour déguisée. Mais je ne profitai pas de la situation. Nos rencontres étaient des rendez-vous de travail et je pris soin qu'elles ne dégénèrent pas en flirt. J'ai toujours détesté l'idée d'utiliser les avantages de ma profession à des fins personnelles. Je n'étais ni célèbre, ni metteur en scène, mais le statut de scénariste et d'assistant de Marc Allégret ne pouvait qu'impressionner une jeune fille de quinze ans. Je n'ai jamais, de toute ma carrière, noué d'aventure sur le plateau de mes films. Je me suis fait une règle stricte de ne pas coucher avec mes interprètes pendant la durée du tournage. (A moins, évidemment, que je n'habite déjà avec une actrice, ce qui a souvent été le cas.) Malgré tout, ces rendez-vous de l'avenue de Wagram avec Brigitte, ponctués de rires et de tendresse retenue, ne manquèrent pas de charme.

Le jour de l'essai arriva.

Brigitte fit preuve de beaucoup d'aisance. Elle n'avait aucune expérience mais donnait l'impression d'avoir toujours été devant une caméra. J'étais fier de mon élève et Marc se montra très emballé.

Il faisait nuit quand je la raccompagnai en taxi. Elle me tenait la main. Nous ne savions quel serait le verdict du producteur : ce voyage à travers les rues de Paris était-il notre dernier moment passé ensemble? Avant de sortir du taxi, elle posa un rapide baiser (le premier) sur mes lèvres.

Le producteur ne se montra pas convaincu. Il n'aimait pas les dents de Brigitte. Il trouvait qu'elle ouvrait trop la bouche quand elle riait. Après Leslie Caron, Brigitte Bardot fut recalée et la date du tournage des *Lauriers sont coupés* encore une fois remise aux calendes grecques. Je ne revis plus Brigitte de plusieurs semaines.

Je ne l'avais pas oubliée mais nos existences étaient si différentes que je voyais mal comment elles auraient pu s'accorder. Je vivais, au sens propre de l'expression, comme l'oiseau sur la branche, dormant chez l'un ou chez l'autre, selon mon humeur ou les rencontres d'un jour. (Le 44, avenue de Wagram était un havre mais pas réellement un chez-moi.) Je traînais beaucoup à Saint-Germain-des-Prés qui était une sorte de village dans la grande ville. Mes amis étaient des jeunes gens anonymes dont certains allaient devenir célèbres. D'autres, Jean Cocteau, Jacques Prévert, Boris Vian, Jean Genet, l'étaient déjà. Je connaissais aussi Colette, Edith Piaf, Maurice Chevalier, Sartre,

Camus, André Gide, Salvador Dali, des vedettes du théâtre et du cinéma...

Les nuits de Saint-Germain étaient réputées et le « Tout-Paris » venait s'y distraire ou s'y débaucher. Le fait d'être fauché n'avait aucune importance : qui avait trois sous payait pour les autres. Les bistrots et les discothèques nous faisaient crédit. A juste raison. C'étaient des garçons comme Christian Marquand, Michel de Ré ou moi-même, des filles comme Juliette Gréco ou Annabel qui avaient donné au quartier son nouveau style et lancé l'idée des clubs dans les caves. Et c'est moi qui ai forgé le mot « discothèque ». Un journaliste nous avait baptisés : les existentialistes. Plus tard, viendraient les beatniks et les hippies. Nous faisions souvent la première page d'hebdomadaires à sensation comme *Samedi Soir* ou *France Dimanche*.

Cet empressement des médias et des commerçants locaux à détourner à des fins lucratives un mouvement spontané, qui était plus un style de vie et une forme pacifique d'anarchie qu'une attitude politique ou intellectuelle basée sur la philosophie de Jean-Paul Sartre, ne nous dérangeait pas. Mais très vite, l'authentique Saint-Germain d'après-guerre allait mourir de cette pollution pour devenir le parc à touristes que l'on connaît aujourd'hui. Au temps de ma rencontre avec Brigitte, j'y menais encore une vie royale, une vie d'aventures perpétuelles qui me permettait de côtoyer les gens les plus cultivés et les plus intéressants de cette époque.

Parfois, je faisais de la figuration, je vendais un scénario ou je travaillais comme assistant pour Marc Allégret le temps d'un film, mais je me refusais à accepter un emploi suivi. J'apprenais davantage à ne rien faire. Je pressentais que ce temps de grande liberté succédant à quatre noires années d'occupation nazie était un accident de l'histoire, de brève durée, et j'étais décidé à en profiter au maximum.

Impossible, dans ces conditions, d'envisager une liaison amoureuse avec une jeune fille strictement élevée et qui n'avait qu'une fois par mois la permission de minuit. Mais je ne pouvais effacer de mon esprit le souvenir de Brigitte et la douce caresse de ses lèvres dans le taxi.

Un samedi après-midi, sortant d'un cinéma, je m'aperçus qu'il ne me restait que quelques francs en poche. J'avais le choix entre un ticket de métro et un jeton de téléphone. Je décidai d'appeler Brigitte. Pourquoi ce jour-là plutôt qu'un autre, je ne le saurai jamais. Ce ne fut pas une inspiration soudaine mais une nécessité. Un ordre sorti de mon subconscient et auquel je ne pouvais qu'obéir.

Je suis particulièrement distrait. Il m'est arrivé d'oublier des rendez-vous dont ma carrière dépendait, de me tromper de jour, parfois même de studio au cours d'un tournage, mais j'ai une mémoire d'ordinateur pour les numéros de téléphone – fort heureusement car je perds toujours mes carnets d'adresses. Je me souvenais du numéro de téléphone de Brigitte que je n'avais appelée qu'une fois, un mois plus tôt.

Contre toute attente, ce fut elle qui répondit. Elle avait trouvé une excuse pour éviter de passer le week-end à Louveciennes avec ses parents. Au ton de sa voix, je compris que mon appel lui faisait un immense plaisir. « Viens tout de suite, dit-elle. Je suis avec un copain et ma grand-mère. Elle est de corvée de garde jusqu'à lundi. » Je me félicitai d'avoir judicieusement dépensé l'argent de mon ticket de métro et je fis à pied le trajet du boulevard des Italiens à la rue de la Pompe.

Brigitte connaissait ma faiblesse pour le chocolat

au lait et m'avait préparé une tasse d'Ovomaltine chaude et crémeuse. Nous étions assis dans le salon meublé en Louis XVI, discutant avec le copain de sujets futiles. Je n'étais que de cinq ans leur aîné mais me sentais totalement étranger à leurs préoccupations. Un univers me séparait de ces adolescents qui n'avaient pas vraiment connu la guerre, menaient une existence réglée et dépendaient totalement de leurs parents.

Le départ du copain nous permit de parler de choses plus personnelles, mais l'irruption dans le salon toutes les trois minutes de « Mamie », qui prenait son rôle de chaperon au sérieux, interdisait toute intimité. A dix-neuf heures trente, Mamie me fit comprendre qu'il était décent de me retirer. Je surpris un signe discret à l'intention de Brigitte qui disparut un instant avec sa grand-mère dans une pièce voisine. En me disant au revoir sur le palier, Brigitte se mordait les lèvres pour ne pas rire. « Mamie m'a demandé de jeter un coup d'œil sur tes poches. Elle a peur que tu aies embarqué les petites cuillères en argent... » Je la pris dans mes bras et nous nous embrassâmes. Un long baiser interrompu trop tôt par le bruit des pas de Mamie qui se rapprochaient dans l'entrée.

La réaction de Mamie Bardot à mon égard illustrait parfaitement l'attitude encore très réactionnaire de la bourgeoisie française en ce milieu de siècle. Comme les rois s'entichaient autrefois de leur bouffon, les maîtresses de maison à la page se flattaient de recevoir à leur table des acteurs ou des chanteurs célèbres. Ils charmaient, ils éblouissaient, parfois, mais suscitaient une certaine méfiance. Et plus particulièrement les gens de cinéma.

On imagine, dans ces conditions, l'affolement de

Mamie Bardot voyant débarquer chez elle ce garçon curieusement habillé, qui faisait du cinéma et avait failli entraîner la pauvre Brigitte dans son monde de bohème où l'on ne respectait aucune loi.

M. et Mme Bardot étaient plus évolués. Ils avaient quelques amis dans le journalisme, la mode et le théâtre. Ils aimaient les arts. Mes chemises écossaises, mes pantalons rarement repassés et mes cheveux un peu longs ne les effrayaient pas. Ils trouvèrent que mes manières dénotaient une bonne éducation. Ils furent aussi favorablement impressionnés d'apprendre que mon père avait été consul de France et s'était battu à l'âge de quatorze ans contre les bolcheviques. Mon nom était en fait Roger Vadim Plémiannikov. Vadim, prénom choisi par mes parents, Roger parce que la loi en France exigeait un nom inscrit dans l'almanach et que mon parrain, hélas! s'appelait Roger. Plémiannikov, le nom de famille de mon père, signifie en russe : le neveu. A ce point de mes explications, j'invitai les Bardot à un voyage dans le temps, jusqu'au XVIIe siècle, où sévissait le terrible Gengis Khan. Sur son lit de mort Gengis Khan divisa entre ses fils un empire, qui s'étendait de la Chine aux frontières de l'Europe. Le fils cadet reçut en partage une région comprenant une partie de la Pologne et l'Ukraine. A la fin de son règne, ce ne fut pas son fils aîné mais son neveu qui hérita de la couronne. Le nom de Plémiannikov (le neveu) resta de ce jour attaché à la famille, même après qu'elle eut cessé de régner.

Quand mon père arriva en France, chassé par la révolution, il se fit naturaliser. Comme tous les enfants des familles aristocratiques russes, il parlait le français couramment. Sorti de l'Ecole des sciences politiques, il passa brillamment le « petit concours ». Nommé vice-consul à vingt-huit ans, il épousa une Française, Marie-Antoinette Ardilouze. Son premier poste fut le consulat d'Alexandrie.

Je n'aurais jamais imaginé devoir à mon arrière-grand-oncle, raseur de cités et coupeur de têtes, d'être accepté dans un salon bourgeois du XXᵉ siècle, à Paris. J'y fis les premiers temps quelques erreurs d'étiquette. En particulier de décapiter mon œuf à la coque avec un couteau, au lieu d'user de ma petite cuillère, ce qui choqua Toti. Apparemment, j'avais des problèmes de petites cuillères avec les Bardot... Malgré l'inquiétude qu'ils éprouvaient à constater l'attachement chaque jour plus profond que Brigitte me portait, Pilou et Toti m'aimaient bien. Je fus accepté avec fatalisme comme membre honoraire de la famille. Cela ne se fit pas en un jour, naturellement.

Au début, mes visites officielles rue de la Pompe furent hebdomadaires. Un mois plus tard seulement, j'eus le droit d'emmener Brigitte au cinéma, à la séance de vingt heures. Entre-temps, nous avions mis au point un système de rendez-vous secrets. Notre quartier général clandestin était un petit studio meublé au deuxième étage du 15, rue de Bassano, prêté à mon meilleur ami Christian Marquand par son père. M. Marquand éditait un annuaire pour les commerçants et Christian devait payer son loyer en collant des timbres sur des milliers d'enveloppes. Je l'aidais parfois dans cette tâche ingrate qui nous mobilisait quelques heures par mois.

Le mobilier de la chambre se limitait à un grand sommier, une chaise et une petite table. Pour bavarder, on s'étendait sur le lit ou l'on s'asseyait par terre. L'abat-jour de la lampe de chevet avait été décoré à l'encre et au crayon de couleur par Jean

Genet. Christian m'abandonnait le studio quand j'en avais besoin.

Il était quinze heures quand Brigitte arriva pour notre premier rendez-vous secret.

« Je devrais être en classe d'algèbre, dit-elle, mais j'ai choisi la liberté. »

Elle se serra contre moi et me tendit ses lèvres. Ce qui me bouleversait en elle était ce mélange extraordinaire d'innocence et de féminité, d'impudeur et de timidité.

Le temps que nous pouvions voler s'écoula. Déjà il fallait se séparer. Brigitte me demanda :

« Est-ce que je suis une vraie femme maintenant ?

— Pas tout à fait, lui dis-je. A vingt-cinq pour cent seulement. »

Elle me regarda avec un demi-sourire à la Mona Lisa, rêvant aux soixante-quinze à venir. Je l'aidai ensuite à imiter la signature de sa mère au bas d'un mot d'excuse pour son absence au cours d'algèbre. Puis, je la raccompagnai jusqu'à l'arrêt d'autobus.

Au retour, la concierge me coupa la route. Mlle Marie, cinquante ans, quatre-vingt-quinze kilos, faisait régner la terreur dans l'immeuble.

« Qui c'est, cette petite ? me demanda-t-elle avec son accent parigot prononcé.

— Une copine, dis-je. Une jeune fille très bien.

— C'est un immeuble respectable ici, gronda Mlle Marie, vous n'allez pas le transformer en hôtel de passe ! »

J'avais en poche un billet de mille francs que je lui glissai dans la main. L'argent avait toujours sur Mlle Marie un effet sédatif. Si je voulais continuer à revoir discrètement Brigitte, je n'avais d'autre choix que de soudoyer mon cerbère. Elle se retira, calmée, dans son antre, je veux dire : dans sa loge.

A sa seconde visite rue de Bassano, Brigitte me demanda à nouveau :

« Est-ce que je suis une femme?

– A cinquante-cinq pour cent », lui dis-je.

A sa troisième visite, je lui annonçai :

« Cent pour cent! »

Brigitte battit des mains et courut à la fenêtre qu'elle ouvrit toute grande.

« Je suis une vraie femme! » cria-t-elle aux passants dans la rue, qui levaient la tête et restaient bouche bée.

Dans son enthousiasme, elle avait oublié un détail : elle était complètement nue.

4

Rien n'encourage mieux la passion que le secret. Par
leur intransigeance, M. et Mme Bardot transformèrent le premier amour de leur fille en drame
épique. Brigitte était Juliette, j'étais Roméo.

Voler deux heures de solitude exigeait l'ingénio-
sité d'un agent secret. Nous avions des complices :
Marc Allégret, ma mère, Christian Marquand... Des
espions de l'ennemi dont il fallait se méfier : Mijanou (sœur cadette de Brigitte), les amis des Bardot
et tous les gens qui, sciemment ou sans penser à
mal, pouvaient raconter qu'ils nous avaient vus
ensemble à tel ou tel endroit. Dans ces conditions,
faire l'amour n'était pas seulement un plaisir mais
un jeu dangereux, un exploit.

Le sexe, pour Brigitte, n'était pas synonyme de
péché. Pas de traumatismes psychologiques,
d'image du père se mêlant des affaires de lit, pas
d'angoisses mystiques ou religieuses, rien du fatras
psychiatrique judéo-chrétien attaché à l'idée de
plaisir. Elle était Eve avant la mauvaise humeur du
Bon Dieu au jardin d'Eden. Elle n'avait jamais
considéré la nudité comme une arme secrète permettant aux femmes de séduire. La nudité, pour
elle, n'était rien de plus qu'un sourire, que la
couleur pour une fleur. En ce sens, elle était davan-

tage le peintre que le modèle. Ou plutôt, à la fois peintre et modèle.

Il existait pourtant dans sa nature une contradiction. Cette femme si libre de son corps était avant tout une romantique. Les sentiments, l'ambiance, le décor, tenaient autant de place que le plaisir. Elle a toujours souffert d'appartenir à plus d'un homme en même temps. Elle n'a jamais réussi à surmonter ce paradoxe : rester fidèle tout en suivant son corps et son cœur.

De même sur le plan social. Il y avait deux Brigitte. L'une attachée aux valeurs bourgeoises – le sens de l'économie, la peur de l'aventure, les dimensions modestes de l'habitat, le goût prononcé pour les meubles rococo et les petits objets – et l'autre, moderne, en avance sur son temps, indépendante, au point de scandaliser la France et cinq continents. Elle n'était pas équipée pour son génie.

A quinze ans, elle était naturellement loin de se douter de l'impact qu'elle allait produire sur ses contemporains par le truchement du cinéma et des médias. En eût-elle été avertie par quelque oracle ou miroir magique, elle aurait sans doute, horrifiée, évité de devenir actrice.

L'impunité donne aux criminels le culot qui, un jour, les fait prendre. Il en allait de même pour Brigitte et moi. Nous prenions de plus en plus de risques. Il y avait les caresses volées dans un couloir, un ascenseur, sur la banquette arrière de la quinze-chevaux conduite par Pilou... Plus périlleuses certaines nuits. Pendant les vacances, quand mes moyens le permettaient, je louais une chambre dans l'hôtel choisi par les Bardot. La nuit, pieds nus, Brigitte m'y rejoignait.

L'hiver 1950-1951 faillit nous être fatal. L'action se situait à Megève. Lieu du crime : *Le Megevan*, un agréable hôtel entièrement construit en bois. Les planchers craquaient abominablement et, par malchance, ma chambre se trouvait au-dessus de celle de M. et Mme Bardot, détail géographique que j'ignorais.

Eveillé par des grincements de parquet, Pilou crut reconnaître le rire de sa fille et piqua un cent mètres jusqu'à ma chambre. Prévenus à temps par le bruit de son galop, Brigitte et moi eûmes le temps de sauter par la fenêtre dans la neige fraîche, deux étages plus bas. Notre jeune âge et la chaleur de nos sentiments nous évitèrent la pneumonie.

Comme les soldats qui se croient invulnérables, persuadés que les balles sont pour le voisin, cette alerte ne nous rendit pas plus prudents.

Un jour que j'arrivais rue de la Pompe pour ma visite bi-hebdomadaire officielle, Brigitte m'annonça : « Les parents sont partis. Mijanou est chez Mamie. » Un démon malicieux nous suggéra de rester dans le grand salon au lieu de nous réfugier dans sa chambre.

« O Temps, suspends ton vol », a dit le poète. Nous l'avions, ce jour-là, un peu trop suspendu. Quand la porte d'entrée s'ouvrit, nous n'eûmes que le temps de nous cacher derrière les rideaux de la porte-fenêtre donnant sur le balcon.

M. Bardot, accompagné d'un important banquier, de sa femme et de leur fils qui avait vaguement courtisé Brigitte, entra dans le salon. Mme Bardot s'éloigna vers la cuisine pour commander le dîner.

Le fils du banquier parla de la naïveté et de la bonne éducation de Brigitte, qualités rares aujourd'hui chez les jeunes filles. Les deux pères détournèrent la conversation sur un sujet moins frivole : les dangers du communisme en France. La femme du banquier se demandait si le mobilier était de l'authentique Louis XVI ou de bonnes copies.

« Où est la petite Brigitte? demanda-t-elle soudain.

– Sans doute dans sa chambre, dit Pilou. Je vais la chercher. »

Brigitte montra beaucoup de sang-froid. Avec l'aisance d'une actrice sur le podium, elle écarta le rideau et s'avança au milieu du salon.

« Salut », dit-elle.

La première surprise passée, Pilou lui demanda :

« Qu'est-ce que tu faisais derrière les rideaux?

– Je me cachais. Je ne voulais pas me montrer décoiffée. Vous m'auriez engueulée. »

Le fils du banquier rit beaucoup et M. Bardot feignit de se montrer ravi du caractère insolite de sa fille. Brigitte les entraîna dans sa chambre pour faire admirer sa collection d'animaux en peluche et je réussis à quitter l'appartement sans m'être fait repérer.

M. et Mme Bardot possédaient une petite maison à Saint-Tropez, en haut d'une rue étroite aux murs couverts de vigne vierge.

Ce joli port de la Côte d'Azur était réputé pour son charme, ses plages de sable fin, les maisons de Colette et du peintre Dunoyer de Segonzac; les touristes et les vacanciers ne l'avaient pas encore envahi. Cannes, Antibes, Juan-les-Pins, la promenade des Anglais à Nice, Monaco, restaient les endroits à la mode. J'avais découvert ce paradis de poche, encore gamin, au cours d'une escapade à bicyclette durant les années de guerre. J'y revenais chaque année.

Durant l'été 1950, je retrouvais Brigitte sous les pins parasols près d'une petite crique déserte. Elle se méfiait des cigales qui s'arrêtaient de chanter quand nous nous embrassions. Ces grands insectes ailés respectaient peut-être la musique de ses soupirs, mais Brigitte prétendait qu'ils étaient payés par son père pour nous espionner.

Nous avions attrapé deux cigales, baptisées « Espionne nº 1 » et « Espionne nº 2 ». J'avais promis de ne jamais me séparer d'Espionne nº 2 que Brigitte questionnait à chacun de nos rendez-vous. Elle me faisait des scènes de jalousie prétendant qu'Espionne nº 2 m'avait surpris dans les bras d'une Suédoise ou de la fille du dentiste.

La jalousie de Brigitte était, je dois l'avouer, assez justifiée. Ma vie, à Paris, n'était pas exactement monacale. Je voyageais souvent. Parfois, pour suivre le tournage d'un film d'Allégret mais souvent au fil de mon humeur. J'aimais sincèrement Brigitte mais n'entendais pas sacrifier ma liberté. Elle, emprisonnée par ses parents, ne pouvait qu'attendre.

Avant mes départs en voyage, elle me demandait de la prendre en photo. Habillée et nue. Elle voulait que j'emporte avec moi son visage, son sourire, son corps. Elle m'écrivait tous les jours. Ses lettres étaient un mélange d'enfantillages, de déclarations d'amour passionnées, de fantaisies érotiques, de rêves romantiques concernant notre futur et de révolte à l'égard de ses parents qui ne la comprenaient pas. La même phrase revenait à chaque page : « Tu m'aimeras toujours, n'est-ce pas? »

Je ne savais pas encore que les femmes inquiètes d'amour éternel sont les plus vulnérables aux nouvelles passions. « Tu m'aimeras toujours » signifie : « Ne me laisse pas tomber amoureuse d'un autre. » La majorité des hommes prennent ces mots pour preuve qu'ils sont uniques, il s'agit exactement du contraire. Les femmes romantiques cherchent l'absolu, elles ne le trouvent chez *aucun* homme. Elles invoquent le « toujours » mais courent de présent en présent.

40

Brigitte désirait un contrat spirituel et mani-chéen. Elle voulait que la vie s'inscrive dans le cours des étoiles. Elle serait le soleil : inamovible, répandant la vie et la chaleur, avec ses satellites évoluant autour d'elle selon les lois de son cœur.

Le vrai problème était mensuel. On imagine mal aujourd'hui la terreur des jeunes filles qui ne dispo-saient d'aucun moyen contraceptif légal. Tomber enceinte, dans certaines familles, c'était la malédic-tion, le déshonneur, cela signifiait souvent se retrouver à la rue. Au mieux un mariage forcé voué à l'échec. Toujours un cauchemar. Les filles-mères ne bénéficiaient pratiquement d'aucune aide so-ciale. Peu de chose avait changé depuis la lapida-tion de la femme adultère au temps du Christ.

Un an après avoir connu Brigitte, j'emménageai avec Christian Marquand dans l'île Saint-Louis, 16, quai d'Orléans, dans l'un des plus agréables appartements de Paris. De ma fenêtre, au huitième étage, je voyais les arcs-boutants de Notre-Dame, le dôme du Panthéon, la Seine et les toits des maisons de la montagne Sainte-Geneviève.

Evelyne Vidal, la propriétaire, récemment sépa-rée de son mari, nous avait loué deux chambres donnant sur les toits. Evelyne était une jeune femme ravissante, une brune aux cheveux coupés court, amusante et adorant s'amuser, riche par mariage, heureuse par divorce. Chacun pensait qu'elle nous hébergeait parce que nous étions ses amants. Plutôt flatteur mais inexact.

Christian et moi l'avions séduite après avoir passé une nuit chez elle à bavarder, à écouter Dave Brubeck, Thelonius Monk et le M.J.Q., et à peindre en rose et violet les feuilles de l'horrible caoutchouc trônant dans l'entrée. Au lever du soleil, Christian lui avait dit : « Merde, Evelyne, excuse-nous, on a complètement oublié de te baiser... »

Elle avait besoin d'amis, nous sommes restés. Le loyer était dérisoire. Nous ne l'avons jamais payé.

Brigitte me retrouvait souvent quai d'Orléans. Accoudés à la fenêtre, nous regardions Paris. Une pluie fine tombait, qui rendait les toits de plomb brillants et vaguement hostiles. Soudain, Brigitte me dit :

« Tu sais, j'ai un jour de retard. J'ai la tête qui tourne le matin et j'ai mal au cœur. Je suis peut-être enceinte. »

Je la rassurai en lui rappelant l'épidémie de grippe qui sévissait depuis plusieurs semaines. J'avais guéri Evelyne et Christian quelques jours plus tôt en leur faisant des piqûres de vitamine C, thérapeutique quasi inconnue en 1951. (Je me suis toujours tenu au courant des nouvelles techniques dans le domaine de la médecine. J'avais appris à faire des piqûres à l'âge de treize ans, en Haute-Savoie – durant l'Occupation, en pleine montagne, il n'y avait pas toujours de médecins disponibles.)

Un peu paniquée, Brigitte accepta cependant de se laisser faire une piqûre de vitamine C.

« Tu crois que ça marchera ? me dit-elle ensuite. Ça ne m'a même pas fait mal. »

Elle partit m'attendre dans le salon tandis que j'allais dans la cuisine faire bouillir la seringue. Evelyne fit soudain irruption dans la pièce, criant que Brigitte se mourait, qu'elle était déjà verte.

Nous courûmes jusqu'au salon où Brigitte gisait sur un divan. La joue gauche, une partie de la bouche et les doigts de la main droite étaient verdâtres.

« J'ai du mal à respirer, me dit-elle. Je vais mourir. Je suis déjà verte. (Elle me prit la main qu'elle serra contre sa poitrine.) Je ne veux pas mourir, Vadim. »

A mon idée, on ne devenait vert qu'après le décès, mais je gardai ce commentaire pour moi. Je dis :

« Ce n'est rien, chérie. Tu as dû être piquée par une araignée. »

J'étais néanmoins terrifié. Evelyne avait déjà appelé le docteur Lefranc qui avait son cabinet au deuxième étage de l'immeuble.

Brigitte gardait ma main sur sa poitrine :

« Ne dis pas à mes parents que je suis morte. Ils vont s'affoler. »

Je me voyais mal arrivant rue de la Pompe, portant le corps de Brigitte et disant : « Son cœur ne bat plus, elle ne respire plus, elle est verte, mais ce n'est pas grave. Elle n'est pas morte. »

Le docteur Lefranc entra et s'agenouilla près du divan. Il caressa le front de Brigitte, souleva une paupière, prit le poignet pour trouver le pouls, se redressa, regarda ses doigts qu'il porta à ses lèvres et dit :

« C'est de la peinture. »

Assurée de n'être pas morte, Brigitte se souvint qu'elle était allée se recoiffer après m'avoir quitté. La salle de bain avait été repeinte le matin même. Le vert sur son visage et ses doigts venait des murs et de la porte qu'elle avait touchés sans y prendre garde.

La guerre froide battait son plein. L'armée américaine intervenait en Corée. Le corps expéditionnaire français en Indochine connaissait ses premières défaites à Cao Bang et Lang Son.

J'étais conscient de l'évolution politique qui, à l'intérieur du pays comme au-delà des frontières, menait le monde vers son destin lourd d'incertitudes et de menaces mais cela ne m'empêchait pas de profiter de la vie avec l'optimisme de mes vingt ans. Malgré les alertes mensuelles et la crainte d'être pris en flagrant délit par les parents de Brigitte, j'étais heureux.

Elle avait quitté le lycée et ne prenait plus que des cours particuliers pour accorder davantage de temps à ses leçons de danse.

J'allais parfois assister à ses exercices au studio Walker et j'étais émerveillé. Gracieuse, aérienne, elle se donnait à son art corps et âme. Je ne l'ai jamais vue sur un plateau, devant la caméra, aussi parfaitement en accord avec elle-même. Si, pour des raisons dont je parlerai plus loin, elle n'avait pas décidé de renoncer à la danse, elle serait certainement devenue une des plus grandes ballerines de son temps.

Après son essai infructueux pour *Les lauriers sont coupés,* je savais qu'elle avais mis une croix sur l'idée de faire carrière au cinéma. Elle n'avait qu'une vocation : la danse.

Ni son milieu ni son hérédité ne prédestinaient Brigitte à une carrière artistique. Rien dans son éducation n'avait pu encourager sa nature indépendante et anticonformiste, son besoin de s'affirmer au mépris des règles d'une morale qui, pour elle, appartenait au passé. De ses parents, elle disait toujours : « Ils vivent encore au temps des dinosaures. »

Sans doute parce que la religion et la messe tous les dimanches lui furent imposées comme une règle qu'on ne discute pas, Brigitte développa, encore fillette, une certaine allergie à l'égard de l'Eglise et de ses pompes.

M. Bardot ne se doutait toujours pas de la nature de mes relations avec sa fille, mais devenait de plus en plus nerveux. Quand j'avais permission d'emmener Brigitte au cinéma, on nous collait la cadette Mijanou comme chaperon. Un jour, celle-ci raconta que j'avais embrassé sa sœur dans le métro. Pilou me convoqua dans son bureau.

Il était pâle comme un mort, les lèvres pincées.

« J'attends, me dit-il.

– Quoi? demandai-je, histoire de gagner du temps.

– Cette affaire de baiser dans le métro, j'attends une explication. »

Je remarquai le calendrier sur son bureau et la date : 21 juin.

« C'était pour fêter l'été », lui dis-je.

Il réfléchit une seconde.

« On s'embrasse le 31 décembre à minuit. Pas le premier jour de l'été.

– Je voulais lancer la mode », dis-je.

Il ne put retenir un sourire et secoua la tête. Mais pendant deux semaines nous fûmes, Brigitte et moi, privés de cinéma.

Brigitte avait de plus en plus de mal à supporter les contraintes imposées par ses parents. Elle devenait nerveuse, angoissée, terriblement frustrée. Elle ne voyait pas la fin de son calvaire, perdait l'espoir, pleurait souvent. Je n'arrivais plus à la raisonner. Je la raccompagnai une nuit rue de la Pompe, avec trois heures de retard sur l'horaire autorisé.

M. Bardot nous guettait de son balcon. L'attente l'avait rendu quasi hystérique. Tandis que je disais au revoir à Brigitte devant la porte de l'immeuble, Pilou nous lança sur la tête, du cinquième étage, une poignée de pièces de monnaie.

« Aïe! » cria Brigitte qui avait reçu deux francs

sur le crâne. Elle ajouta : « Ça paiera le métro demain. »

En me quittant, elle n'osa pas m'embrasser car son père nous observait toujours.

Il ouvrit la porte de l'appartement et lui fit une scène terrible :

« Je ne peux plus vous faire confiance, conclut-il. Tu ne reverras *jamais* Vadim! »

Le lendemain, ignorant l'interdiction de M. Bardot, je sonnai à la porte. Brigitte m'ouvrit, mit un doigt sur ses lèvres et dit que je ne pouvais pas entrer.

Je désirais quitter Paris pour quelque temps. A voix basse, j'expliquai que je travaillais mal quai d'Orléans. Chez ma mère, à Nice, loin des tentations de la vie parisienne, je pourrais terminer à la date prévue le scénario promis à Marc Allégret. Dans trois semaines, je serais de retour.

Brigitte me regardait calmement, les yeux noyés d'une profonde tristesse. Elle m'embrassa sur la bouche, longuement, et penchée sur la rampe de la cage d'escalier, suivit des yeux l'ascenseur qui descendait lentement les cinq étages. Si elle m'avait parlé, raconté la scène de la veille avec son père, je ne serais jamais parti ce soir-là. Mais elle avait simplement crié, en m'envoyant un dernier baiser :

« N'oublie jamais la pauvre Sophie! »

A l'heure où je prenais le train pour Nice, Mijanou, Toti et Pilou s'apprêtaient à sortir pour faire le tour des monuments de Paris. Pour la première fois depuis onze ans, les projecteurs allaient habiller de lumière, jusqu'à minuit, les joyaux de la capitale : l'Arc de Triomphe, l'obélisque de la Concorde, l'Opéra, Notre-Dame et le Panthéon. Cette « première » marquait symboliquementf la fin de l'après-guerre. Paris était redevenue la Ville lumière.

« Dépêche-toi! cria Mijanou à sa sœur. Tu n'es même pas coiffée.

– Je vais rester, dit Brigitte. Je ne me sens pas très bien. »

Après le départ de ses parents, Brigitte retourna dans sa chambre.

Assise sur le lit étroit, elle caressa la tête pelée du vieil ours qui ne l'avait jamais quittée depuis l'anniversaire de ses cinq ans. Elle regardait le mur où étaient épinglés quelques photos de famille et son tutu de petit rat encadré d'une vieille paire de ballerines et d'un programme de l'opéra de Rennes où elle avait, pour la première fois, dansé devant un public. Sa collection de petits animaux en peluche partageait la table en merisier avec un bloc de papier à lettres, une boîte à musique et quelques fleurs séchées.

Elle se leva et marcha jusqu'au miroir ovale acheté aux Puces. Elle aimait ce qui était ancien. Le neuf lui faisait peur. « Pauvre Sophie... » dit-elle à son reflet.

Soudain, elle dut s'allonger sur le lit. Elle se sentit très mal. Un brusque accès de fièvre la terrassa. « Je vais mourir » pensa-t-elle.

Au même instant, dans le wagon-lit qui m'emportait vers Nice, je fus pris d'une angoisse soudaine et irraisonnée. Je posai mon livre. Je ne comprenais rien à ce malaise survenu brutalement et qui faisait battre mon cœur. Les murs en bois verni du compartiment semblaient se rapprocher. J'avais la sensation d'être enfermé, prisonnier. Je pensais à Brigitte. Je désirais remonter dans le temps. Etre à Paris. La prendre dans mes bras. Je n'avais encore jamais éprouvé cette forme de torture à la fois physique et psychique.

Je me souviens de ce désir urgent, parfaitement illogique, de quitter mon wagon pour retourner à

Paris. Mais il n'y avait pas de train dans l'autre sens jusqu'au matin. Je n'ai pu dormir de la nuit. J'ai vu le soleil se lever sur les cyprès et les oliviers du Vaucluse. Mes angoisses se sont noyées dans la mer bleue, après les falaises de Cassis.

Je sais que les jumeaux, parfois, connaissent ce phénomène de communication télépathique. J'en ai fait plusieurs fois l'expérience, mais seulement en relation avec Brigitte.

Les jours qui suivirent, quand Brigitte, avec la santé de ses seize ans, eut retrouvé le plaisir de vivre, sa mère lui dit :

« Si dans deux ans tu aimes toujours Vadim et qu'il t'aime encore, nous te permettrons de l'épouser. »

Il n'y avait pas de téléphone dans la villa de ma mère, à Nice, et j'appelai Brigitte de la poste. Elle me dit :

« Je t'aime. Travaille vite. Reviens vite, mon chéri. J'ai du mal à vivre loin de toi. »

Ma mère aimait beaucoup Brigitte mais disait toujours d'elle : « Elle me fait de la peine. » Elle la trouvait trop avide de bonheur pour être heureuse. « Elle n'apprendra jamais à grandir. Je crois qu'elle restera toujours une enfant. Pour être heureux, il faut savoir aimer. Elle est passionnée par l'amour mais ne sait pas aimer. »

Je pense qu'elle voulait dire qu'à trop espérer, à trop exiger de la vie et de l'amour, Brigitte ne savait être heureuse qu'en de brefs instants.

Moi j'appelais cela : la maladie du bonheur.

Je la comparais à Lancelot, chevalier du rêve, enfant trop doué parti à la recherche de l'impossible.

Le Graal de Brigitte n'était pas le salut de

l'homme mais son bonheur à elle. Inconsciemment elle le savait : cette pierre magique, ce diamant parfait ne pouvait exister sur terre.

A mon retour de Nice, Brigitte me dit qu'elle ne voulait pas attendre d'avoir dix-huit ans pour vivre avec moi. Elle avait lu qu'en Ecosse on pouvait se marier sans le consentement des parents, avant d'être majeur. J'eus beaucoup de mal à lui faire admettre que ce genre de mariage, tout romantique et folklorique qu'il paraisse, ne serait pas légalement accepté en France. Je détestais l'idée d'être envoyé en prison par M. Bardot pour détournement de mineure. La perspective de son amant dépérissant derrière les barreaux d'une cellule convainquit Brigitte. Elle décida de prendre en patience ces deux années fatidiques.

5

Nos fiançailles furent officiellement annoncées, le mariage prévu pour décembre 1952, le dix-huitième anniversaire de Brigitte.

Pour la première fois, elle fut autorisée à passer huit jours avec moi, à l'occasion des fêtes de Noël. Ma mère qui avait abandonné la villa de Nice et loué une petite maison à trois kilomètres de Saint-Tropez devait nous héberger et servir de chaperon. Après l'avoir longuement chapitrée, M. Bardot lui remit une liste des règles à observer :

... Brigitte et Vadim ne quitteront pas la maison sans donner leur emploi du temps et l'itinéraire précis de leurs déplacements.

... Pas plus de deux dîners en tête-à-tête durant la semaine.

... Retour à la maison au plus tard à minuit.

... Surveiller la tenue de Brigitte. Elle ne prendra pas son petit déjeuner en chemise de nuit.

Ma mère promit de respecter ces lois et ne manqua pas à sa parole.

Pilou avait cependant négligé un point capital. Il lui paraissait tellement évident que nous ferions chambre à part, qu'il n'avait donné aucune instruction à ce sujet. Ainsi, pour la première fois, Brigitte et moi partageâmes le même lit sans sursauter au moindre bruit de pas dans le couloir.

J'avais offert à ma mère une Bugatti décapotable de 1928 que j'avais payée 50 000 anciens francs. Au volant de cette vieille caisse, j'emmenais Brigitte sur le port de Saint-Tropez. Nous jouions au baby-foot avec les garçons du pays dans les bistrots aujourd'hui fréquentés par les milliardaires : Le Gorille, L'Escale, le Café des Arts. Nous faisions des balades sur les petites routes de l'arrière-pays. Il fallait pousser la Bugatti qui s'immobilisait soudain, tel un vieil âne têtu. Au retour, nous chargions le siège arrière de branches mortes ramassées dans les bois pour garnir la cheminée de notre chambre. Et nous faisions l'amour à la lueur complice du feu de bois.

Le dernier jour arriva si vite que Brigitte en éprouva un choc. Elle ne voulait pas rentrer à Paris.

« Tu vas m'enlever, dit-elle.

– Où ?

– En Italie, en Espagne, à Tahiti. Si tu me rends à mes parents, nous ne serons plus jamais aussi heureux. »

Cela semblait enfantin et déraisonnable mais en un sens elle avait raison. J'aurais dû la garder, risquer les menaces et la colère des parents. Brigitte venait d'avoir dix-sept ans et je ne pense pas qu'en définitive on eût essayé de m'envoyer en prison pour détournement de mineure. J'étais bien jeune moi-même. Mais la raison l'emporta. Etait-ce vraiment la raison ?

Rentrée à Paris, Brigitte changea subtilement. Elle ne s'en rendit pas compte mais quelque chose en elle s'était brisé. Elle avait failli tenir le Graal dans ses mains et l'avait perdu.

Chaque fois que Pilou donnait un peu de mou à la laisse, il s'en repentait aussitôt et compensait son libéralisme par un de ses coups d'éclat qui affolaient Brigitte.

Elle m'appela un matin quai d'Orléans. Elle parlait à mi-voix et je compris que quelque chose de grave venait de se produire.

« Il faut que je te voie tout de suite.

– Viens, je t'attends, dis-je.

– Pas chez toi. C'est trop dangereux.

– Place Saint-Michel, à l'entrée du métro, ça ira ? »

Je la retrouvai une demi-heure plus tard à l'endroit convenu. Elle était pâle et se jeta dans mes bras.

« Est-ce que tu as un revolver ? me demanda-t-elle.

– Tu sais bien que non. Pourquoi ?

– Il faut t'en procurer un tout de suite. »

Après cinq minutes d'explications un peu confuses, je pus reconstituer ce qui s'était passé. Son père l'avait convoquée dans son bureau, avait ouvert un tiroir du secrétaire et dit : « Regarde. » Brigitte s'était penchée pour voir.

« Qu'est-ce que c'est ? avait demandé Pilou.

– Ben... un flingue... avait dit Brigitte un peu interloquée.

– On ne dit pas un « flingue », on dit un revolver, avait précisé Pilou. Ce revolver, regarde-le bien. Si jamais j'apprends que tu as été la maîtresse de Vadim, je le tue sans hésiter. »

Trop ahurie pour considérer sérieusement cette menace, Brigitte avait rejoint sa mère qui se maquillait devant sa coiffeuse.

« Ma petite maman, Pilou a trop pris de soleil sur la tête.

– Ça m'étonnerait, avait dit Toti. Il pleut depuis huit jours.

– Alors il faut l'enfermer. »

Et Brigitte avec raconté la scène du bureau.

« J'approuve tout à fait ton père, avait répondu Toti avec le plus grand calme. J'ajoute que si l'idée te prenait de coucher avec Vadim avant votre mariage et que Pilou change d'avis, c'est moi qui utiliserais ce revolver.

– Vous plaisantez?

– Je suis tout à fait sérieuse. »

J'étais convaincu que ni Toti, ni Pilou n'auraient risqué le scandale d'un procès pour sauver l'honneur de leur fille. Ils voulaient lui faire peur mais ne savaient pas que c'était trop tard.

Nous avions quitté la place Saint-Michel et marchions le long des quais. Mes arguments n'avaient pas rassuré Brigitte.

« En ce qui concerne maman, tu as peut-être raison, dit-elle. Mais je connais Pilou, il est capable de n'importe quoi.

– Si je me procure un revolver, dis-je à Brigitte, et que ton père se présente devant moi avec son arme, je ne vais tout de même pas le tuer?

– Je préfère être orpheline que veuve.

– Tu ne peux pas être veuve, tu n'es pas mariée.

– Ne chipote pas sur les détails, s'énerva Brigitte. Mariée ou pas, si tu meurs, je serai veuve. »

Il me restait un dernier argument :

« Que diras-tu à nos enfants quand ils seront en âge de savoir? Papa a tué votre grand-père...

– Je ne veux pas d'enfants. »

Pour la rassurer, je téléphonai à un ami, Jean-Paul Faure, dont le frère collectionnait des armes de guerre. Il me prêta un colt de l'armée américaine. Je n'avais pas de balles à glisser dans le chargeur du revolver; fort heureusement Brigitte ne s'intéressait pas à ce genre de détails.

Pour mériter la main de la princesse, il me restait deux épreuves à surmonter. La première : trouver un emploi fixe. La seconde : faire mon catéchisme.

Mon père et ma mère étaient libres penseurs mais pour faire plaisir à grand-mère Plémiannikov, un pope m'avait plongé dans l'eau à l'âge de trois mois et déclaré orthodoxe russe. Je n'avais donc pas besoin du baptême catholique. Cependant, pour me marier à l'église et élever mes futurs enfants dans la religion de leur mère, je devais connaître l'Ancien et le Nouveau Testament, les hérésies luthériennes et calvinistes (afin de protéger ces mêmes hypothétiques bambins des pièges tendus par Satan), plus une vingtaine de prières censées correspondre à différentes circonstances de la vie, tels le lever, le repas, le coucher, la mort, le repentir, j'en oublie. Je devais aussi me confesser.

Cette affaire amusait beaucoup Brigitte, d'autant que le prêtre chargé de mon éducation était celui avec lequel elle avait, petite fille, commencé la sienne. Ce curé mondain était pourtant un homme sincère. J'appris avec lui beaucoup de choses qui ne pouvaient que satisfaire un tempérament toujours curieux.

Trouver un emploi fixe était plus malaisé. Il n'existe pas en France, comme à Hollywood, de studios qui signent des contrats à l'année. Je n'aurais d'ailleurs pas accepté cet esclavage artistique. Alors quoi ? Fonctionnaire des P.T.T. ? Employé de banque ? Pas exactement mon style.

Restait le journalisme.

Hervé Mille, alors directeur du magazine *Paris-Match*, était une des personnalités parisiennes les plus brillantes de l'époque. Lui et son frère Gérard, décorateur inspiré, recevaient le monde entier dans leur hôtel particulier du 72, rue de Varenne. C'était le salon le plus ouvert et le plus fermé de Paris. Ouvert dans le sens que ni l'âge, ni la fortune, ni la célébrité ne servaient de critère à la porte. Fermé parce que seuls le talent, l'esprit, l'originalité et l'insolence y étaient admis. Les habitués de la rue de Varenne étaient des jeunes gens et des jeunes filles dont quelques-uns seulement sont devenus célèbres : reporters, photographes, acteurs, pique-assiette de génie ayant élevé leur refus de travailler au niveau d'un art accompli, poètes maudits... C'étaient aussi Marie-Hélène de Rothschild, la princesse de Savoie, Ali Khan, Jean Genet, Jean Cocteau, Marlon Brando...

Gérard et Hervé Mille adoraient Brigitte. Le soir où je la présentai à mes amis, son père nous accompagnait. Après avoir serré la main de Marie-Laure de Noailles, du général Corniglion-Molinier, de Juliette Gréco et d'un jeune sénateur américain, John F. Kennedy, Pilou nous quitta, rassuré.

Parmi les invités, il y avait une femme dont les aventures amoureuses défrayèrent la chronique pendant plus de trente ans. Simone Bériau, à l'époque directrice de théâtre, avait eu une vie privée mouvementée. Passé la cinquantaine, elle s'était assagie mais restait célèbre pour ses excès de langage. Elle décida de faire rire en s'attaquant à Brigitte.

« Est-ce que tu es vierge ? » lui demanda-t-elle à brûle-pourpoint.

Elle s'attendait à troubler la petite et à la faire rougir. Mais Brigitte, sans se démonter :

« Non, madame. Et vous ? »

Brigitte avait mis les rieurs de son côté et gagné le match au premier round par K.O.

L'hôtel de la rue de Varenne devint un des lieux où Brigitte et moi pûmes nous rencontrer en toute sécurité. M. Bardot ignorait qu'on ne faisait pas qu'y discuter art et politique, les soirées dans cette rue célèbre par ses ambassades et ses ministères étaient des plus gaies.

De toute façon, Brigitte n'avait que la permission de minuit.

Hervé Mille m'engagea à *Paris-Match* et je devins ainsi journaliste par amour. Mon salaire était modeste : 80 000 anciens francs par mois (plus les primes et les notes de frais) Mais c'était un emploi fixe.

Avant le règne de la télévision, l'actualité passait par les magazines et *Paris-Match* était le plus prestigieux des hebdomadaires européens. Nous étions une vingtaine de jeunes reporters et photographes qui faisions régner l'envie chez vos confrères. Prêts à tout, capables de tout, jouissant de moyens dont ne disposent plus aujourd'hui la plupart des journalistes, nous formions un véritable gang qui possédait ses règles, son vocabulaire (beaucoup d'expressions et de mots d'argots inventés dans les salles de rédaction de *Paris-Match* sont passés dans le vocabulaire français) et son style très particulier.

Notre champ d'action était des plus vastes : arts, sports, révolutions, guerres, accidents ou catastrophes naturelles, nous étions partout. Rois et princesses, paras d'Indochine, mercenaires, vedettes et politiciens nous recevaient alors que tant de collègues se heurtaient à des portes fermées.

Je fus accepté d'emblée dans ce club très privé parce que je connaissais la plupart des reporters et des photographes qui en faisaient partie. Mais surtout parce que j'appartenais, comme eux, à cette race de gamins démerdards, généreux et cyniques, éduqués aux dures réalités de l'occupation nazie.

Le prix de l'aventure se paya terriblement cher. En dix ans, plus de la moitié de mes copains étaient morts. Accidents de voiture, d'avion... Morts en Indochine... Morts en Afrique... Morts à Budapest... Morts à Suez ou à Cuba...

C'était toujours moi qui partais en voyage. Pour une fois, les rôles allaient être inversés. Avec l'accord de ses parents qui connaissaient un des armateurs du paquebot *Ile-de-France*, Brigitte avait accepté de danser pour les passagers à l'occasion d'une croisière vers les îles espagnoles de l'Atlantique. Une amie, Capucine, l'accompagnait. Capucine n'était pas, de vocation, chaperon ou baby-sitter, c'était un des modèles les plus célèbres du début des années 50.

Capucine promit à Pilou de garder un œil sur Brigitte.

La danseuse vedette de *l'Ile-de-France*, malgré quelques faux pas et glissades imprévues dus au manque d'horizontalité du plancher, obtint un grand succès. Elle s'amusa beaucoup. C'est pourtant au retour de cette croisière qu'elle décida de renoncer à la danse.

« Je ne peux pas être danseuse et rester près de toi, me dit Brigitte. Nous serions toujours séparés. »

Ce ne fut pas une décision prise à la légère. Elle savait ce qu'elle perdait : la réalisation de son rêve d'enfant et d'adolescente, de sa seule réelle ambition, être danseuse étoile. Jamais, par la suite, même au cours de nos plus violentes disputes, elle ne me reprocha ce sacrifice. Elle avait tourné une page et décidé d'assumer, seule, le choix de son destin.

Pour Brigitte, l'amour passait avant la vocation.

Après sa décision d'oublier la danse, l'idée de faire du cinéma ne lui sembla plus si incongrue. Elle savait que mon ambition était la mise en scène. Devenir actrice lui permettrait de travailler tout en restant près de moi.

Au cours de nos sorties et à diverses occasions, chez Marc Allégret, Brigitte avait attiré l'attention de producteurs et de metteurs en scène. Elle avait toujours dit non aux propositions de film. Ayant changé d'avis, elle décida d'accepter un rôle d'ingénue dans une comédie néo-sentimentale, fort heureusement destinée à l'oubli.

Son partenaire masculin était Bourvil, acteur génial qui n'était encore à l'époque que vedette de second plan. Nous parlions un soir de Brigitte. Il me dit :

« Elle sera une star. Dommage qu'elle n'aime pas vraiment son métier. »

Ce n'étaient ni le titre du film, *Le trou normand*, ni le scénario, ni le metteur en scène qui plaisaient particulièrement à Brigitte mais le fait que le tournage aurait lieu à quatre-vingts kilomètres de Paris. Distance présentant le double avantage de la mettre à l'abri de ses parents et à une heure de roues de son amant. Depuis que je travaillais à *Paris-Match*, je possédais une Simca Aronde, voiture moins folklorique que la vieille Bugatti, mais qui avait l'avantage de rouler vite et ne tombait pas en panne.

Ce premier tournage ne fut pas pour Brigitte une révélation. Elle assumait son nouveau métier avec bonne volonté et application, mais comptait les jours qui la séparaient de la fin du film. Elle comptait aussi les heures qui la rapprochaient du 20 décembre, date choisie par ses parents pour notre mariage.

« On compte toujours les minutes qui vous séparent d'un événement heureux, disait Brigitte. On oublie qu'elles sont toutes retirées de votre existence par la mort, le seul banquier qui s'enrichisse de la perte du capital. » Quelques années plus tard, me parlant toujours de la mort : « Elle m'énerve, celle-là! J'ai des envies qui me prennent de l'embrouiller dans ses comptes, d'arriver chez elle en avance, sans prévenir, pour la voir furieuse et lui dire : c'est moi qui t'ai eue! »

A la surprise de Jean Boyer, metteur en scène du *Trou normand*, nombre de journalistes arrivèrent sur le tournage réclamant Brigitte Bardot. J'avais aidé à faire connaître cette jeune débutante mais ne possédais certainement pas les moyens d'influencer la presse. Le fait que j'émargeais depuis deux mois sur les feuilles de paie de *Paris-Match* n'expliquait pas l'attraction inattendue de Brigitte sur les médias. J'avais, le premier, subi son charme et n'avais pas besoin de dessin pour comprendre que ma petite danseuse romantique était une sirène. Sa voix, ou son corps, ou sa chanson, allez savoir, attirait les marins vers les écueils du modernisme.

Elle devenait célèbre avant d'être connue.

Il y avait un mystère Bardot. Mais Brigitte restait sans mystère. Elle me répétait : « Les journalistes, quelle barbe! »

Elle était encore brune.

Deux semaines après la fin du *Trou normand*, Brigitte partit pour la Corse tourner un autre film : *Manina, fille sans voiles*. Le metteur en scène de cette œuvre affligeante avait de grandes prétentions à l'érotisme. La censure étant ce qu'elle était au début des années 50, on voyait Brigitte sortir de l'onde en bikini.

On commença à parler du charme explosif de la petite Bardot.

Pilou et Toti, à cheval sur les façons et les bonnes manières, ne se formalisèrent pas de voir leur fille en maillot de bain timbre-poste. C'étaient des gens de qualité. Mal adaptés à la vie moderne, à sa morale changeante, ils se montrèrent capables d'évoluer.

J'avais conseillé à Brigitte de tourner ces films dont le moins qu'on puisse dire est qu'ils n'auraient jamais leur place à la cinémathèque de M. Langlois. Je lui avais dit : « Tu as décidé de faire du cinéma, commence ta carrière avec des films sans ambition. Tu manques d'expérience mais personne ne te le reprochera tant que tu resteras dans une gamme mineure. On ne juge pas un peintre du dimanche, s'il ne se met pas en tête d'exposer ses tableaux dans une galerie à la mode. »

Je lui donnai en exemple plusieurs jeunes acteurs très doués qui avaient fait leurs débuts avec de grands metteurs en scène et dont la carrière avait tourné court. Au second film on attendait trop d'eux : ils n'étaient pas prêts. Ils avaient dû repartir à zéro ou étaient tombés dans l'oubli. « N'écoute pas les gens qui te conseillent de tout refuser dans l'espoir d'un coup de téléphone de René Clément ou d'Henri-Georges Clouzot. Ces gens n'y connaissent rien. »

Il faut du temps au talent pour s'exprimer. Il y a peu de Maïakovski, de Raymond Radiguet et d'Arthur Rimbaud. Et de toute façon, ils sont morts très jeunes. Ce qui est généralement un handicap pour les acteurs...

En septembre, Mme Bardot acheta un petit appartement – chambre à coucher, salon-salle à manger, cuisine.

« Je ne désire pas encourager votre tendance à la paresse, me dit-elle, mais vous avez besoin d'un nid pour changer vos mauvaises habitudes. Après le mariage, vous aurez cet appartement pour trois ans. »

Pilou veillait toujours à la vertu de sa fille. Il me disait :

« Vadim, je vous avais pour un temps mal jugé. Vous êtes un homme d'honneur. C'est vieux jeu, c'est un peu naïf, mais je suis heureux que ma fille se présente vierge, le soir de ses noces, dans le lit de son époux. Tiens, je t'embrasse! »

Il m'embrassa à la française, sur la joue droite et la joue gauche.

Je l'aimais bien cet homme du tertiaire, « du temps des diplodocus » comme disait Brigitte. Tout nous séparait mais je le comprenais.

Plus de vingt ans après, on le portait en terre dans le joli cimetière marin de Saint-Tropez. J'arrivais des Etats-Unis, veuf d'un nouveau divorce; Brigitte ne m'avait pas prié d'assister à l'enterrement. Je m'étais glissé parmi les fidèles et les curieux jusqu'au mausolée. Pour dire bonsoir à Pilou. On descendait le cercueil dans le quadrilatère où le soleil n'entrera plus. Il y eut ce son qui sépare les futurs morts des morts au présent. Et le silence destiné au recueillement, ou à la réflexion. Brigitte se retourna, m'aperçut et dit :

« Tu as vu ce qu'il m'a fait? »

Brigitte avait tant attendu, tant espéré de ce mariage, que c'était devenu pour moi une sorte de rêve éveillé, une abstraction. Ce n'était pas le début d'une vie différente, plutôt la fin d'un état d'angoisse, d'un déséquilibre, d'une frustration quotidienne.

Il m'arrivait de rester rue de la Pompe pour la nuit. Après le dîner, on me faisait un lit sur le canapé de la salle à manger.

Un matin, mal éveillé, je cherchais mon chemin vers la salle de bain quand j'entendis la voix de Brigitte. Elle discutait avec sa mère des rideaux de notre futur appartement.

Je réalisai l'espace d'un instant que j'étais l'étranger, la greffe insolite sur le tronc d'une famille. Je n'appartenais pas à cette race.

J'entrai dans la salle de bain et me lavai les dents. Brigitte m'y rejoignit presque aussitôt. Elle se serra contre moi, m'embrassa sur la bouche, indifférente à la pâte dentifrice et dit :

« Oh! Vadim! plus que huit jours! Je suis si heureuse... »

6

LA robe blanche cousue main chez Mme O..., coutu-
rière à façon rue de Passy, et dessinée par Brigitte
n'avait rien à envier aux modèles vedettes des
collections Jacques Fath ou Balenciaga. Elle serait
portée dimanche en l'église d'Auteuil.

Le mariage civil fut célébré la veille à la mairie du
XVIe arrondissement. La mariée portait une jupe et
un chemisier, le marié un complet bleu marine avec
cravate dans le ton.

Le maire, perturbé par mon nom de famille, fit un
discours sur la nécessité des mariages internatio-
naux favorables à la cause de la paix dans le monde
et salua notre union, « symbole de l'amitié franco-
russe ». Brigitte eut beaucoup de mal à dominer
son fou rire.

En quittant la mairie, elle se jeta dans mes
bras :

« Ça y est! c'est arrivé! Je suis Mme Plémiannikov... »

Le dîner, rue de la Pompe, fut limité à la famille
et quelques intimes. Vers vingt-trois heures, je rejoignis Brigitte qui s'était retirée dans sa chambre.
Elle était déjà dans son lit, nue sous une chemise de
nuit très romantique et légèrement transparente.

Elle rayonnait de bonheur. Je m'assis sur le bord du lit.

Une demi-heure plus tard, Pilou entra dans la chambre à coucher.

« Mon cher Vadim, dit-il, je pense qu'il est temps de vous retirer.

– Se retirer où? demanda Brigitte qui ne comprenait pas.

– Nous avons préparé son lit dans la salle à manger, dit Pilou.

– Mais nous sommes mariés, papa. Vous ne vous souvenez pas? Vous avez signé, Maman a signé, les témoins ont signé, j'ai dit « oui », Vadim a dit « oui »... Je suis mariée. *MARIÉE... M-A-R-I-É-E...*

– Vous serez mariés, demain, après la cérémonie religieuse, répondit Pilou imperturbable.

– Il est fou! s'écria Brigitte en se dressant sur son lit. Papa est devenu fou. A moi! A l'aide! Pilou est devenu fou!...

– Ne fais pas l'enfant, Brigitte, dit M. Bardot dont le visage se crispait dangereusement – sa bouche n'était plus qu'une mince ligne droite. Ce matin, il s'agissait d'une formalité par laquelle il faut bien passer. Rien de plus. Vadim sera ton mari *demain*, à l'église. »

Brigitte était rouge d'indignation et sur le point d'exploser.

« Je coucherai cette nuit avec mon mari. Dans la rue, sur le trottoir s'il le faut! »

La scène, que je trouvais comique au début, tournait au drame. Je priais Pilou de me laisser seul un instant avec sa fille.

« Elle est raide, celle-là! criait Brigitte qui ne décolérait pas. J'attends depuis trois ans le droit de coucher avec toi. Je suis mariée! Je suis légale! Je dormirai et je ferai l'amour avec mon mari dans *mon* lit! Ou dans le sien, ou dans le lit du pape, je m'en fous. Mais je ne dormirai pas toute seule ce soir!

— Tu as patienté trois ans, dis-je, tu peux attendre une nuit de plus.

— Jamais! »

Elle enleva sa chemise de nuit et courut vers son placard.

« Je m'habille et on s'en va! »

Je l'attrapai au passage et la gardai dans mes bras. Après quelques ruades, elle cessa de se débattre. Je lui expliquai qu'elle ne pouvait, ce soir, se fâcher avec ses parents. La situation était quelque peu ridicule mais c'était à nous de faire preuve de bon sens. Je ne voulais pas qu'elle regrette un jour de s'être coupée de sa famille sur un coup de tête.

Elle finit par se calmer et même par rire :

« Alors, tu vas passer ta nuit de noces, tout seul, dans la salle à manger? Il n'y a qu'à toi que ça pouvait arriver! »

En effet, je passai ma nuit de noces, seul, sur un étroit sofa, après avoir épousé la plus ravissante des Parisiennes, dont les journalistes écriraient un jour qu'elle était le rêve impossible de tous les hommes mariés.

Brigitte et moi avions accepté le mariage religieux pour faire plaisir à ses parents. Nous fûmes surpris de l'émotion qui nous étreignit au cours du service dans cette église emplie d'amis. L'orgue, la voix du prêtre qui résonnait sous la voûte, la lumière filtrant par les vitraux, la magie des chandeliers allumés par centaines, le recueillement de la foule, c'était sans doute du théâtre mais un théâtre qui touchait l'âme.

Marc Allégret, mon témoin, semblait très ému.

Ma mère et ma sœur Hélène, que je croyais peu vulnérables à ce genre d'ambiance, pleuraient. Brigitte me regardait. Ses lèvres entrouvertes tremblaient légèrement. Deux larmes coulaient sur ses joues.

Après la cérémonie, la lumière du jour, les photographes et les applaudissements des amis nous rendirent à la vie. La réception dans l'appartement des Bardot fut très réussie.

A la tombée de la nuit, Brigitte et moi descendîmes les cinq étages dans cet ascenseur hydraulique sans toit qui nous avait si souvent séparés. Les valises étaient dans le coffre de ma Simca Aronde.

Respectant la tradition, nous partions en voyage de noces.

Arrivés près de Fontainebleau, Brigitte me demanda d'arrêter la voiture au bord de la route.

« J'ai peur, me dit-elle.

— Peur de quoi?

— De tout. Je veux retourner à Paris, chez moi. »

J'évitai de lui rappeler qu'elle avait failli s'enfuir de chez elle, la veille, au milieu de la nuit. Je savais que cette crise soudaine n'était ni un jeu, ni un caprice. L'avenir et les pays lointains avaient toujours effrayé Brigitte. Le bout du voyage, Megève, n'était qu'à cinq cents kilomètres mais sa vie venait de s'engager sur une route dont elle n'imaginait pas la fin.

Elle pleura une demi-heure, la tête sur mon épaule, et se calma. Elle ne reparla jamais plus de retourner chez ses parents.

Fin 1952, personne ne savait qui était Roger Vadim. Je doute que l'article paru trois ans plus tôt dans un magazine de cinéma et qui signalait le nom du plus jeune scénariste d'Europe ait laissé un quelconque souvenir. Brigitte, souvent photographiée, n'était cependant, en aucune façon, une vedette. Nous fûmes donc surpris de découvrir que les photos de notre mariage avaient été largement diffusées par la presse et occupaient quatre pages dans *Paris-Match*, honneur jusqu'alors réservé à la royauté ou aux stars. J'avais cru que les copains du journal, invités au mariage, prenaient des photos destinées à notre album de famille...

Encore une fois, le mystère Bardot.

Nous avions retenu une chambre dans un petit hôtel sympathique et confortable : la Gérentière. Après notre séjour, il gagna son étoile au guide Michelin.

Nos premières disputes sérieuses eurent lieu à l'occasion de parties mouvementées de Monopoly. Très calme dans les moments importants de la vie, je râlais quand je perdais à ces jeux d'enfant et Brigitte s'indignait de ma mauvaise foi.

« Tu es tombé rue de la Paix, tu me dois 95 000 F.

– J'ai tiré un 6. Je suis sur la case départ.

– Tu as tiré un 5. Tu es rue de la Paix! »

Je suis un très bon skieur et Brigitte n'essayait pas de me suivre, s'arrêtant à la terrasse des restaurants pour prendre le soleil. Nager paresseusement la brasse était le seul sport qu'elle eût jamais pratiqué. Quand elle assistait à un match de football, elle s'étonnait de voir tous les joueurs courir après un ballon. « On devrait leur en donner plusieurs, disait-elle. Ils arrêteraient de se disputer. »

Les nuits à Megève étaient animées et joyeuses mais Brigitte n'attendait que le retour à Paris. Son désir le plus cher, son ambition, était de meubler et décorer notre appartement.

Pour les jeunes filles qui rêvent de connaître la recette du succès, pour les lecteurs intrigués ou fascinés par les chemins qui mènent à la gloire, je dois avouer que la future star internationale se moquait éperdument de ses photos dans *Paris-Match* et des contrats de films à venir. Elle songeait à la couleur du tapis dans le salon et calculait ses chances d'emprunter à sa mère le service de table en porcelaine rose de Limoges.

L'appartement de la rue Chardon-Lagache était petit mais ensoleillé. Un balcon, assez large pour y mettre des fleurs, donnait sur le commissariat de police. L'immeuble ne possédait pas d'ascenseur et il fallait monter trois étages par un escalier étroit. La concierge, Mme Ledieu, était très vieille, très douce, et très sentimentale. Son meilleur ami, son compagnon, s'appelait Tino. Il était gris, mesurait sept centimètres du bec à la queue et vivait dans une cage. C'était un rossignol. Et comme tous les rossignols, il était sujet aux dépressions nerveuses. Quand Tino cessait de chanter, Mme Ledieu ne distribuait plus le courrier et ne balayait pas l'escalier. Je n'ai jamais su si les sautes d'humeur de Tino correspondaient à des variations climatiques ou à des angoisses d'origine psychosomatique mais ses états d'âme avaient une influence directe sur le confort des locataires du 79, rue Chardon-Lagache.

Certains matins, Mme Ledieu s'écriait, éblouie : « Il chante... » Et l'on savait que pour une semaine tout irait bien.

Brigitte prenait très au sérieux son rôle de maîtresse de maison. Ses parents nous avaient prêté l'appartement mais nous ne possédions aucun meuble. Les premières semaines nous dormîmes sur un matelas posé à même le sol. Je devrais pouvoir raconter nombre de scènes attendrissantes, montrant ce jeune couple qui, jour après jour, construisait son nid. En fait je m'intéressais assez peu au mobilier, rideaux et batterie de cuisine. Je ne me souviens même plus du jour où le lit est arrivé. J'étais seulement embêté d'avoir à descendre la poubelle à pied, tous les soirs, et regrettais que nous n'ayons pas le téléphone.

Brigitte avait un sens curieux de l'économie. Elle dépensait des fortunes en taxis et courait tout Paris pour sauver trente centimes sur un coupon de tissu. Je lui fis remarquer que ses économies nous coûtaient cher.

« Tu n'y comprends rien, me répondit-elle. C'est une question de principe. Aucune raison de payer un velours 6,40 F le mètre quand tu peux avoir exactement le même pour 6,10 F. »

Mon salaire suffisait à nous faire vivre mais pas à payer les meubles. On avait offert un film à Brigitte : tournage à Nice. Un cruel dilemme se posait : elle avait besoin d'argent pour décorer son appartement mais ne pouvait le faire si elle quittait Paris. C'est sans doute la raison qui la poussa à accepter un rôle dans une pièce de Jean Anouilh, *L'Invitation au château*. Gageure difficile. Les meilleurs acteurs se disputaient l'honneur de jouer Anouilh et le metteur en scène, André Barsac, n'avait cédé qu'à contrecœur à ce qu'il pensait être un caprice d'auteur. Comment cette débutante, sans aucune expérience théâtrale, pourrait-elle tenir la scène ? Jean Anouilh qui n'allait jamais au cinéma avait cependant visionné deux minutes du *Trou normand* à cause de Bourvil. C'est Brigitte qui l'étonna et le séduisit.

Dès les premières répétitions au théâtre de l'Atelier, elle comprit la difficulté du pari qu'elle venait de faire.

« Je suis folle, me dit-elle. On attendra pour le tapis et le canapé. Je laisse tomber... »

Je réussis à la convaincre de ne pas sauter du train en marche et l'aidai à trouver son personnage en répétant avec elle à la maison. Je lui fis jurer de n'en souffler mot à André Barsac, l'un des plus prestigieux metteurs en scène de théâtre en France. L'orgueil des grands hommes est souvent aussi irritable que la peau des fesses des nouveau-nés.

Le miracle se produisit. Le jour de la première, Brigitte étonna les spectateurs aussi bien que ses partenaires. Ses répliques portaient, elle faisait rire au bon moment. Son charme, son aplomb et sa sincérité aidaient à oublier son manque de métier. Les critiques ne saluèrent pas en elle une nouvelle Sarah Bernhardt mais se montrèrent favorablement impressionnés. Coup de maître dans la carrière d'une jeune débutante dont les mauvaises langues disaient déjà qu'elle devait son talent à sa chute de reins.

Ce succès ne tourna pas la tête à Brigitte. Avec objectivité, elle réalisa qu'elle avait, cette fois, brillamment tiré son épingle du jeu mais n'était pas mûre pour une carrière au théâtre. D'ailleurs, elle n'aimait pas l'obligation de jouer chaque soir, jour après jour, semaine après semaine, le même personnage. « Preuve que je ne suis pas faite pour le théâtre », me dit-elle.

L'appartement était maintenant tout à fait confortable et nous invitions souvent des amis à dîner. Brigitte faisait la cuisine mais n'était pas à proprement parler un cordon-bleu. Lilou, la sœur de Christian Marquand, était chez nous un soir quand une fumée épaisse, venant de la cuisine, nous alerta. La graisse d'un gigot avait pris feu et de grandes flammes sortaient du four. Lilou se précipita pour essayer d'éteindre le feu en y jetant de l'eau, ce qui ne fit qu'ajouter aux dégâts. Brigitte, affolée, ferma la porte de la cuisine sur son amie. Lilou donnait de grands coups de poing sur la porte mais Brigitte, tenant ferme la poignée, n'ouvrait pas.

« Tu es folle! lui dis-je. Ouvre!

– Si j'ouvre, répondit Brigitte, ça va foutre le feu à mes meubles. »

Je la repoussai et sauvai Lilou du bûcher. A l'aide de torchons je réussis à maîtriser ce début d'incendie.

Nos disputes, fréquentes et parfois assez violentes, avaient presque toujours une origine puérile. Je me souviens de nos colères, de nos insultes, mais absolument pas des raisons qui les avaient provoquées. En revanche, je ne pourrai jamais oublier l'affaire de la porte...

Une vive discussion, commencée après dîner au lit, avait dégénéré en dispute au salon pour atteindre son apogée dans la cuisine. Soudain, sans raison apparente, Brigitte se calma. Ce n'était pas dans ses habitudes et j'aurais dû me méfier.

« Tu as oublié de descendre les ordures, me dit-elle. Vas-y, mon chéri. Sois gentil. Je vais t'attendre au lit. »

J'attrapai la poubelle et sortit. A l'instant où je mettais le pied sur le palier, je réalisai mon erreur. Trop tard... Brigitte venait de refermer sur moi la porte et je l'entendis tirer le verrou. J'étais en pantalon de pyjama. Difficile dans cette tenue de prendre ma voiture pour aller chez un copain. D'ailleurs, je n'avais pas les clefs. Dormir sur le palier, avec ma poubelle et une moitié de pyjama, ne me semblait pas non plus une bonne idée.

J'essayai de défoncer la porte à coups d'épaule, un truc qui, apparemment, ne marche que dans les films. J'imaginai une autre méthode. Le palier était très étroit. En m'appuyant du dos à la rampe de l'escalier, je pouvais pousser la porte avec mes pieds. La rage, sans doute, avait décuplé mes forces car la porte céda brusquement. Brigitte, terrifiée, se sauva en courant vers la chambre à coucher où je la rejoignis. Je ne me souviens pas avoir jamais été aussi furieux. Je voulais la battre mais je n'avais de ma vie levé la main sur une femme et, malgré ma colère, ne pouvais m'y résoudre. C'était terriblement frustrant. J'eus alors une idée qui, avec le recul, me semble un peu extravagante mais sur le moment me parut géniale. Je couchai Brigitte sur le tapis de haute laine et attrapai le matelas du lit que je jetai sur elle. Et je me mis à sauter à pieds joints sur le matelas, me limitant cependant à la région des fesses.

Ma colère tomba d'un coup. Brigitte, elle, m'en voulut longtemps. Pas pour les sauts sur le matelas (je ne lui avais pas fait bien mal) mais à cause de la porte. Le bois avait volé en éclats et il fallut le remplacer.

Quatre ans plus tard, quand nous décidâmes de divorcer, l'avocat de Brigitte lui demanda d'énumérer les griefs qu'elle nourrissait à mon égard.

« Je n'ai rien à lui reprocher, dit Brigitte.

— Si vous divorcez c'est que vous avez quelque chose à lui reprocher, dit l'avocat.

— Non, rien. On s'est souvent disputés mais c'était autant ma faute que la sienne.

— Mais enfin, madame, il faut bien que j'établisse un dossier pour le juge. Tâchez de vous souvenir. Trouvez-moi quelque chose.

— Ah! oui, dit Brigitte. Il y a bien une chose... ça je lui en voudrai toujours!

— Très bien. Racontez-moi.

— C'est la porte. Un jour il a cassé ma porte. Je venais juste de la faire revernir... »

De même que Brigitte ne pouvait nourrir le dossier de son avocat, j'essaie en vain de trouver quelque chose à lui reprocher. Elle m'aimait. Elle était fidèle. Du moins je le pensais. D'ailleurs, si j'avais découvert qu'à l'occasion d'un voyage elle m'avait trompé, j'aurais sans doute un peu souffert, certainement pas crié à la trahison. Nous savions nous amuser et rire. Il y avait évidemment ces disputes fréquentes, ces disputes d'enfants terribles, ces disputes d'amants terribles, mais c'était plutôt l'écume de la vague, pas la tempête. Le bruit provoqué par deux fortes personnalités qui se heurtent mais ne se détruisent pas. Au contraire, nous nous sommes beaucoup apporté mutuellement.

Comme les enfants, Brigitte exigeait trop des gens qu'elle aimait. Si, pour un instant, elle manquait d'attentions, l'angoisse s'emparait d'elle. « Je suis malheureuse, j'ai peur », étaient des mots qui revenaient toujours. Mon travail m'obligeait à de fréquents voyages et cela détruisait quelque chose en elle. Ma présence lui était nécessaire pour respirer. Le jour, la nuit, à Paris ou lors d'un tournage en province ou à l'étranger, elle m'appelait au secours et je devais me précipiter. Le temps que j'arrive, laissant parfois un travail important en plan, elle avait déjà changé d'humeur, tout allait bien. Comme les enfants, au matin, qui ont oublié le cauchemar de la nuit. En ce sens elle était très égoïste. Il y avait aussi ces longues heures entre la fin du jour et le lever du soleil où je devais l'exorciser, la rassurer. « J'ai peur, Vadim. Tu m'aimeras toujours? »

Comme elle changeait d'humeur, elle changeait d'avis. Refusant au dernier moment un dîner prévu depuis une semaine. Annulant un rendez-vous avec des journalistes venus pour elle et avec son accord, de Rome ou de New York. Elle n'a guère changé.

J'ai dîné avec elle il y a trois jours et elle m'a dit :
« Tu étais le seul qui me laissait changer d'avis.
Aujourd'hui, je n'ai plus le droit... C'est dur. »

C'est vrai que je lui passais beaucoup de caprices,
comme j'allais passer plus tard les caprices de mes
enfants. Mais un enfant grandit et s'adapte à son
nouvel état. On dit qu'il atteint l'âge de raison.
Brigitte, elle, ne grandissait pas. Au contraire : plus
son succès attirait sur elle l'attention, plus elle
exigeait de dévotion à sa personne. Ce n'était pas
qu'elle voulût tout commander, tout décider,
comme certaines femmes dominatrices, c'était une
forme de tyrannie beaucoup plus subtile, une soif
de l'amour de l'autre jamais tarie. Un miroir effrayé
du vide.

Rien n'est systématique, cependant, chez Brigitte.
Je l'ai vue, après avoir engueulé la bonne au sujet
du prix d'une côtelette, offrir le même jour une
voiture à sa doublure qui habitait la banlieue et
devait se lever à cinq heures du matin pour prendre
l'autobus.

Plusieurs années avant la sortie de son film *Et
Dieu créa la femme...*, c'est-à-dire longtemps avant
d'être devenue une vedette, la Warner Brothers
offrit à Brigitte un contrat fabuleux. La voix d'Olga
Horstig (l'agent de Brigitte) tremblait d'émotion en
citant les chiffres : quinze cents dollars par semaine
la première année, trois mille par semaine la
deuxième année, cinq mille par semaine la troisième année. Plus une maison avec piscine à
Beverly Hills et une voiture.

« Ça fait combien ? » demanda Brigitte.

Olgra transcrivit les dollars en francs. Brigitte ne
put retenir un sifflement.

« Merde! dit-elle. Ils attachent leurs chiens avec
des saucisses, à Hollywood. »

Elle me demanda si je viendrais vivre avec elle en Amérique.

« Naturellement », dis-je.

Le contrat fut signé.

Alors seulement, Brigitte réalisa ce que signifiait cet engagement. Beaucoup d'argent bien sûr, sans doute la gloire au royaume du cinéma, mais aussi une vie nouvelle, totalement différente, dans un pays où les gens ne parlaient pas français. Elle fut prise de panique.

« Je n'arriverai jamais à faire mon trou là-bas, me dit-elle. Je le sais. »

Pour Brigitte, « faire un trou » voulait dire recréer son ambiance dans un nouvel endroit. Un renard chassé de son gîte, un lapin dans son terrier, sont condamnés à mort s'ils ne peuvent refaire leur « trou ». Il en allait de même pour elle.

Pendant toute une semaine, chaque nuit, elle pleura. Rien de ce que je pouvais lui dire ne parvenait à la rassurer.

« Je suis foutue, disait-elle. Si je vais là-bas j'en mourrai, si je reste ici ils vont me faire un procès et je passerai ma vie entière à les payer. »

J'allai trouver Olga et lui expliquai qu'il n'était pas question d'envoyer Brigitte à Hollywood. Olga, désolée, obtint de la Warner Brothers l'annulation du contrat.

Brigitte retrouva le sourire et moi le sommeil.

Comme un bonheur n'arrive jamais seul, quelqu'un offrit à ma femme un coker à poil noir âgé de trois semaines qu'elle baptisa Clown.

Ce fut notre premier enfant.

Et je dois préciser : notre seul enfant.

7

Une des grandes qualités de Brigitte : elle n'était pas snob. Nous rencontrions beaucoup de célébrités mais jamais le « nom » ni la fortune ne l'ont impressionnée. Elle se méfiait plutôt des personnalités connues. Elle aimait sortir et s'amuser mais pas dans ces soirées mondaines où l'on peut mettre un nom sur chaque visage. L'emmener à une première était toute une histoire. Nous avions cependant, parmi nos intimes, des gens très célèbres. En particulier Marlon Brando.

J'avais rencontré Marlon à peu près à l'époque où je connus Brigitte. Je me trouvais avec Christian Marquand à la terrasse d'un café du boulevard du Montparnasse quand notre attention fut attirée par un jeune homme d'une beauté inouïe, assis à la table à côté. C'était l'été, il faisait chaud. Le jeune homme s'était déchaussé et massait son pied nu qu'il avait posé devant lui, entre un verre de Perrier et un cendrier. Il poussait des grognements d'extase, comme une femme au comble du plaisir, et répétait : « Shit... *That feels good... Shit, that fells good!...* »

Nous engageâmes la conversation et l'Adonis nous expliqua qu'après avoir longtemps marché, se masser les orteils était une des grandes jouissances de la vie. Il se présenta : « Marlon Brando », et nous dit qu'il était seul à Paris et habitait un petit hôtel de la Rive gauche, tout à fait inconfortable.

Eprouvant le besoin soudain de fuir New York, il s'était embarqué pour la France où il ne connaissait personne. La sympathie fut immédiate et réciproque et nous lui offrîmes de partager notre studio de la rue de Bassano.

C'est le lendemain que Marlon nous apprit qu'il était acteur et venait de jouer à Broadway la pièce de Tennessee Williams, *Un tramway nommé Désir*. Il n'avait pas encore fait de cinéma. Déjà célèbre à New York, il était pour nous un parfait inconnu. Il devint dès cette première rencontre un des plus proches amis de Christian et le mien. Nous sommes encore aujourd'hui, tous les trois, un peu comme des frères.

Pour des raisons que je n'arrive pas à analyser, Brigitte et Marlon n'éprouvèrent jamais l'un pour l'autre de réelle sympathie. Ils s'aimaient bien, leurs rapports étaient cordiaux, sans plus. Il semblait pourtant que ces deux natures si spontanées, ces grands sensuels, auraient dû se comprendre. Brigitte n'était pas du tout éblouie par le physique de Marlon. Lui la trouvait piquante, ça n'allait pas plus loin.

Après notre mariage, Brigitte n'avait encore vu aucun de ses films et c'est d'une façon tout à fait inattendue qu'elle découvrit son génie d'acteur.

Christian, Marlon, Brigitte et moi avions passé une nuit animée, du Club Saint-Germain au Tabou, du Tabou aux Halles et remontions à pied les Champs-Elysées. Nous avions un peu bu mais n'étions pas ivres (Brigitte n'a jamais beaucoup bu). Arrivés au coin de l'avenue George-V, devant le Fouquet's, Marlon remarqua les chaises et les tables de terrasse qu'on enchaînait le soir pour éviter de les rentrer dans le restaurant. Sans rien dire, il entreprit de tirer sur les chaînes pour disposer les chaises à son idée sur le trottoir. Et il se mit à déclamer les premières répliques d'un *Tramway nommé Désir*. Il jouait tous les rôles, Blanche, Stanlay, Mitch...

Le jour se levait. Les Champs-Elysées avaient disparu. Nous étions dans un petit appartement étouffant de New Orleans. A lui seul, aidé de trois chaises et de deux tables de bistrot, Marlon avait recréé la magie du théâtre. Les hommes et les femmes qui, maussades, somnolents, allaient prendre le premier métro pour se rendre à leur travail, s'arrêtaient, d'abord curieux ou amusés puis séduits, fascinés... Les Parisiens sont des gens blasés que les fêtards braillards du petit matin n'impressionnent pas. Pourtant, s'ils ne comprenaient pas l'anglais, ceux-là surent reconnaître le talent à l'état pur.

Une idée acquise est que j'ai « fait » Brigitte Bardot. Mais c'est précisément parce qu'elle n'était pas « fabriquée », ni ses parents, ni la société, ni son métier n'ayant jamais influencé sa nature profonde, qu'elle a choqué, séduit, créé une mode et finalement explosé dans le monde comme un symbole sexuel. La nudité, plus ou moins voilée, il y en a toujours eu au cinéma. C'est la nudité joyeuse, insolente, la nudité sans le péché, qui excitait mais irritait les gens. Brigitte n'avait d'ailleurs pas besoin d'être dévêtue pour choquer les tartufes et les moralistes.

Lors de mes démêlés avec les censeurs après le tournage de *Et Dieu créa la femme...*, l'un d'eux me reprocha une scène où, prétendait-il, Brigitte quittait son lit, entièrement nue, sous les yeux de son jeune beau-frère. Je lui fis projeter la scène. Brigitte sortait du lit vêtue d'un pull-over qui lui tombait jusqu'à mi-cuisses. Cet homme l'avait vue nue et il est encore aujourd'hui persuadé que j'ai remplacé avant la projection le plan de Brigitte à poil par une version habillée de la même scène.

Je n'ai pas inventé Brigitte Bardot. Je l'ai simplement aidée à s'épanouir, à apprendre son métier en restant elle-même. J'ai pu lui éviter la sclérose des règles toutes faites qui, dans le cinéma comme dans les autres métiers, détruisent souvent les talents les plus originaux en les ramenant dans le rang. Et surtout, je lui ai donné un rôle qui fut un mariage parfait entre un personnage de fiction et ce qu'elle était dans la vie. A un moment de la carrière de toutes les grandes stars, il y a ce miracle d'un rôle qui semblait fait pour eux. Pour Brigitte ce fut la Juliette de *Et Dieu créa la femme*... Elle avait déjà tourné seize films. Le dix-septième la consacra star.

Brigitte avait tendance à envoyer promener reporters et photographes. Elle a passé sa vie à poser des lapins aux journalistes du monde entier. J'arrangeais les choses et l'aidais de mon mieux dans ses relations avec la presse. Elle-même n'a jamais recherché la publicité. Mais c'est un fait : toujours, elle créait l'événement.

Elle avait accepté un rôle secondaire dans un film anglais, *Doctor at sea*, dont Dirk Bogarde était la vedette. C'était une comédie de bon goût, pas l'événement cinématographique de l'année. La production avait fait le travail de routine : une photo de la starlette française accompagnée d'une courte biographie, envoyée dans toutes les rédactions. Personne n'avait vu à Londres un film de Brigitte mais on connaissait sans doute son nom. Première surprise, au lieu de la demi-douzaine de journalistes prévus, plus de trente reporters et photographes arrivèrent dans le salon de l'hôtel Dorchester retenu pour la conférence de presse. Brigitte, que je ne parvenais pas à faire sortir de sa chambre (elle se trouvait « moche », ce jour-là), était en retard. Quand elle arriva dans le salon, les petits fours avaient disparu et les quelques bouteilles de champagne étaient depuis longtemps asséchées. La mauvaise humeur régnait. Mais encore une fois, le miracle se produisit. Le magnétisme de Brigitte opéra. Elle avait passé un simple fourreau de jersey qui la moulait comme un gant. Pudique et indécente à la fois. Les photographes vidaient leurs bobines. Son retard et le manque de champagne furent oubliés, ou pardonnés.

Un journaliste lui demanda :

« Quel est le plus beau jour de votre vie?

– Une nuit », répondit-elle.

Un autre :

« Quelle est la personnalité que vous admirez le plus? »

Réponse :

« Sir Isaac Newton.

– Pourquoi?

– Il a découvert que les corps pouvaient s'attirer. »

Rires.

« Y a-t-il des gens que vous détestez? »

Réponse :

« Les docteurs qui pratiquent la vivisection sur les animaux et le président Eisenhower pour avoir envoyé les Rosenberg à la chaise électrique. »

Elle avait aussi des formules choc qui faisaient mouche. Comme par exemple : « Quand un homme a beaucoup de maîtresses, on dit que c'est un don juan. Quand une femme a beaucoup d'amants, on dit que c'est une putain. »

Le lendemain, elle était en première page du *Daily Telegraph*, de l'*Evening Express* et du *Guardian*. Dix autres journaux avaient publié sa photo et parlaient du « *French sex kitten* ».

De notre mariage à l'été 1954, Brigitte tourna une comédie avec un metteur en scène français, André Berthomieu, qui a rejoint le royaume des cinéastes oubliés, et un mélodrame-spaghetti en Italie. Elle apprit davantage en acceptant deux petits rôles dans un film d'Anatole Litvak (*Act of love*, avec Kirk Douglas) et dans *Si Versailles m'était conté* de Sacha Guitry.

A cette époque, Brigitte avait trouvé son style : blonde, frange et queue de cheval ou cheveux tombant en mèches libres sur les épaules, chemisier généreusement décolleté découvrant la rondeur des seins et les épaules, gorge pigeonnante, taille serrée, jupe sous le genou qui laissait voir le jupon mousseux, jambes nues et petits escarpins. En France, en Italie, en Angleterre, dans tous les pays d'Europe non socialistes on rencontrait – à la campagne comme en ville – des centaines de milliers de copies conformes.

En 1954, je l'accompagnai à Rome. Elle venait d'être engagée par Robert Wise pour tenir le rôle d'une confidente de Rossana Podesta dans la super-production italo-américaine *Hélène de Troie*. C'était la Rome de la dolce vita que Fellini allait immortaliser quelques années plus tard. Les vedettes du monde entier se retrouvaient à Cinecitta, cet « Hollywood sur le Tibre ». Nous habitions une chambre avec terrasse au septième étage de l'hôtel de la Ville, situé au sommet des escaliers de la piazza di Spagna. Sous nos fenêtres, les merveilleux toits de la Ville éternelle, mer d'ocre et de rose qui ondulait jusqu'à l'horizon.

Heureuse et trop brève période, partagée avec nos amis italiens, anglais, français, américains. Les night-clubs, bien sûr, mais surtout les dîners à la guitare, les grandes virées à pied, la nuit, sur le pavé des rues étroites du Trastevere, les bains de minuit sur les plages d'Ostie ou de Fregene, dans l'eau pure d'une Méditerranée vierge de goudron et de déchets chimiques. La drogue n'était pas encore un « must » et ce paradis romain n'avait rien d'artificiel.

Notre ami Daniel Gélin avait convaincu une ravissante Suisse-Allemande de dix-sept ans de l'accompagner à Rome. Cette créature spectaculaire, romantique à l'excès, avait fait un rêve qu'elle dut très vite oublier. La vie tumultueuse de Daniel Gélin lui faisait peur. Un soir, en larmes, elle arriva à l'hôtel de la Ville avec un petit sac pour tout bagage et nous demanda de l'héberger.

« Ma pauvre vieille, lui dit Brigitte, on veut bien te garder mais on n'a qu'un lit. Remarque, il est grand. Il y a de la place pour trois. »

C'est ainsi que, pendant une semaine, je partageai mon lit avec Brigitte Bardot et Ursula Andress. Et je le sais, je vais décevoir mes lecteurs : pas de flirt, pas de sexe. Brigitte n'a jamais apprécié les effusions au pluriel. J'étais, moi, plutôt frustré – mais quel plaisir pour les yeux! Je me souviens d'un matin, assis sur la terrasse où le petit déjeuner venait d'être servi. La porte-fenêtre, grande ouverte, invitait le soleil jusqu'au lit où reposaient Brigitte et Ursula. Elles étaient nues à la chaleur de l'été. Dorées, impudiques, elles échangeaient des confidences et riaient. La lumière romaine baignait leurs corps, ajoutant le miracle à la perfection, photons licencieux qui avaient traversé à 300 000 km/seconde le vide sidéral pour caresser le ventre de ces deux déesses à l'apogée de leur beauté. Ni au cinéma, ni dans les musées, face aux plus grands chefs-d'œuvre, je n'avais éprouvé ce saisissement respectueux devant l'art.

Je dus quitter Rome et Brigitte deux semaines avant la fin du tournage de *Hélène de Troie*. Hervé Mille, à *Paris-Match*, s'était aperçu de mon absence.

Je roulai sur la via Aurelia en direction de la frontière française quand deux jeunes filles, traînant de lourdes valises, levèrent le pouce à l'approche de ma voiture. Je m'arrêtai et leur demandai où elles allaient. « A Nice. »

Maria était brune, ronde – pour ne pas dire grassouillette –, un peu vulgaire, bouche charnue, fesses toujours en mouvement sous la jupe collante et des yeux noirs qui semblaient avaler ce qu'ils regardaient. Son père tenait un petit bistrot à Venise.

Francesca était longue, blonde, un visage ovale à la Botticelli, des yeux verts naïfs ou pervers, selon son humeur, et très belle. Son mari était ouvrier souffleur à l'usine de verre de Murano.

L'une fuyait sa famille, l'autre le mariage. Elles avaient rencontré sur la plage du Lido, à Venise, un quinquagénaire qui se prétendait directeur de production au studio de la Victorine, à Nice. Ce « M. Robert » les attendait pour en faire des vedettes de cinéma. Leurs économies avaient payé le train, puis le car, jusqu'à Pise. Elles étaient épuisées, transpirantes et convaincues d'une carrière fulgurante à l'écran. Il fallait d'abord arriver jusqu'à Nice. Un problème : elles ne possédaient ni l'une ni l'autre de passeport.

Nous nous arrêtâmes au meilleur hôtel de San

Remo (*Paris-Match* payait peu ses reporters mais les entretenait sur un grand pied.) Le réceptionniste pinça le nez à la vue de mes auto-stoppeuses; cinquante mille lires glissées dans sa main lui rendirent le sourire et l'onctuosité de sa profession.

Je fis monter au salon un dîner arrosé de champagne. Maria me parla de la pauvreté, de son père, jaloux, mais qui passait sa main entre ses cuisses quand elle servait au bar, de sa mère tourmentée par un cancer du sein qu'elle prenait pour une punition de Dieu, ne s'étant pas mariée vierge, de ses frères qui boxaient ses cavaliers, au bal, s'ils avaient remarqué une raideur sous le pantalon après la danse.

Francesca me parla de son mari, un garçon timide qui se branlait dans les toilettes quand il était invité chez elle. Un jour, elle entra dans la salle de bain pour se recoiffer et le surprit la braguette ouverte, sexe à la main. Le père, attiré par son éclat de rire, ouvrit la porte. Francesca n'était pas directement responsable de la tenue indécente du jeune homme. Pourtant, aux yeux de son père, elle était souillée. Une seule façon de réparer : le mariage. Elle n'aimait pas Franco, elle devint sa femme.

Le timide prétendant onaniste se révéla un tyran de jalousie. Il la battait quand elle se maquillait. Il la battait quand un de ses copains la regardait à table. Enceinte de deux mois, elle fit une fausse couche. « Dieu t'a punie parce que cet enfant n'était pas de moi », dit-il quand elle revint de l'hôpital. Il la frappa méchamment. Et comme elle avait une hémorragie, il l'obligea à boire son propre sang. « Bois le sang du péché! » criait-il en lui fourrant dans la bouche ses compresses hygiéniques.

J'étais mal à mon aise et pourtant fasciné en écoutant Francesca, avec son visage d'ange, évoquer ces horreurs comme s'il s'agissait de banals ennuis ménagers. Maria riait, trouvant tout cela très drôle.

Plus tard dans la soirée, elle se mit à feuilleter un exemplaire de la revue *Grazia* posé sur la table et découvrit une photo de Brigitte Bardot accompagnée de son mari, prise sur la via Venetto par un paparazzi. Mon statut social s'éleva aussitôt d'un cran : le mari de « la B.B. »!

Maria courut à la salle de bain. Elle en ressortit, deux minutes plus tard, en culotte et soutien-gorge, les cheveux tirés en queue de cheval. Elle fit une imitation de la Bardot très réussie mais pénible pour moi. L'Italienne charnue, vulgaire, sincère, mais grotesque n'avait pas choisi le bon metteur en scène. Elle sortait droit d'un film de Federico Fellini. Je n'ai pas la cruauté de cet halluciné catholique de génie. Je ne savais comment dire à Maria qu'elle se trompait de destin. Elle ne m'aurait d'ailleurs pas cru.

Francesca soupirait :

« Je ne suis pas sexy (elle prononçait *sexchy*.) Je ne réussirai jamais... »

Après un dernier verre de champagne, elles se retirèrent dans leur chambre. La porte était restée ouverte et je les y rejoignis. Elles étaient nues sous le drap. Timides soudain. Mais décidées à payer la balade en voiture, le champagne et leur première nuit dans un palace avec la seule monnaie qu'elles possédaient : leur sexe. Peut-être aussi un peu excitées à l'idée de faire l'amour avec le mari de Brigitte Bardot.

Je m'assis sur le bord du lit et nous parlâmes du problème de passer la frontière sans passeport. Je leur conseillai de prendre un chemin de campagne, au nord de la route nationale. Durant la guerre, j'avais aidé des juifs et des résistants à traverser la frontière suisse et possédais quelque expérience dans ce domaine. La perspective d'une marche de quinze à vingt kilomètres n'inspirait pas Maria.

« Pas avec des valises, dit-elle. On va piquer un bateau dans le port. Arrivées à Nice, on écrira au propriétaire qu'il vienne le récupérer. »

Je proposai de passer les valises dans ma voiture mais Maria s'accrocha à son idée de bateau.

Au matin je les conduisis au port. Je les regardais partir avec leurs valises, la brune et la blonde, si vulnérables mais assurées d'un destin glorieux. Victimes du cinéma et des magazines mais, pensai-je, victimes d'abord de leur famille et de la morale d'un temps révolu.

Le lendemain de mon retour à Paris, Gaston Bonheur, poète, écrivain et l'un des rédacteurs en chef de *Paris-Match*, me convoqua dans son bureau.

« M. Roux[1] n'est pas d'accord avec la note d'hôtel de San Remo », commença-t-il.

J'avais en réserve une de ces explications mathématiquement inattaquables qui faisaient l'admiration de mes confrères mais Gaston Bonheur m'interrompit dès les premiers mots :

« Garde ton inspiration pour M. Roux. Je t'ai appelé pour une autre raison. Je crois que tu as mis le doigt sur une affaire internationale. Peut-être un scoop. »

Il venait de recevoir un coup de téléphone de la D.S.T. Un Riva, volé à San Remo et pris dans une tempête de vent d'Est, s'était écrasé la veille sur des rochers, entre Menton et Nice. Incident banal sinon

---

1. M. Roux était le comptable responsable de nos notes de frais. Il me respectait comme un policier respecte un voleur de talent, mais rêvait de me prendre en flagrant délit.

que le propriétaire, un Yougoslave, était soupçonné de travailler pour la police secrète du maréchal Tito. Les corps de deux jeunes Italiennes, dont on avait retrouvé les valises dans le Riva, avaient été repêchés par la police non loin du lieu du naufrage. Dans le sac de l'une d'elles, un nom et une adresse : Roger Vadim, 79, rue Chardon-Lagache.

Je racontai toute l'affaire à Gaston Bonheur qui tomba d'accord avec moi : il y avait peu de chances que mes auto-stoppeuses fussent de nouvelles Mata-Hari.

Je dus néanmoins me rendre à Nice pour déposer au commissariat et identifier les corps à la morgue. Les jeunes filles étaient à peine reconnaissables mais le doute n'était pas permis. L'une était le Botticelli que j'avais tenu dans mes bras, l'autre la fan de Brigitte Bardot.

Cet incident eut une influence directe sur ma carrière et celle de Brigitte : dès mon retour à Paris je demandai au journal un congé illimité non rémunéré.

La raison principale qui motiva cette décision était due à Maria, à son admiration soudaine pour moi quand elle découvrit que j'étais le mari de « la B.B. » Il devenait urgent de me faire un nom. Mon cocker, Clown, qui n'avait pour lui que son poil brillant et son charme, était plus connu que moi. Je dînais souvent avec Brigitte à l'Elysées-Matignon où se retrouvaient les élus du *show biz*. Un soir, elle m'y téléphona pour dire qu'elle rentrerait directement du théâtre à la maison. Je quittai ma table pour les vestiaires. Personne n'étant là, je décidai de récupérer moi-même mon manteau et remarquai une étiquette accrochée au revers : « M. Clown. » La dame des vestiaires connaissait Brigitte et le nom de son chien, pas le mien. « M. Bardot » m'eût laissé indifférent, « M. Clown » m'amusa. Mais l'incident, sans doute, m'était resté inconsciemment en mémoire et Maria avait actionné le déclencheur automatique. Le titre de prince consort, tout à coup, me semblait intolérable.

Je réfléchis et décidai que mon destin n'était pas de rapporter à mon journal des événements dont je n'étais que le témoin, mais d'inventer des histoires.

L'heure était venue de se mettre au travail. Sérieusement.

8

Il semblait que la carrière de Brigitte s'orientait vers le statut d'éternelle starlette. Elle ne trouvait de premiers rôles que dans les films médiocres, mis en scène par des metteurs en scène médiocres. Deux de ces productions, pourtant, s'élevèrent aux premiers rangs du box-office en Europe. S'ils flattaient le portefeuille des producteurs, ils firent peu pour le prestige artistique de Brigitte. Les grands metteurs en scène – Marc Allégret : *Futures vedettes* avec Jean Marais; René Clair : *Les Grandes Manœuvres* avec Gérard Philipe – ne lui offraient que des rôles secondaires.

Ayant quitté *Paris-Match*, je vouais tout mon temps à écrire des scénarios. L'entêtement et le talent paient toujours à la longue. Je dus mon premier succès à Jean Cocteau.

Marc Allégret allait tourner pour Pierre Braunberger un film basé sur le charmant roman de Louise de Vilmorin, *Julietta*. L'affaire était montée sur le nom de Jean Marais. Huit jours avant le tournage, Jean refusa l'adaptation. Catastrophe pour le producteur qui avait déjà vendu le film. Allégret m'appela au secours et me demanda de réécrire le scénario. Un problème : il fallait que Jean Marais donne son accord dans les quarante-huit heures. « Jeannot » demanda à Jean Cocteau s'il pouvait faire confiance au jeune scénariste de Marc Allégret. Cocteau lui répondit : « Vadim? Tu peux dire oui. Les yeux fermés. » Je modifiai et redialoguai le scénario en quelques jours. Le film fut un grand succès. J'avais suggéré Brigitte pour le rôle principal féminin. Malgré l'appui de Marc Allégret, on engagea à sa place une vedette de l'époque, Dany Robin.

Un producteur, M. Sénamaud, informé de mon intervention miraculeuse, me demanda de refaire le scénario d'une histoire déjà vendue en Italie mais que la vedette pressentie, Jean Bretonnière, chanteur d'opérette en vogue en 1955, n'aimait pas. Je donnai mon accord à deux conditions : Brigitte Bardot jouerait le rôle principal et le metteur en scène serait Michel Boisrond, premier assistant de René Clair. Le temps n'était pas encore aux bébés géniaux de la Nouvelle Vague. Michel Boisrond se situait à mi-chemin du cinéma traditionnel et de l'inconnu. Technicien réputé – avec René Clair, il avait été à bonne école –, il pouvait rassurer producteurs et distributeurs. A défaut du maître, ils accepteraient l'élève.

Pour la première fois, Brigitte jouait un personnage écrit pour elle dans un langage moderne. Avec un metteur en scène de formation classique mais qui tournait son premier film. *Cette sacrée gamine* fut un succès.

J'écrivis ensuite, pour Marc Allégret, une autre comédie : *En effeuillant la marguerite.* Un travail de commande basé sur une idée originale du producteur du film qui n'avait rien d'original. Une jeune fille de bonne famille chassée par ses parents débarquait à Paris sans un sou et s'engageait comme strip-teaseuse dans un night-club. Je changeai l'intrigue et écrivis une histoire amusante, romantique et assez sexy. Le rôle masculin principal était tenu par notre ami Daniel Gélin.

Pour la troisième fois, je décrochai une médaille d'argent. A Hollywood, ma carrière de scénariste eût été assurée. Les auteurs de films, en France, n'avaient pas le même prestige. Et n'étaient pas payés. Mais Brigitte passa du stade de starlette à l'état honorable d'actrice qui « faisait de l'argent ». Presque une vedette. J'avais gagné ma première bataille.

On savait dans le métier que j'étais davantage que le scénariste de Boisrond ou d'Allégret. Je participais à la conception de la mise en scène et souvent répétais avec les acteurs. Le moment était arrivé pour moi de passer du stylo à la caméra. J'étais prêt, il me fallait l'occasion et la chance. Cette chance porta un nom : Raoul Lévy. De quelques années plus âgé que moi, du charme à revendre – ce n'est pas une métaphore, Raoul vendait et revendait tout, même et surtout son charme –, une dynamique intellectuelle et nerveuse hors du commun, il épuisait les autres et faute de combattants s'épuisait lui-même. C'est le seul homme que j'ai connu qui soit arrivé à *se* voler lui-même. Une nuit, très ivre et sachant qu'il ne se souviendrait de rien au réveil, il ouvrit son coffre et prit les billets qui s'y trouvaient; environ 3 000 dollars que nous perdîmes avant l'aube au Cercle de l'aviation, en trois bancos, contre le roi Farouk. Le lendemain, Raoul découvrit son coffre-fort vide et déposa plainte au commissariat de police.

Belge d'origine russe, Raoul Lévy s'était engagé en 1943 dans la R.A.F. où il acquit rapidement la réputation du plus mauvais navigateur de l'armée de l'air : quand il était en vol les vaches européennes subissaient plus de dommages que les usines de guerre du Troisième Reich. Au cours de sa dernière mission, il se surpassa. Après avoir largué les bombes à quelques centaines de kilomètres de la cible supposée, la forteresse volante confiée à ses soins se perdit dans le brouillard et se trouva bientôt à court de carburant. Raoul aperçut une piste et donna le feu vert au pilote pour l'atterrissage.

« C'est le terrain de Douvres, lui dit-il. Notre radio doit être cassée, je ne comprends pas ce que le gars de la tour me raconte. Pose-toi, on discutera après. »

Ce n'était pas Douvres, c'était Stuttgart. Comme cet exploit eut lieu quelques semaines seulement avant la reddition allemande, il ne resta pas longtemps prisonnier.

Raoul Lévy appartenait à cette race disparue de producteurs aventuriers qui aimaient et comprenaient le cinéma. Il n'avait pas les moyens financiers de produire un film à grand budget et décida de tenter un coup de poker. Dans sa main, deux atouts : un jeune scénariste, Roger Vadim, et sa femme, Brigitte Bardot. Il me proposa d'écrire un rôle pour Brigitte et de mettre le film en scène. Il possédait les droits d'un roman, *Le Petit Génie*, écrit par le neveu du grand avocat français, Maurice Garçon. L'histoire n'était pas exaltante et je n'en tirai rien de bon. Un peu découragé, je partis pour Rome avec Brigitte qui devait rencontrer là-bas un producteur afin de discuter d'un projet important. C'est du moins ce que lui avait dit son agent, Olga Horstig. Mais avec les Italiens, je le savais, tout est toujours important.

Nous nous retrouvâmes, à un an de distance, dans notre chambre de l'hôtel de la Ville. Rien n'avait changé, sinon que la passion n'était plus au rendez-vous. Les succès professionnels de Brigitte n'étaient pour rien dans la dégradation de notre amour. La célébrité ne la changeait pas. Elle s'inquiétait de mon manque de passion, recherchant déjà l'intensité d'un désir neuf et violent dans les yeux d'autres hommes. Et cela la tourmentait terriblement. Certains soirs, elle s'accrochait à moi et me regardait avec quelque chose de désespéré au fond des yeux. Une grande peur, une grande douleur de ce qui allait arriver. Je savais ce qu'elle pensait : « Garde-moi. Empêche-moi d'aimer un autre homme. Je ne veux pas, c'est comme de mourir. » Sa maladie du bonheur la reprenait. Toujours tout, toujours plus, à l'instant même...

Je l'aimais pourtant. Elle était ma femme, et ma fille, et ma maîtresse; mais je ne pouvais lui donner ce qu'elle recherchait. Son Graal.

Nous étions à la Casa del Orso. J'étais assis et la regardais danser. Elle était radieuse, éblouissante, exsudant cette incroyable sensualité, femme, animal, œuvre d'art. Je revoyais la petite Brigitte du studio Walker, s'enlevant, pirouettant, écartelée, transpirante et royale. Elle resta sur la piste plus de deux heures. C'est à ce moment que je me souvins d'un fait divers très inhabituel. Le procès d'une jeune fille qui avait été tour à tour la maîtresse de trois frères. Elle avait tué l'un d'eux. Ce n'est pas le meurtre mais le caractère de la jeune criminelle qui m'avait frappé. Son attitude face au jury, ses réponses aux avocats et aux juges. Ce fut une illumination. Je tenais le sujet de mon film pour Brigitte. Je demandai du papier et tout le reste de la soirée je pris des notes. Mon scénario était là, dix pages griffonnées à la hâte, en écriture automatique.

Nous rentrâmes à l'hôtel vers trois heures du matin. Toute la nuit, Brigitte resta collée à mon corps, comme un naufragé s'agrippe à une bouée de sauvetage.

Le lendemain, je décidai de rentrer à Paris. Je ne voulais pas de mensonges, de faux remords, de pleurs. Et je ne voulais pas souffrir inutilement. Je conduisis d'une traite – vingt heures – jusqu'au Fouquet's où je trouvais Raoul Lévy.

« Oublie *Le Petit Génie*, lui dis-je. Je tiens notre histoire. »

Je lui parlai de mon idée pendant une heure. Il fut convaincu.

« D'accord, dit-il. Tu as un titre? »

Je ne devais trouver le titre que trois mois plus tard. Un bon titre, je crois : *Et Dieu créa la femme*...

9

BRIGITTE voulait que notre mariage survive, elle voulait rendre son mari heureux. Malgré nos déchirements, nous retrouvions pour quelques rares et précieux instants les élans et la tendresse passés. Je n'étais cependant pas dupe de ce mirage. J'acceptais la fin de notre mariage comme un fait inéluctable.

Il y avait aussi un problème auquel, hélas! je ne pouvais rien : je me montrais moins empressé auprès d'elle. Lassitude de ma part inexcusable quand on pense que Brigitte était à vingt et un ans à l'apogée de sa beauté. Pas un homme qui n'eût vendu son âme pour se trouver à ma place dans son lit. J'imagine que Brigitte souffrait de la même asthénie à mon égard. Après l'intensité des premières années, certains couples évoluent et trouvent une nouvelle forme d'amour et d'harmonie. Avec Brigitte, je le savais, pas question de ce genre de transfert vers des sphères plus spirituelles. C'était *tout* ou *rien*.

Elle devait déclarer à un magazine anglais, quelques années plus tard : « Si seulement Vadim avait été jaloux, les choses se seraient peut-être arrangées. » La jalousie peut servir de béquille à l'amour défaillant, mais pour un temps seulement. Le sursis dépassé, la séparation devient alors pénible et haineuse. A prolonger les tourments du divorce, on se quitte ennemis. De cela je ne voulais à aucun prix.

Car jaloux, oui, je l'étais. Mais à ma façon, c'est-à-dire sans le montrer. Je reconnais que dans ce domaine je ne suis pas un exemple à suivre. J'ai poussé un peu loin l'élégance de la non-jalousie. On a souvent pris cette attitude (faite de pudeur et non d'indifférence) pour le comble du cynisme ou de la décadence. « Comment un homme, s'il est amoureux, peut-il dévêtir sa femme aux yeux du monde entier et, pire, la livrer à d'autres hommes sous l'œil de la caméra ? »

Ce n'est pas le corps, ce n'est pas la nudité, ce n'est pas même le contact physique qui provoque en moi la jalousie. C'est la complicité, le flirt, le mensonge, la romance. Je souffre d'un sourire, d'un attouchement de mains, même si les choses en restent là, alors que je ne suis pas dérangé par un homme qui regarde la femme que j'aime prendre un bain.

La nudité sur un plateau ne m'embarrasse aucunement. Beaucoup de peintres ont fait des nus de la femme qu'ils adoraient pour l'exposer ensuite avec fierté. Où se trouve la différence entre un pinceau et l'objectif de la caméra ? Les techniciens sur le plateau ? Il y avait souvent des visiteurs dans l'atelier de Renoir et de Rubens.

Brigitte traversait la première crise « adulte » de sa vie. Elle sentait bien que notre mariage sombrait. Elle tenait son destin dans sa main et cette idée la terrifiait.

Nous écoutions une chanson de Brassens, « Le petit cheval », étendus sur le divan du salon.

« Tu ne m'aimes plus comme avant, me dit-elle brusquement. Qu'est-ce que je t'ai fait ? »

Je lui retournai la question :

« Tu ne m'aimes plus comme avant. Qu'est-ce que je t'ai fait ? »

Elle resta un instant songeuse et dit :

« Ce n'est peut-être la faute de personne... »

Elle ajouta :

« Quand Tino est mort j'ai su que quelque chose de terrible allait m'arriver. » (Tino, le rossignol de notre concierge Mme Ledieu, mangé par le chat du commissaire de police.)

Ce genre de logique me dépassait et je restai silencieux. Elle poursuivit :

« C'est comme ton alliance, ça aussi c'était un signe. J'aurais dû m'en douter. »

Brigitte faisait allusion à une mystérieuse disparition d'objet. Ne m'étant jamais habitué à porter une bague, j'avais la manie de retirer mon alliance et de jouer avec. Un jour, dans le bureau du producteur de *Cette sacrée gamine*, l'anneau m'échappa des doigts. Pendant deux heures, toute la production, à genoux, chercha la bague. En vain. Elle s'était littéralement volatilisée. Un an plus tard, la veille de la conversation que je rapporte ici, je me trouvais seul dans le même bureau. Je m'ennuyais et je me mis à tripoter la clef d'un tiroir. Et je retrouvai mon alliance! Comme dans un jeu d'anneaux à la foire, elle s'était enfilée sur la clef, épousant exactement la forme du tour de serrure. Or sur cuivre, on ne pouvait pas la voir. C'était en effet une incroyable coïncidence. De là à prétendre qu'il s'agissait d'un avertissement du Ciel, il y avait un pas que je ne me serais pas risqué à franchir. Pour Brigitte aucun doute :

« C'était un signe, répéta-t-elle.

– « Le rossignol et la bague », on dirait le titre d'un conte chinois, dis-je.

– Ou russe. J'aurais dû écouter Mamie et me
méfier des Russes. Sale Russe! »

Elle se mit à rire et m'embrassa.

Nous passâmes une très agréable soirée. Elle
fumait une cigarette. « Toujours après. Comme
dans les films », avait-elle l'habitude de dire.

« C'est drôle, remarqua-t-elle alors, les couples
qui ont vécu ensemble trop longtemps inventent
des trucs. Moi, c'est le contraire. En vieillissant je
deviens terriblement sage...

– Tu viens d'avoir vingt et un ans, fis-je remarquer.

– Oui, ce n'est pas trop vieux. Tout de même, la
bourgeoise sommeillant au fond de moi prend le
dessus. »

Soupir.

Je me gardai de lui rappeler que la bourgeoise ne
me semblait pas si bourgeoise quelques semaines
plus tôt à Rome, dansant frénétiquement sur la
piste de la Casa del Orso...

A l'aube (je veux dire vers neuf heures) la sonnerie du téléphone m'éveilla. C'était Raoul Lévy.

« Tu dors? demanda-t-il.

– Oui.

– Tu peux faire une valise en dormant?

– Jamais essayé.

– Eh bien, c'est l'occasion. Je t'attends à dix
heures quarante-deux, gare de l'Est, quai 12,
express de Munich. »

Long silence.

« Répète, dit Raoul.

– Munich... dis-je.

– Parfait. Surtout, ne sois pas en retard. »

Et il raccrocha.

« Qu'est-ce que tu fais? demanda Brigitte qui
avait elle aussi du mal à ouvrir les yeux.

– Une valise.

– Une valise?... Pourquoi? J'ai été gentille hier soir.

– Je ne pars pas, je vais à Munich.

– Si tu ne pars pas, comment peux-tu aller à Munich?

– Raoul m'attend à la gare.

– Pour quoi faire?

– Pas pensé à lui demander. J'avais trop sommeil.

– Tu pars à Munich et tu ne sais pas pourquoi? Ils sont fous, ces mecs. »

Elle se retourna et se rendormit.

Je retrouvai Raoul à la gare.

« Que dirais-tu de faire le film en couleurs et cinémascope? »

Je n'osais croire ce que j'entendais. En France, à l'époque, c'était une sorte de miracle pour un jeune homme de vingt-six ans d'avoir la chance de mettre en scène un long métrage. Tourner ce premier film en couleurs et grand écran paraissait simplement impossible. C'était pourtant mon ambition secrète. J'avais mes idées sur l'utilisation de la couleur et de l'espace.

« Viens, me dit-il, je t'expliquerai dans le train. »

Il attendit que l'express ait démarré avant d'en dire davantage.

« La Columbia me donne l'argent pour produire le film en couleurs et scope, mais à une condition... »

Il hésitait.

« Quelle condition?

– Ils veulent Curd Jurgens. C'est lui que nous allons voir à Munich.

– Pour quel rôle? demandai-je. La mère? »

Les seuls autres personnages importants de l'histoire étaient les trois frères : quinze, vingt et vingt-cinq ans. Rôles par ailleurs déjà distribués. Poujouli (le petit garçon de *Jeux interdits* maintenant jeune adolescent) devait jouer le benjamin, Jean-Louis Trintignant le puîné et Christian Marquand l'aîné.

Curd Jugens était une grande vedette internationale mais il avait passé la quarantaine et je le voyais mal, avec son fort accent germanique, jouer un jeune pêcheur de Saint-Tropez.

« A moins de transformer le film en burlesque et d'engager Laurel et Hardy pour jouer les deux autres frères, suggérai-je.

– Tu as raison, me dit-il. Jurgens ne peut jouer aucun des frères. »

Il était déçu mais n'avait pas pour autant renoncé à son rêve. Avant le premier arrêt, Sarrebruck, je descendais ma valise du filet quand Raoul m'attrapa le bras :

« J'ai une idée. Tu vas développer le personnage du riche armateur en pensant à Jurgens.

– Il n'acceptera jamais un rôle secondaire.

– Impossible n'est pas français...

– Tu es belge et je suis à moitié russe », fis-je remarquer.

Il rit mais nous restâmes dans le train.

A Munich il m'enferma dans une suite de l'hôtel des Quatre Saisons avec caviar, saumon fumé et vodka à volonté. En prime, Maria, une très spectaculaire call-girl qui était aussi dactylo. En deux jours, je terminai la nouvelle version de mon scénario.

Curd Jurgens nous reçut avec l'élégance et la gentillesse qui lui étaient propres dans sa superbe villa bavaroise construite près d'un lac, à quelques kilomètres de Munich.

Il venait de signer pour un des studios de Hollywood un contrat important mais ne comptait pas se rendre en Californie avant l'été.

« Je vais lire le script ce soir, promit-il. Si j'accepte, je pourrais vous donner quatre semaines en mai. »

Le lendemain, il nous téléphona :

« C'est d'accord.

– Tu vois, me dit Raoul, les miracles existent. Il faut y croire et savoir les provoquer. »

Peu de gens ont ce don.

Pendant le tournage, à Nice, je demandai à Curd ce qui l'avait décidé à accepter un rôle secondaire avec un metteur en scène débutant alors que les grands maîtres du cinéma l'attendaient à Hollywood.

« Plusieurs raisons, dit-il. D'abord le script. Un ton neuf, très différent des films qu'on me propose. Brigitte Bardot évidemment. Elle m'intrigue, je n'arrive pas à la situer. C'est un phénomène que j'avais envie d'observer de près. Et l'équipe Lévy-Vadim. J'avais l'impression qu'elle allait faire des vagues. Ça m'amusait d'être dans le coup. »

10

La lumière du matin filtrant à travers les rideaux était douce. Je regardais Brigitte dormir. La bouche gonflée de sommeil, les longs cheveux dorés étalés sur l'oreiller en mèches souples, telle une algue marine bercée par la vague, donnaient au visage d'enfant une poétique innocence.

« Quand on regarde l'autre dormir, la nuit, et que les larmes du bonheur vous montent aux yeux, m'avait dit Brigitte, c'est qu'on aime vraiment. »

« Est-ce que je l'aime encore? » me demandais-je. La réponse était « oui ». Mais ce n'était plus le même amour. Je l'aimais comme ma fille, comme un enfant à protéger. Etrange situation que de poursuivre la vie à deux, le rituel quotidien, quand on sait que la route s'achève au prochain tournant. Vous êtes-vous éveillé un matin, frustré d'un rêve passionnant et cherchant à le poursuivre en fermant les yeux? C'est un peu ce que j'éprouvais.

Je me levai et me rendis dans la cuisine préparer le petit déjeuner. Oranges pressées, thé et toasts beurrés.

Quand je revins dans la chambre, Brigitte venait d'ouvrir les yeux, éveillée par les coups de langue de Clown, notre cocker, moins respectueux que moi de son repos. Je m'assis sur le bord du lit et posai le plateau sur la couverture en patchwork.

« Oh! c'est mignon », dit-elle.

Elle but son jus d'orange et attaqua de bon appétit les tartines grillées. Je ne l'ai jamais vue s'inquiéter de son régime. Quand elle avait faim, elle mangeait et mangeait ce qui lui plaisait. Elle ne connaissait pas les affres de la femme moderne esclave de ces nouveaux tyrans : la cruelle calorie, la protéine sournoise et l'infâme hydrate de carbone. Elle était active mais ne dansait plus (sauf le cha-cha-cha et le méringué) et n'avait pas compensé ses exercices du studio Walker par de la gymnastique ou du sport. Son corps cependant restait souple et ferme.

Elle repoussa le plateau et sauta du lit. L'été, elle dormait nue, mais nous étions début mars et elle portait une de ses chemises de nuit de grand-mère achetées aux Puces. Longtemps avant la mode hippie, elle avait découvert le charme des dentelles et des chiffons du siècle passé. A quatre pattes sur le tapis, elle joua un moment avec Clown.

J'étais passé au salon pour répondre au téléphone quand elle m'appela :

« Vava! »

Je retournai dans la chambre. La porte de l'armoire était ouverte et Brigitte s'observait dans le miroir. Elle attrapa l'ourlet de sa chemise de nuit qu'elle remonta sur sa poitrine.

« Est-ce que tu peux toujours faire le tour de ma taille avec tes mains? » demanda-t-elle.

J'essayai. En forçant un peu j'arrivais à faire toucher les doigts de mes deux mains.

« Ça va encore », dit-elle.

Et elle partit vers la salle de bain suivie de son chien.

Nous avions rendez-vous pour déjeuner au Fouquet's avec Raoul Lévy et Jean-Louis Trintignant. Brigitte n'avait pas encore rencontré le jeune acteur engagé pour être son mari à l'écran. Jean-Louis n'avait jamais fait de cinéma, je l'avais découvert au théâtre. Son charme timide, une certaine force physique camouflée sous des gestes maladroits – et son talent bien sûr – m'avaient convaincu qu'il serait parfait pour le rôle de Michel.

Pendant le repas, Brigitte observa Jean-Louis d'un œil critique. Mal à l'aise, il nous quitta avant le café. A peine se fut-il éloigné de portée de voix, que Brigitte éclata :

« Il est tarte!

– Ce n'est pas Brando mais il a un très joli sourire, dit Raoul.

– On ne couche pas avec un sourire, dit Brigitte.

– Personne ne te demande de coucher avec lui, remarquai-je.

– Non, mais de faire semblant. C'est pire! Je ne pourrai jamais faire croire que je suis amoureuse de ce type. Vous auriez pu m'en choisir un autre. »

Brigitte avait ses têtes et il n'était pas question de modifier ses opinions avec des mots. Fort heureusement, au début du film, Juliette n'aimait pas Michel. Peu à peu, seulement, elle le découvrait et s'attachait à lui.

« Ne t'inquiète pas, dis-je à Raoul consterné par le résultat de cette première rencontre, Jean-Louis a beaucoup de charme. Je le soupçonne aussi d'être assez malin. Avec le temps, elle changera d'avis. »

Je ne me doutais pas à quel point mes paroles allaient se révéler prophétiques.

Le premier tour de manivelle de *Et Dieu créa la femme*... fut donné sur une petite plage de la baie des Cannoubiers, à deux kilomètres de Saint-Tropez. Il faisait beau. Je savais exactement ce que je voulais et ne connus pas les angoisses attendues d'un jeune homme dirigeant son premier film. La couleur et le cinémascope posaient à l'époque des problèmes techniques qui, loin de m'effrayer, stimulaient mon imagination. J'étais entouré de techniciens de premier ordre, d'acteurs choisis en plein accord avec mon producteur et je me sentais sûr de la victoire, tel le jeune Bonaparte au début de sa campagne d'Italie. Les doutes qu'éprouvaient de vieux techniciens, travaillant avec un débutant selon des critères cinématographiques nouveaux pour eux, se dissipèrent très vite. Curieusement, c'est Brigitte qui, au début, me posa des problèmes.

Elle s'était accoutumée à un certain style de films, amusants, dynamiques, souvent érotiques, toujours superficiels. Elle ne se rendait pas compte que j'allais exiger d'elle une forme d'authenticité, de sincérité qu'elle n'avait jamais eu l'occasion d'exprimer. Pour devenir Juliette, il fallait d'abord qu'elle aille jusqu'au bout d'elle-même. Se déshabiller ne la gênait pas. Déshabiller son âme, se livrer intimement, lui faisait peur. Je la décoiffais avant chaque scène, lui interdisais de rajouter du maquillage entre les plans. Elle se sentait nue, vulnérable. Elle s'affolait. Je savais que ce strip-tease psychologique, aussi pénible qu'il fût, était une condition indispensable au succès du film. A son propre succès. Elle s'était habituée à son état de starlette, j'accouchais d'une star.

La semaine s'écoula avant que nous puissions visionner les premiers rushes à Nice, au studio de la Victorine. En quittant la salle de projection, Brigitte pleurait. Elle se trouvait « moche », mal coiffée, mal maquillée. Je la pris dans ma voiture et la conduisis vers la mer, au bout de la Promenade des Anglais. Fin avril, les plages étaient encore désertes. Je la fis asseoir sur les galets, à côté de moi. Elle ne pleurait plus mais se plaignit que son rimmel lui piquait les yeux.

« Je vais encore être jolie, ce soir, avec ces yeux d'opossum!

– Qu'est-ce qu'ils ont, les yeux d'opossum?

– Ils ont qu'ils sont rouges! »

J'avais toujours imaginé les opossums avec des yeux bleus mais ne fis pas de commentaire.

« Et puis ce n'est pas une plage, ici, avec ces galets qui font mal au coccyx, reprit Brigitte. Je n'appelle pas ça une plage! C'est une planche à clous pour fakirs ou pour vieilles Anglaises qui n'enlèvent jamais leurs bottines. »

Elle finit par se calmer et même par rire de son excès d'humeur.

« Tu te souviens de ce que tu pensais de tes parents? lui demandai-je. Tu ne me croyais pas quand je disais qu'un jour tu serais heureuse de les avoir pour amis. Mais tu m'as fait confiance.

– Et tu avais raison.

– Fais-moi confiance aujourd'hui pour le film. Est-ce que je t'ai jamais fait de mal?

– Oui, dit-elle en me prenant la main, mais sans le vouloir. »

Je la regardai, un peu heurté, et poursuivis :

« Si tu ne comprends pas ce que je te demande sur le plateau, n'essaie pas de résister. Sinon nous perdrons tous les deux. Et moi beaucoup plus que toi. Tu as déjà signé pour un autre film après celui-là, tu n'engages pas ta carrière. Si je me trompe, tu auras tourné un navet qui sera vite oublié. Si j'ai raison, quelque chose de très important va nous arriver. Même si tu n'es pas d'accord, est-ce que tu promets de me faire confiance?

106

– Oui », dit Brigitte.

Elle changeait souvent d'avis mais les vraies promesses, elle les tenait toujours.

Après trois semaines d'extérieurs à Saint-Tropez, l'équipe émigra à Nice pour tourner en studio.

Brigitte se faisait à mon style et s'identifiait chaque jour davantage avec son personnage; au point qu'elle subissait dans la vie le changement affectif de Juliette pour son mari, Michel, interprété par Jean-Louis Trintignant. J'avais essayé, dans la mesure du possible, de tourner le film dans la continuité du scénario et chaque jour la réalité rattrapait la fiction.

Je me demandais comment allait se passer le tournage de la grande scène d'amour entre Brigitte et Jean-Louis.

Brigitte se déshabilla dans sa loge, enfila un peignoir et nous rejoignit sur le plateau. Elle était tout à fait décontractée et riait avec l'équipe. Jean-Louis semblait tendu, mal à l'aise. J'essayai d'analyser objectivement mes sentiments et découvris que je n'étais pas jaloux. Je ne pouvais associer ce qui se passait sur ce plateau avec la réalité. Un peu comme si je feuilletais un livre d'images.

Après avoir enlevé son peignoir, Brigitte s'allongea, nue, sur le lit. Jean-Louis, comme le voulait la scène, s'étendit à ses côtés et la prit dans ses bras.

Quand je dis : « Coupez », ils restèrent immobiles. Une habilleuse les recouvrit d'un peignoir.

Plus tard dans la journée, je tournai une autre scène : la caméra cadrait Brigitte en gros plan, elle était debout et embrassait Jean-Louis. Il s'agenouillait devant elle et sa tête quittait l'écran. La caméra restait sur Brigitte qui devait feindre l'extase.

Je lui demandai après la scène :

« A qui pensais-tu?

– A personne, me répondit-elle. Je pensais au plaisir. »

Un jour, après la pause du déjeuner, je marchais avec Brigitte dans l'une des allées du studio de la Victorine, quand la silhouette d'un homme qui avançait à pas mesurés, s'aidant d'une canne, attira mon regard. D'abord je pensai : « C'est Orson Welles. » Mais je revins aussitôt sur mon impression : « Welles n'est pas si vieux. » A vingt pas, je reconnus Sir Winston Churchill. Il était accompagné du général Corniglion-Molinier.

Je saluai le général qui connaissait Brigitte pour l'avoir rencontrée rue de Varenne. Il nous présenta à Churchill.

Brigitte restait toujours elle-même, qu'elle se trouve en présence de son habilleuse ou de l'un des hommes les plus connus de l'univers. Après l'échange des formules de courtoisie, il y eut un silence. L'œil de Churchill brillait. Il semblait s'amuser et regardait la jeune actrice sans parler. Quelle banalité allait donc sortir de cette bouche gourmande faite pour l'écran et le baiser? D'un accord tacite, Corniglion-Molinier et moi, nous nous gardions d'intervenir.

« Vous me faisiez peur à la radio quand j'avais huit ans, dit Brigitte, mais je vous trouve plutôt mignon pour une légende. »

« Mignon », ça on ne l'avait encore jamais dit à Churchill. Ce grand parleur resta sans voix.

« Que faites-vous à Nice? ajouta Brigitte pour meubler le silence.

– De la peinture, dit Churchill. Vous êtes actrice, je suis peintre. Nous avons l'art en commun.

– Mon père a acheté un de vos paysages.

– Je ne vends pas mes toiles.

– Vos copains les vendent, eux, dit Brigitte. Le tableau acheté par mon père représente une colline avec un pin parasol au premier plan et la mer au fond. Vous vous en souvenez?

– Et un buisson de genêts en fleur sur la droite?

– Oui. Vous l'aimez?

– J'aime peindre. Mais je ne resterai pas dans l'histoire aux côtés de Cézanne.

– Vous savez, mes films sont sûrement moins bons que vos tableaux. Et moi, je n'ai pas gagné une guerre.

– Vous n'avez rien perdu », conclut Churchill.

Il fit à Brigitte un sourire qui ressemblait un peu à une grimace amicale et s'éloigna vers la salle de projection.

Deux jours plus tard, Corniglion-Molinier me téléphona. Brigitte avait beaucoup amusé Churchill. Il souhaitait la revoir et avait chargé le général de l'inviter chez des amis communs à l'occasion d'un dîner. Brigitte, au dernier moment, refusa de s'y rendre. Je soupçonne qu'elle avait rendez-vous ce même soir avec Jean-Louis Trintignant.

Dans le film, Juliette, physiquement amoureuse du frère aîné, Antoine (joué par Christian Marquand), épouse l'autre frère, Michel, pour éviter de retourner à l'orphelinat. Au moment où elle découvre les qualités profondes de son mari et commence à l'aimer, Antoine revient vivre avec eux. Elle est déchirée entre son désir de trouver le bonheur et l'équilibre auprès de son mari et son attirance viscérale pour Antoine. Elle ne veut pas céder à la passion physique et sait pourtant qu'elle y succombera. Une nuit, Michel s'éveille et s'aperçoit que sa femme a quitté la chambre. Il la rejoint sur la plage, près de leur maison. Voici un extrait de la scène :

Michel. – Tu n'es pas heureuse?

Juliette a un sourire triste. Michel lui caresse la joue. Soudain, elle agrippe sa chemise, son visage est angoissé.

Juliette. – Il faut que tu m'aimes très fort.

Michel. – Mais je t'aime comme un fou.

La caméra s'approche de Juliette en très gros plan.

Juliette. – Alors dis-le-moi! Dis-moi que tu m'aimes, que je suis à toi, que tu as besoin de moi... Embrasse-moi, Michel! Embrasse-moi!...

Michel est bouleversé par l'intensité tragique avec laquelle Juliette prononce ces mots.

Juliette. – J'ai peur...

Michel. – Mais de quoi, ma chérie?

Juliette ne répond pas, elle se laisse glisser sur le sable, dans un mouvement d'une souplesse extraordinaire, comme si elle coulait.

Sa joue et le coin de sa bouche touchent le sable.

Juliette (gentiment, presque calmement). – C'est difficile d'être heureux.

Jamais Brigitte – l'actrice – n'avait été aussi profondément honnête et désespérée. Elle était Juliette qui voulait aimer son mari et sauver leur mariage et qui savait qu'elle n'y parviendrait pas. Elle était aussi Brigitte encore attachée à son mari et terrifiée à l'idée de le quitter pour un homme qu'elle venait de rencontrer et auquel elle ne savait déjà plus résister. C'était un jeu de miroirs à multiples faces d'une subtilité très pirandellienne. Le

110

mari du film, Jean-Louis Trintignant, représentait son mari dans la vie. Quand elle lui disait pour la caméra qu'elle avait peur, Juliette-Brigitte en fait s'adressait à moi.

Après le tournage, dans notre chambre de l'hôtel Négresco, je lui demandai :

« Tu l'aimes?

– J'ai peur. »

Avant de s'endormir, elle murmura :

« C'est difficile d'être heureux. »

Encore aujourd'hui, je ne saurais dire si elle avait volontairement repris une phrase de son dialogue ou si elle pensait ce qu'elle disait.

Notre suite du Négresco donnait sur la mer. Jean-Louis Trintignant avait insisté pour prendre pension dans une auberge de La Colle-sur-Loup, petit village provençal très romantique situé sur les collines à quinze kilomètres de Nice. « Les baisers devant la caméra, me dit Brigitte, rien de moins aphrodisiaque. C'est le plaisir au sifflet avec le flic de la plage de la Concorde qui gueule : un peu à droite, un peu à gauche, pas la langue, ça se voit, un peu plus de sentiment, s'il vous plaît! Fermez les yeux, ouvrez les yeux!... Pas si fort le soupir... L'horreur si le partenaire vous plaît. Alors Jean-Louis m'a dit : " On devrait répéter pour nous. " »

On pourrait penser que j'allais attraper Jean-Louis par son col de chemise et lui demander de mettre un frein à ses ardeurs. Une solution que j'envisageais, bien qu'elle me semblât dénuée de bon sens. L'affaire était délicate. D'une part, je savais pertinemment que notre mariage n'avait plus d'avenir. Alors pourquoi pas Trintignant, qu'au fond j'aimais bien, plutôt qu'un autre quelques mois plus tard? Mais d'autre part, j'étais capitaine d'une équipe dont j'avais gagné le respect. Qu'allaient-ils penser d'un metteur en scène qui abandonnait sa femme au bras de son partenaire? J'avais des scènes d'amour à tourner avec Jean-Louis et Brigitte.

Brigitte était nue.

Trintignant entrait dans la chambre conjugale. Elle se dressait sur le lit tirant derrière elle le drap, ouvrait ses bras telles des ailes et les refermait sur son mari qu'elle absorbait dans un grand geste de possession amoureuse. Scène nº 152.

« Coupez! Très bon. »

Je n'étais plus jaloux. Je ne souffrais pas. Au contraire. Ces dernières semaines de tournage avaient été pour moi un exorcisme. La plus profonde angoisse lors d'une séparation, c'est l'obsession de l'inconnu. « Comment sont-ils ensemble? Quels sont leurs gestes intimes? » Metteur en scène, j'assumais le rôle d'espion « légal » d'une passion qui perdait à mes yeux son mystère puisqu'elle était exposée. Je n'espérais ni ne souhaitais reconquérir Brigitte mais j'étais heureux – et je dois l'avouer quelque peu amusé – de cette thérapie inattendue qui m'évitait l'amertume engendrée par la fin d'une liaison.

Nous étions revenus à Saint-Tropez pour le dernier jour de tournage.

Le cordon ombilical n'était pas encore coupé entre Brigitte et moi. Sur le plateau, j'étais toujours son grand frère et son ami. Elle me faisait des confidences, me demandait des conseils. C'est Trintignant qui devenait jaloux. En un sens j'avais inversé les rôles. J'étais le complice. Mais le film terminé, allait-il emporter la petite Sophie? Après sept ans, quelle serait ma réaction à la solitude?

J'avais loué un hors-bord et décidé de me rendre par mer sur le lieu de tournage, plage de Pampelonne. Ma mère avait fait le voyage de Paris pour être près de moi le dernier jour de tournage et elle m'accompagnait. Au milieu de la baie, nous tombâmes en panne d'essence. Contretemps irritant pour le metteur en scène, drame pour le producteur qui ne pouvait se permettre une journée supplémentaire de tournage.

Chance inattendue, un bateau de pêcheur qui rentrait au port aperçut mes signaux. Son moteur étant trop faible pour remorquer le hors-bord, je demandai à ma mère de rester afin d'éviter que l'embarcation ne soit abordée et déclarée épave.

« Je t'envoie dans l'heure un bateau de secours », promis-je.

Le pêcheur me déposa près du lieu de tournage. Je demandai à mon premier assistant, Paul Feyder (fils du célèbre metteur en scène Jacques Feyder), de prévenir les autorités portuaires.

A six heures trente, après la dernière prise du dernier plan du film, je criai : « Coupez! » Le cordon ombilical était sectionné.

Le disque orange du soleil prenait son bain du soir dans la Méditerranée.

Brigitte me regarda.

« Je voudrais te parler, dit-elle.

– Oui.

– Dans une heure à La Ponche, d'accord?

– Oui. »

Arrivé à Saint-Tropez, je me rendis à la capitainerie, étonné de n'avoir pas vu ma mère de la journée.

« Vous avez récupéré mon bateau?

– Quel bateau? »

Mon assistant avait oublié de les prévenir.

Un ami, Paul Albou, appelé au secours par téléphone, me prêta son bateau équipé d'un puissant moteur. A la tombée de la nuit, je récupérai ma mère qui se trouvait maintenant à plus de dix kilomètres de la côte. Je ne savais comment me faire pardonner.

« Je ne m'inquiétais pas, me dit-elle. Je ne suis pas assez riche pour que tu espères mon héritage. J'ai fait quelques exercices de yoga en t'attendant. »

Nous allions doucement, cinq nœuds à peine, car il fallait tirer le chriscraft.

« J'avais rendez-vous avec Brigitte à La Ponche, dis-je à ma mère. Maintenant, elle a dû quitter Saint-Tropez. Je me demande ce qu'elle voulait me dire.

– Elle ne voulait rien te dire. »

J'avais sans doute l'air un peu désemparé et ma mère ajouta :

« Brigitte, comme les enfants, ne connaît pas le remords. Elle voulait simplement s'assurer que tu l'aimes encore. »

11

LA surprise...

Je m'attendais à subir l'affreuse somnolence de la dépression nerveuse, ce fut le bonheur, la liberté, l'insouciance retrouvée. Les vacances des temps oubliés, arrosées au caramel de la réussite. Un régal, un délice.

Saint-Tropez était à son apogée. Les plages nous appartenaient. Les restaurants nous attendaient, L'Esquinade, le seul night-club à l'époque, existait de nos folies. La route enchantée du Magicien d'Oz nous était ouverte. Le conte de fées se levait au soleil du matin et ne se couchait pas. Françoise Sagan, si jeune, célèbre, folle et sage me disait :

« Il faut célébrer la fin d'un amour comme on célèbre la mort à La Nouvelle-Orléans, avec des chants, des rires, de la danse et beaucoup de vin. L'amour, comme la vie, ne se met pas en banque. Il se dépense. Et plus tard, il se pense. »

Un rien de mélancolie, parfois, me caressait de son aile aux heures indécises du crépuscule. Mais la nuit m'attendait, riche de visages et de serments sans lendemains.

C'est à L'Esquinade que je rencontrai un jeune touriste allemand, sentimental, timide, ébloui par notre bande et prêt à vendre son âme pour être accepté en pair. J'étais le seul qui lui parlait. Il me dit son nom : Gunther Sachs von Opel. Je crois qu'il serait tombé raide mort si quelque pythonisse lui avait alors annoncé que dix ans plus tard, jour pour jour, il allait devenir le troisième mari de Brigitte Bardot.

Où était Brigitte? Que faisait-elle?

Chaque semaine, je me rendais à Nice pour travailler au montage avec Mme Victoria Spiri-Mercanton, dite Toto. Cette femme remarquable, russe de naissance, connut la gloire pour avoir imposé en France la fabrication de la pellicule non-inflammable. Après deux incendies à l'occasion desquels elle perdit un metteur en scène célèbre brûlé vif, une partie de ses cheveux et son manteau préféré, le gouvernement alerté par ses cris – et quand elle criait, elle criait – fit adopter des mesures assurant la sécurité dans les salles de montage. « Tu comprends, me disait Toto avec son fort accent slave, je voulais pouvoir fumer mes Gauloises pendant les heures de travail. »

Redoutée de tous les metteurs en scène – recherchée cependant car on ne saurait se passer des génies –, elle faisait régner sa loi devant la moviola. Quand on apprit qu'un néophyte dirigeant son premier film allait tomber sous sa férule, même les envieux s'inquiétèrent de mon sort. Ils avaient tort. Entre Toto et moi (elle était de quinze ans mon aînée) ce fut le coup de foudre. Le coup de gueule aussi car elle ne mâchait pas ses mots. On s'aimait, on se comprenait, le reste n'était que folklore.

C'est par Toto que j'eus des nouvelles de Brigitte.

« Elle est passée au studio avec son acteur pour voir du montage, me dit-elle.

– Tu lui as montré quelque chose?

– J'ai dit : " Fais voir l'autorisation signée du metteur en scène. " »

– Elle était bien?

– Je lui ai demandé comment se passait la vie avec son nouveau jouet. Elle m'a répondu qu'elle était folle de bonheur et s'est mise à pleurer.

– Elle pleure toujours, ça ne veut rien dire.

– Ça veut dire qu'elle t'aime. Preuve qu'elle est vraiment idiote. Elle voulait savoir où tu habitais à Saint-Tropez. Je l'ai engueulée et je lui ai dit de te laisser tranquille, que tu en trouverais d'autres qui valaient mieux qu'elle. Elle m'a embrassée et s'est précipitée vers la voiture de l'acteur qui jouait du klaxon depuis dix minutes. »

Pendant deux heures, face à la moviola, nous avons crié, boudé et finalement nous sommes mis d'accord sur les changements à apporter dans la scène du vieux carénage. Après, nous nous sommes rendus au bar du studio pour boire quelques verres. Brusquement, Toto m'a tendu un morceau de papier.

« Tu es assez grand pour assumer tes conneries », dit-elle.

C'était un mot de Brigitte.

Vava, plus rien n'est comme avant. Comment c'était avant? Je suis heureuse. Et ne pleure plus. Les taches d'eau sur ce papier ne sont pas des larmes. C'est la faute à Charles Trenet. Tu te souviens de sa chanson? « Il pleut sur mon cœur... etc. » J'en ai marre de la pluie qui brouille mes lettres. J'ai eu des ennuis à l'hôtel en Italie parce que je m'appelle toujours Mme Plémiannikov. Quand tu seras vieux, on aura des cheveux blancs et on écoutera la chanson de Piaf : « Padam, padam... » Clown t'embrasse. Sophie.

117

Je commandai un autre whisky.

« Tu ne vas pas tomber dans l'ivrognerie, ou pire, la sentimentalité? me dit Toto.

– Je suis un ivrogne lucide et un sentimental cynique, répondis-je.

– Demain, dit Toto, on déménage le matériel. Je termine le montage à Billancourt. Et j'ai besoin de toi.

– Je serai à Paris dans huit jours.

– Entre-temps ne fais pas le con avec ta Lancia. J'ai un beau film en boîte qui ne mérite pas d'être orphelin. »

C'était le premier compliment que je recevais pour mon film. Venant de Toto, il valait bien un Oscar.

Après ces vacances de rêve, je rentrai à Rome comme promis. La rue Chardon-Lagache appartenant au passé, je louai une chambre au troisième étage du Bellman. Je connaissais le directeur de l'hôtel, Jean Terrail, frère de Claude Terrail, propriétaire de la Tour d'Argent.

Mes fenêtres donnaient sur le carrefour François-Ier-Marbeuf qui, à l'époque, ne possédait pas de feux de signalisation. Le suspense commençait à la nuit. Hurlement des freins qui se terminait parfois par un « bang » apocalyptique. Je pariais avec moi-même : tapera, tapera pas... Quand ça « tapait » je me mettais à la fenêtre, appréciant les insultes échangées par les conducteurs. Une façon comme une autre de passser les soirées.

Une nuit, à trois heures du matin, arraché de mon lit par un « bang » particulièrement violent, je me penchai à la fenêtre et vis une Alfa Roméo sérieusement endommagée qui s'était en partie engagée dans la boutique de Balmain. L'autre voiture, genre grosse Mercedes, avait pris la fuite. Une jeune femme, qui semblait sonnée par le choc, sortit de l'Alfa Romeo et s'assit sur le trottoir au milieu des débris de la vitrine.

« Ça va? criai-je.

– Non, me répondit-elle.

– J'appelle une ambulance.

– Surtout pas. »

Je décidai d'aller voir de plus près. Je passai une chemise et un pantalon et deux minutes plus tard rejoignis la conductrice accidentée. Elle saignait d'une coupure au front mais ne semblait pas gravement blessée. Elle était jeune, très belle : un visage aristocratique à l'ovale parfait, des yeux d'une couleur indéfinissable, passant du mauve au bleu marine selon la lumière et, je le découvris plus tard, selon ses états d'esprit. Sa robe, d'une discrète élégance, portait la marque d'un grand couturier. Pour tout bijou, une chaînette en or très finement travaillée à laquelle était suspendue une petite croix. Elle parlait parfaitement le français avec un léger accent américain.

Elle regardait la boutique et les dégâts causés par sa voiture.

« J'étais là cet après-midi pour acheter un tailleur, dit-elle. Je ne pensais pas y revenir si vite.

– Vous ne voulez pas que j'appelle la police pour le constat?

– Non. Mon père ne sait pas que j'ai pris la voiture. S'il y a des ennuis avec les propriétaires, il rachètera Balmain. »

Elle essuyait distraitement, à l'aide de son foulard de soie, le sang qui coulait de son front.

Un traumatisme crânien, même sans gravité, se

manifeste souvent par des vertiges ou une légère nausée.

« Avez-vous mal au cœur? demandai-je.

– J'ai mal au cœur. J'ai très mal au cœur, monsieur. Ce n'est pas l'accident, c'est le mal de vivre. »

Impossible de savoir si elle plaisantait ou parlait sérieusement.

« On passe la nuit sur le trottoir, dis-je, on prévient papa, ou quoi?

– Où habitez-vous? »

Du doigt, je montrai la fenêtre éclairée au troisième étage de l'hôtel.

« Pouvez-vous me cacher pour la nuit?

– Oui. »

Arrivé dans la chambre, je lavai son visage et désinfectai à l'eau de Cologne la coupure au cuir chevelu. Elle me dit s'appeler Laura. Je m'étais présenté, bien qu'elle ne semblât pas intéressée à connaître mon nom : « Roger Vadim Plémiannikov. » Elle répéta Plémiannikov sans écorcher le mot, ce qui était rare.

« Ça veut dire « le neveu » en russe, m'annonça-t-elle.

– Merci de l'information », dis-je en riant.

Elle s'arrêta devant ma table où s'étalaient en désordre les pages du scénario auquel je travaillais.

« Vous avez une écriture d'enfant gâté, capricieux et relativement intelligent. Assez proche de l'écriture de Cocteau. »

Là-dessus, sans un autre mot, elle se mit nue et s'allongea dans le lit. Je me déshabillai à mon tour et l'y rejoignis. Je me demandais s'il était décent de profiter de cette bonne fortune mais n'eus pas le temps d'arriver à une conclusion. En quelques secondes, Laura s'était profondément endormie.

I went to the animal's fair
The beasts and the birds were there...

Laura chantonnait cette vieille comptine, les yeux au plafond; ses lèvres remuaient imperceptiblement. J'observais ce profil d'une pureté si classique que mon soudain désir de l'embrasser me parut incongru et vulgaire. Sa tête reposait à quelques centimètres de mes yeux mais, par quelque distorsion des lois de la physique, me semblait incroyablement éloignée. Elle était de ces femmes plus belles encore au réveil qu'à la magie flatteuse des lumières de la nuit.

Elle se mit brusquement debout, m'enjamba et marcha jusqu'à la fenêtre.

« Ils embarquent l'Alfa », dit-elle.

Elle avait faim et commanda son petit déjeuner : jus de fruits, céréales, chocolat au lait, croissants, muffins, œufs au plat, bacon, haddock fumé et yaourt. Je devais me rendre au bureau de production. J'étais lavé, rasé, habillé et Laura toujours attablée. Elle me demanda la permission d'user du téléphone en attendant mon retour.

Je découvris un mois plus tard, en recevant ma note, qu'elle avait passé deux heures à parler avec Tokyo, San Francisco, Londres et Lima. Je dus vendre ma Lancia pour payer la facture. (Mon salaire pour le scénario et le tournage de *Et Dieu créa la femme...*, plus d'un an de travail, n'était que de trois millions d'anciens francs. J'étais donc fauché malgré quelques avances sur mon prochain film.)

De retour au Bellman, je trouvai Laura prête à sortir. Elle me demanda de l'accompagner à l'aquarium du Trocadéro.

« Quand j'ai des problèmes, dit-elle, il n'y a que les poissons pour me rassurer. »

J'allais vite découvrir qu'en ce qui concernait les poissons, Laura était une véritable encyclopédie. Elle connaissait leurs noms en français, en anglais, en latin, leurs origines, l'évolution de chaque type depuis le tertiaire et même les œuvres – littéraires ou musicales – qu'ils avaient inspirées.

Toto m'attendait dans la salle de montage au studio de Billancourt. La visite à l'aquarium m'avait mis en retard.

« Plémiannikov, laisse-moi t'accompagner », demanda Laura (elle ne m'appelait que par mon nom de famille).

J'acceptai, un peu inquiet de la réaction de Toto qui n'aimait pas les visiteurs dans sa salle de montage. Curieusement, elle fit une exception en faveur de la jeune Américaine. Laura l'amusa et l'intéressa. Elle me dit à l'oreille, en aparté :

« C'est une très belle créature, très intelligente et raide folle. »

Sur ce dernier point, je refusai de croire Toto qui, pourtant, se trompait rarement dans ses jugements sur les gens.

« Elle est un peu originale, c'est pour ça qu'elle me plaît », répondis-je.

De retour à l'hôtel, Laura me parla de son père. Il avait rencontré au Mexique l'assassin d'Ambrose Bierce et détestait les poissons! Quand elle avait six ans, il mettait des mangues dans son lit et prétendait que c'étaient des œufs. « Les petites filles doivent apprendre à couver », disait-il. Sans logique apparente, Laura passa des mangues à Picasso avec qui, prétendit-elle, elle avait fait l'amour : « Une horrible expérience. »

Je lui proposai d'aller voir un film.

« Ah! non, s'écria-t-elle.

– Pourquoi ?

– Les films prétendent imiter la vie. C'est faux, ils l'inventent. Et ce qui est pire, l'inventent mal. On n'invente pas la vie. »

Elle faisait cependant une exception pour un film écrit par Jean-Paul Sartre : *Les jeux sont faits.*

« Un très mauvais film, naturellement, mais un thème intéressant. Les gens meurent mais les habitudes qui se poursuivent dans l'autre monde, le rituel quotidien, leur cachent l'évidence. Peu à peu, seulement, quand la routine se détraque, fait place à l'insolite, ils réalisent qu'ils sont morts. Un de mes passe-temps favoris, c'est d'observer les gens autour de moi, ils bougent, ils répondent au téléphone, ils font leurs comptes de fin de mois, ils n'ont pas le temps de comprendre qu'ils n'appartiennent plus à l'univers des vivants. Moi j'ai eu la chance – ou le malheur, je ne sais pas – de savoir très vite que j'étais morte. Est-ce que tu savais que tu étais mort ?

– Je n'y ai jamais réellement réfléchi, dis-je. Après tout, ici ou ailleurs, où est la différence ?

– Grande différence, s'écria Laura. Grande différence... Etre à l'intérieur de l'aquarium ou de l'autre côté de la vitre, tout le problème est là.

– Tu veux dire que les poissons, eux, sont vivants ?

– Bien sûr. C'est pour ça qu'ils nous observent comme des bêtes curieuses. »

Ces considérations d'ordre philosophique l'ayant mise en appétit, Laura me pria de commander le dîner. Nous étudiâmes la carte. Visiblement, le choix des mets était pour elle un problème plus ardu à résoudre que le fait d'appartenir au royaume des ombres. Son sens de l'absurde et du canular m'enchantait.

A peine le maître d'hôtel avait-il refermé la porte qu'elle se déshabilla.

« Je préfère être nue pour manger. Au restaurant, c'est mal vu et mon père déteste ça. »

A Rome, deux ans plus tôt, regardant Brigitte et Ursula nues sur mon lit, j'avais cru entrevoir la perfection. Etait-ce l'effet de mon imagination ? Je trouvai Laura encore plus belle. Au point que je me dis : « Elle a peut-être raison. Elle n'existe pas. »

Le fantôme, néanmoins, dévorait de grand appétit. J'avais branché la radio pour un dîner en musique. Après *L'Italienne* de Mendelssohn, nous eûmes droit aux informations de huit heures. J'allais changer de poste mais Laura m'arrêta :

« Laisse. On va sûrement parler d'une guerre. Ils se tuent les uns les autres sans savoir qu'ils sont déjà morts. Ça m'amuse toujours. »

Après la soupe à l'oignon, l'avocat au crabe, la brochette d'agneau, le gratin dauphinois et la frisée aux croûtons, Laura attaquait les fromages quand on annonça l'arrêt du corps expéditionnaire franco-anglais dans la zone du canal de Suez. Après les Russes, les Américains exigeaient des gouvernements français et britannique, déjà certains de la victoire, la cessation immédiate des hostilités.

« Moscou et Washington, papa et maman, ont renvoyé les enfants dans leur chambre, s'écria Laura qui semblait tout à fait réjouie. Les enfants ont fait trop de bruit. Et ils allaient, tout seuls, gagner une guerre. « Au lit, les petits ! » Tu sais pourquoi, Plémiannikov ? Parce que papa et maman ne peuvent se partager le monde qu'en faisant peur aux autres. Sans la Russie, les Etats-Unis s'effondreraient. Sans les Etats-Unis, la Russie se trouverait en grand péril. »

Après cette analyse de la situation internationale qui en valait bien une autre, Laura s'inquiéta du

124

dessert que j'avais oublié de commander. J'appelai la cuisine pour réclamer une charlotte, des fraises au citron et de la glace.

« Tous les parfums, suggéra Laura, j'aime mieux choisir que d'avoir à décider. »

En attendant les sucreries, elle se mit à tourner dans la chambre et tomba sur un numéro des *Cahiers du Cinéma*.

« J'aime les critiques parce qu'ils radotent et se masturbent sans arriver à jouir, m'annonça-t-elle. Eux au moins savent qu'ils n'existent pas. De temps en temps, pour le frisson, ils s'offrent un génie. Comme ce Suédois néo-freudien qui n'a même pas digéré Kierkegaard. Il a un nom d'actrice...

– Ingmar Bergman?

– Oui, Bergman. Celui-là aussi, je l'aime. Il a compris que la vie ne se racontait que dans le miroir des morts. Dommage qu'il soit si pédant et noyé dans un symbolisme pour bonniches. Il a mis le doigt sur quelque chose. »

Quand le maître d'hôtel apporta les desserts, il s'interdit le moindre battement de cils en découvrant Laura, à poil, qui lui souriait poliment.

« Après ça, le café? demanda-t-il.

– Pas pour moi, dit Laura. Le café m'endort.

– Bien, mademoiselle.

– Il est parfait, remarqua-t-elle après que le maître d'hôtel se fut retiré. Il a dû apprendre son métier en allant voir des films anglais. »

Elle éclata de rire.

Elle riait rarement.

Du doigt, elle goûta les glaces et décida que tous les parfums lui convenaient. Quand son assiette fut vide, elle leva vers moi ses yeux qui avaient viré au bleu marine.

« Tu vois, Plémiannikov, si je n'étais pas un fantôme, je grossirais. »

Elle alla vers le lit, tira une couverture qu'elle posa sur ses épaules comme une cape.

« Cette fille que j'ai vue sur l'écran de la moviola, ton actrice, tu la connais bien? »

Laura avait posé des questions concernant les techniques du montage à Toto, mais s'était gardée de tout commentaire au sujet du film et de mes acteurs. Je ne savais si c'était discrétion de sa part ou une forme de jeu. Elle s'amusait peut-être à prétendre ignorer le nom de Brigitte Bardot. Je répondis à sa question :

« Oui, je la connais bien. C'est ma femme. Enfin... mon ex-femme. »

Brigitte et moi n'avions, en fait, pas encore discuté des modalités d'un divorce.

« Celle-là, c'est un poisson, dit Laura. Elle est vivante. Et ça lui fait peur. Elle va essayer de passer de l'autre côté de la vitre. »

Elle réfléchit un instant et ajouta :

« Je crois que je suis jalouse. »

Elle se jeta sur moi et me fit tomber sur le sol. Elle m'embrassa. Un baiser léger, sensuel et savant qui me donna l'impression d'être un adolescent s'exerçant à l'amour avec sa première maîtresse. Elle se redressa et se mit à fredonner la suite de la comptine qui m'avait éveillé le matin même :

> *The monkey he got drunk*
> *And slid on the elephant trunk...*

« Est-ce que les fantômes font l'amour? demandai-je.

— Ils ne pensent qu'à ça », dit Laura.

Elle se redressa, laissa tomber la couverture et courut vers la salle de bain. Je restai étendu sur la moquette. J'entendis l'eau couler dans la baignoire. Et puis sa voix :

« Plémiannikov, viens ici! »

Je me levai et la rejoignis.

Elle flottait dans l'eau, molle mais agitée soudain d'un vif mouvement comme les poissons que nous avions observés quelques heures plus tôt.

Pour la première fois, j'acceptai l'idée qu'elle était peut-être folle. « Et si c'était vrai, pensai-je, quelle importance? Une vitre entre les anormaux et les normaux. De quel côté de la vitre se trouvent les fous? »

Je réalisai que la conception du monde de Laura devenait contagieuse. Je la vis tourner la poignée qui commandait l'ouverture du bain.

« L'eau s'échappe, me dit-elle. Je vais disparaître avec l'eau. Fais-moi l'amour avant que la baignoire soit vide. »

Un ordre auquel je n'avais pas l'intention de résister. Je me glissai près d'elle dans la baignoire.

L'eau s'écoula, Laura ne disparut pas. Nous nous regardâmes. Elle haussa les épaules et fit des mains un geste qui signifiait : « Je suis toujours là. Je ne comprends pas. » Elle eut un sourire enfantin, un peu rusé, et dit :

« L'amour fait des miracles. »

Je sortis de la baignoire, la pris par la main et l'entraînai vers la chambre.

Fantôme ou pas, Laura montrait au lit le même appétit qu'à la table.

A l'aube, j'étais dans un état d'épuisement délicieux, proche du coma, quand je la vis se lever et s'habiller.

« Peux-tu compter de 55 à 0? demanda-t-elle.

– Oui. »

Je commençai le compte à rebours. A 7, la porte se referma sur Laura.

Sans la vitrine défoncée de la boutique Balmain,

les regards entendus du maître d'hôtel et les questions de Toto au sujet de ma dernière conquête, j'aurais pu me convaincre que Laura n'avait jamais existé. Elle n'avait laissé aucune trace, pas même un cheveu sur l'oreiller.

Je me rendis plusieurs fois à l'aquarium du Trocadéro, espérant vaguement la revoir mais soulagé de ne pas l'y rencontrer. J'interrogeai les poissons qui ne se souvenaient de rien ou du moins prétendirent ne pas connaître une Américaine se faisant appeler Laura.

Une semaine s'était écoulée depuis la nuit de l'accident quand je reçus un coup de téléphone.

« David Stern, dit une voix parlant anglais avec un fort accent d'Europe centrale. Je suis le conseiller de S.V... (il me donna un nom aussi célèbre que Getty, Dupont de Nemours ou Vanderbilt, que je ne peux révéler ici). Avez-vous dans votre emploi du temps une heure à nous accorder?

– Quand?

– Aujourd'hui.

– Je ne connais pas M. S.V... De quoi s'agit-il?

– Vous connaissez sa fille, M...

– Non. Je ne connais pas M...

– Elle prétend le contraire. Vous l'avez secourue lors de ce pénible accident, rue François-Ier. »

Je restai quelques secondes silencieux.

« Eh bien? dit David Stern.

– Pouvez-vous me donner quelques précisions?

– Monsieur V... préférerait régler ce problème de vive voix. A moins d'impossibilité majeure de votre part, nous vous attendrons au Plaza Athénée, appartement 22, à quinze heures. »

Il avait insisté sur le mot « majeure ». Sous une apparence de grande politesse, le ton semblait désagréablement menaçant. Raison pour laquelle je répondis :

« Je ne serai libre qu'à seize heures trente.

– Je vois, dit Stern. Très bien. Je demanderai à S.V... de déplacer un rendez-vous. »

A l'heure convenue, j'arrivai au Plaza Athénée et fus aussitôt conduit jusqu'à l'appartement de S.V...

Le père de M... (Laura) était un homme de cinquante ans, petit, musclé, d'apparence aimable mais, comme sa fille, souriait peu. Il tenait dans la paume de chaque main une petite boule de billard chinois qu'il cognait d'un geste sec, à intervalles irréguliers, ponctuant ses phrases de « Clic... clic... clic! » assez désagréables à l'oreille. Ce tic avait sans doute pour effet de déconcerter les interlocuteurs de S.V... mais les œufs d'ivoire me firent penser aux mangues couvées par une petite fille de six ans.

David Stern, partagé entre un sourire de convenance et le désir de se faire craindre, se tenait derrière lui.

« Ma fille, dit S.V..., m'a fait part (clic) de votre intention de l'épouser. (Je me gardai de laisser paraître la surprise que j'éprouvais.) Je ne doute pas que vos sentiments soient sincères, elle est belle, intelligente et très (clic)... (Il allait dire « riche » et se reprit :) séduisante. Vous ne savez peut-être pas que ces coups de tête, ou ces coups de cœur, lui sont assez coutumiers. Nous avons jusqu'ici eu la chance de régler ce genre d'inconséquence avec des gens de notre... (clic) avec des amis qui se sont conduits en gentlemen. Je sais que les artistes ont de l'amour et de la vie en général une optique différente de la mienne. C'est pourquoi... (clic, clic, clic)... »

S.V... ne se sortait pas de sa phrase. David Stern s'avança vers moi. C'est alors seulement que je remarquai le numéro de *Paris-Match* qu'il tenait à la main. En couverture, Brigitte Bardot.

« Oui, dit Stern, votre femme. Ravissante, tout à fait ravissante. Vous comprenez que nous nous inquiétions de l'effet produit dans la presse par l'annonce d'un divorce. Mlle Bardot est très connue. Mais nous sommes décidés à compenser les troubles que M..., par ses promesses inconsidérées, a peut-être provoqués dans votre existence. Votre prix, s'il est décent, sera le nôtre. »

Silence.

Clic, clic, clic.

« Nous ne redoutons aucune forme de pression de votre part, continua Stern. M. V... tient simplement à éviter qu'une rencontre accidentelle entre sa fille et vous ne risque de la troubler... affectivement.

– Où est M...? demandai-je.

– Elle n'est plus en France, dit S.V... Elle se repose (clic) en Suisse du choc de son accident.

– Je n'étais pas au courant de ce projet de mariage, dis-je. Vous pouvez compter sur ma discrétion.

– En ce qui concerne notre accord, reprit Stern, nous avons estimé que 150 000 dollars... »

« Vous pouvez vous les mettre au cul », pensai-je. Mais j'étais dans un salon et ne désirais pas me montrer vulgaire avec le père de Laura. S'il était une ombre, aucune conséquence, s'il était vivant, je risquais de heurter son sens des convenances.

« Je ne suis pas à acheter, monsieur Stern, dis-je. Mais je vous le répète, vous pouvez compter sur ma discrétion. »

N'ayant rien à ajouter, je quittai l'appartement nº 22 du Plaza Athénée, ébloui par mon élégance et suivi de quelques « clic » dont je ne savais s'ils exprimaient l'inquiétude ou le soulagement.

Avenue Montaigne, je songeai avec quelque mélancolie à la tête qu'aurait faite mon banquier apprenant que j'avais déposé sur mon compte au rouge un chèque de 150000 dollars.

Je n'ai jamais eu le sens des affaires.

Je ne peux révéler le vrai nom de Laura ni celui de son père désigné par les lettres S.V... Elle est enfermée depuis plus de vingt ans dans un hôpital psychiatrique. M. Clic, s'il est toujours en vie, appréciera peut-être que je tienne une promesse faite en un temps où je croyais les maîtres du capitalisme susceptibles de sentiments humains.

12

Lᴀ pluie tombait avec une telle violence que j'étais contraint de rouler en codes. A trois heures du matin, en ce début d'automne, la nationale 7 était déserte. Je croisais parfois un camion dont les phares m'éblouissaient. Depuis la porte d'Italie, je n'avais pas levé le pied de l'accélérateur. J'avais déjà dépensé le salaire de mon film et j'avais dû vendre mon petit monstre, la Lancia sport 2000. Je conduisais ma vieille Simca Aronde qui plafonnait à 130 km/h. Vitesse malgré tout excessive, de nuit, sur la route transformée en patinoire.

Grâce aux centaines de milliers de kilomètres parcourus sur toutes les voies d'Europe, par tous les temps, durant mes années à *Paris-Match*, j'avais acquis une habitude du volant et une rapidité de réaction dignes d'un coureur automobile. Cent fois, je m'étais tiré de situations mortellement dangereuses. Mais cette nuit-là, j'étais fou. Seuls l'instinct de survie et les réflexes conditionnés développés par l'expérience me tenaient encore sur la chaussée. A force de tenter le diable, je décourageai mon ange gardien, qui m'abandonna au milieu d'un virage. Je partis en dérapage des quatre roues. Un, deux, trois tête-à-queue. Je ne touchai pas au frein, la voiture glissa en crabe vers le fossé. Contre-braquage, un coup d'accélérateur, je me redressai à la dernière seconde, sautai le fossé et passai entre deux arbres à plus de quatre-vingts. Je rebondis dans un champ de luzerne, me cognant la tête au plafond. Soudain, le silence. Le moteur avait calé. Les codes étaient toujours allumés. Pas de dommages matériels, mais j'étais embourbé. Je respirai profondément, dépliai mes jambes, posai ma nuque sur le dossier du siège et décidai de dormir.

Et je me « vis ».

Ce n'était pas la première fois que je faisais l'expérience de ce phénomène de dédoublement. Je me « voyais » à l'intérieur de la voiture, la tête renversée, les yeux fermés. Les essuie-glaces fonctionnaient toujours. Entre chaque battement, la pluie brouillait mon image. Cette hallucination (j'emploie le mot « hallucination » pour ne pas irriter les esprits scientifiques) dura un peu moins d'une minute. J'ouvris alors les yeux, réalisant que je devais couper la lumière et arrêter les essuie-glaces pour ne pas décharger ma batterie.

J'étais maintenant parfaitement calme, mais stupéfait en songeant à la crise soudaine de folie – une forme de possession – qui m'avait frappé avec la brutalité d'un coup de tonnerre dans un ciel sans nuages. Je ne comprenais pas, et aujourd'hui encore ne comprends pas.

J'avais rendez-vous pour dîner à l'Elysées-Matignon avec Raoul Lévy. J'étais détendu, de bonne humeur et nous parlâmes de mon prochain film, *Sait-on jamais?*, basé sur un roman inédit que j'avais écrit quelques années plus tôt. Une histoire d'amour sur une trame policière. Raoul insistait pour transposer à Venise l'action qui, dans mon roman, se situait à Paris. Il voulait engager pour le principal rôle féminin une jeune vedette, très recherchée à l'époque, Françoise Arnoul.

« C'est mieux pour ta carrière de ne pas tourner qu'avec Brigitte », me dit-il.

Je ne fus pas dupe et devinai son réel motif. *Et Dieu créa la femme...* n'était pas encore sorti et Raoul, en producteur avisé, désirait se garder une seconde chance au cas où le film serait mal accueilli.

A cet instant, Brigitte et Trintignant entrèrent dans le restaurant. Rencontre inattendue car ils se montraient rarement en public. Depuis la fin du tournage à Saint-Tropez, ils avaient réussi à protéger leur idylle de la curiosité des journalistes. Je les avais revus au studio, un après-midi, pour le doublage du film mais dans un contexte tout à fait professionnel.

J'embrassai Brigitte sur les joues, dis bonjour à Jean-Louis et ils s'éloignèrent vers la table qui leur était réservée.

Au café, à l'invitation de Raoul, ils nous rejoignirent. Jean-Louis se montra peu bavard, Brigitte très amicale, presque tendre. J'eus l'impression qu'elle voulait me parler, se trouver seule avec moi. Sans doute un effet de mon imagination.

Ils partirent avant dix heures.

Je quittai le restaurant peu après, montai dans mon Aronde que j'avais parquée à la parisienne, deux roues sur le trottoir, et pris la direction de Saint-Germain-des-Prés, espérant rencontrer quelques amis à la Discothèque ou chez Castel. Quel démon alors m'inspira? Je fis demi-tour, suivis les quais jusqu'au boulevard Exelmans et m'arrêtai au coin de la rue Chardon-Lagache. Je voulais voir les fenêtres de l'appartement où j'avais vécu plus de quatre ans avec Brigitte.

A cet instant, la porte donnant sur la rue s'ouvrit.

Brigitte sortit de l'immeuble tenant Clown en laisse, son autre main appuyée au bras de Trintignant. Ils s'éloignèrent sur le trottoir en bavardant. Je n'entendais pas ce qu'ils se disaient.

Au troisième étage, la fenêtre de la chambre à coucher était restée allumée. Pour la première fois – ce fut une sensation physique, viscérale –, je réalisai qu'elle faisait l'amour et, pire, s'endormait sur l'épaule d'un autre homme dans notre lit. Clown m'avait peut-être flairé car il tirait sur la laisse. Je l'aimais bien, ce Clown; ce n'était pas mon enfant mais il faisait partie de la famille. Je suivis des yeux le couple et le petit cocker. J'eus l'impression d'un vol, d'une trahison, d'un détournement d'honneur, d'un crime de lèse-amour.

Et je craquai.

Ce fut brutal, irrationnel et totalement inattendu. Je n'étais pas triste exactement, mais dominé, possédé par un autre moi que je n'avais encore jamais rencontré. A partir de cet instant, mes actes me furent dictés; privé de volonté, je fonctionnais en pilotage automatique.

Je conduisis jusqu'au Bellman sans excès de vitesse, m'arrêtant aux feux rouges. Je montai dans ma chambre et rédigeai deux lettres. L'une pour Raoul, l'autre pour Brigitte.

Raoul ne remit jamais à Brigitte la lettre qui lui était destinée. Il me la rendit, non décachetée, avec une photocopie de la sienne « pour me faire honte ». Pauvre Raoul. C'est lui qui, quinze ans plus tard, allait se tuer d'une décharge de fusil de chasse dans le ventre pour une lamentable histoire d'amour.

En relisant ces lettres, je n'éprouve pas de honte mais je ne comprends pas. Mon écriture même était différente.

135

Raoul,
Je t'aime beaucoup. Ce soir je pars. Ou je finis dans
un arbre, ou j'arrive au bout du voyage – et je bats un
record d'étape du tour de France automobile.

Suivait une page d'extravagances sentimentales...
La lettre à Brigitte n'était pas datée et se terminait
ainsi :

Tu peux me regarder comme un étranger, je viens
d'un autre pays. Ce pays-là tu ne le connaîtras jamais,
on y va avec le cœur.

Je me rendis 24, rue du Boccador où habitait
Raoul Lévy. Je glissai les deux enveloppes dans sa
boîte à lettres.
Quand je ressortis de l'immeuble, la pluie tombait
sur Paris comme au premier jour du déluge. Le
temps de courir jusqu'à ma voiture (quelques
mètres seulement), j'étais trempé jusqu'aux os.
Dix minutes plus tard, je passais la porte d'Italie
et m'engageais sur la route du Midi.

Dans mon champ de luzerne, à vingt kilomètres
d'Avallon, je m'étendis sur le siège en pseudo-cuir et
m'endormis.
Le soleil était levé depuis plus d'une heure quand
j'ouvris les yeux. Je sortis de la voiture et pissai avec
volupté sur le trèfle qui fumait à la chaleur du
matin.
Un paysan se rendant au travail accepta de tirer
ma voiture sur la route à l'aide de son tracteur. Je
fis quelques kilomètres et m'arrêtai dans un village
pour un délicieux petit déjeuner : café au lait et
pain de campagne beurré.

Chacun s'invente ses repères. Pour moi, la frontière invisible séparant la France de la Méditerranée passe par Montélimar, la ville du nougat. Juste avant la première boulangerie-confiserie, un panneau attira mon attention. Sous le titre *France-Soir*, ces mots : « S'il te plaît, donne de tes nouvelles, Sophie. » Ces écrans électroniques étaient nouveaux en France. Je me demandai s'il s'agissait d'un slogan publicitaire pour un film ou un best-seller. Vingt kilomètres plus loin la même phrase : « S'il te plaît, donne de tes nouvelles, Sophie. »

A l'entrée d'Avignon, je passai un troisième panneau dressé près d'une station Shell où je m'arrêtai pour faire le plein.

« C'est nouveau, cette publicité, dis-je au pompiste.

— Ce n'est pas de la publicité, me répondit-il. Un nouveau truc de *France-Soir* pour prévenir les automobilistes quand un malheur est arrivé chez eux. Hier, c'était : " Armand, reviens d'urgence. Rose est plus mal. " Une fois, c'était un garagiste qui alertait un client. Il avait oublié de fixer le boîtier de direction. Trop tard. Le type s'était déjà écrasé contre un pylône à la sortie de Cavaillon. »

Je compris : Sophie, c'était Brigitte. Elle m'adressait un message.

J'appelai aussitôt Raoul.

« Ça va ? dit-il.

— Oui, ça va. Ne t'inquiète pas pour ton film. J'ai fais le con, je te demande pardon. »

J'avais cru que Raoul trouverait mes lettres au matin, en prenant son courrier. Mais au lieu de rentrer chez lui après le dîner, comme prévu, il s'était attardé au Fouquet's avec un producteur américain. Vers minuit, par habitude, il avait ouvert sa boîte et trouvé les deux enveloppes. Inquiet, à juste raison, il avait téléphoné à Brigitte, espérant

137

qu'elle aurait de mes nouvelles. Pierre Lazareff, le directeur de *France-Soir*, était un de nos amis. Brigitte le sortit du lit à une heure du matin pour qu'il donne l'ordre au journal d'envoyer son message sur les deux cents écrans répartis à travers la France.

« Je ne veux pas appeler Brigitte, dis-je à Raoul. Préviens-la immédiatement que le vieux Russe a survécu à son coup de cafard. Et chante-lui pour moi la chanson de Brassens. Tu sais : *Je suis d'la mauvaise herbe, braves gens, braves gens...* »

Raoul, qui ne pouvait même pas chanter *Frère Jacques* sans fausses notes, resta silencieux au bout du fil. Je repris :

« Je vais passer quelque temps à Toulon, chez ma mère, pour terminer le scénario.

– J'en ai besoin dans trois semaines. Tu auras fini ?

– Sait-on jamais ? »

Ma mère est une féministe qui n'a jamais défilé dans les rues, insulté le sexe oppresseur à coups de manifestes, d'articles dans les journaux ou de vitupérations à la télévision. Elle a fait mieux. Bien avant que les divers mouvements pour la libération de la femme ne s'organisent et s'imposent au premier plan de l'actualité, elle avait mis en pratique sa propre politique et sa philosophie égalitaire. A la mort prématurée de mon père en 1938, elle s'était retrouvée totalement démunie, sans formation professionnelle, ne pouvant compter que sur elle-même. Elle n'envisagea pas un instant de se remarier dans le seul but d'assurer la sécurité matérielle et l'éducation de ses enfants. Pourtant elle était belle et les postulants ne manquaient pas. Elle fit tous les métiers : ouvrière dans une usine de produits chimiques, tisseuse à domicile, fermière, directrice d'auberge de jeunesse, j'en passe.

Quand elle épousa l'architecte Gérald Hanning, pendant l'Occupation, ce fut un mariage d'amour. Il n'était, à l'époque, qu'une bouche de plus à nourrir. Elle ne sacrifia jamais l'amour à ses enfants, ni ses enfants à l'amour. Elle m'apprit à respecter les femmes sans les craindre, et que l'amour était la première qualité humaine. Elle était forte mais n'exerçait pas son autorité pour imposer ses idées ou ses points de vue. Elle était vulnérable aussi, et tendre. Elle me donna le goût de l'indépendance et de la liberté qui s'accompagne du respect des autres. C'est en partie à ma mère que je dois d'avoir toujours aidé les femmes que j'ai aimées à s'épanouir et à se réaliser, sans craindre que le succès les éloigne de moi. « On ne met pas l'amour en prison », me disait-elle.

Quelques années après la guerre, elle se sépara de Gérald Hanning que son métier absorbait totalement. Ses réalisations en Algérie et dans d'autres pays d'Afrique l'obligeaient à de continuels voyages, et bien qu'elle l'aimât toujours, ma mère ne put se résoudre à n'être qu'une valise de plus dans les bagages d'un architecte. Cinquante ans est pourtant un âge où une femme qui ne possède pas de fortune hésite à se retrouver seule. A l'époque, ma sœur et moi n'étions pas en mesure de la secourir financièrement.

Elle se découvrit de nouvelles vocations : antiquaire, metteur en scène de documentaires... Fin 56, elle venait de s'établir à Toulon où elle démarra une affaire de pavillons préfabriqués extensibles.

Je ne l'avais pas prévenue de mon arrivée, ne sachant pas moi-même que j'allais fuir Paris. Elle ne s'étonna pas outre mesure que je débarque sans bagages. Elle devina les raisons qui m'avaient poussé à ce voyage impromptu, mais ne posa pas de questions. Elle savait qu'en temps voulu, si j'en éprouvais le besoin, je lui ouvrirais mon cœur. Elle me dit simplement :

« Depuis quelques jours, je m'inquiétais pour toi. J'ai fait l'œuf. »

« Faire l'œuf », pour ma mère, c'était projeter vers ma sœur ou moi, lorsqu'elle nous croyait en peine ou en danger, un filet d'amour mental qui était censé nous protéger. Un cocon spirituel en quelque sorte.

J'étais calme, j'avais retrouvé ma dynamique et je terminai en trois semaines le scénario de *Sait-on jamais?*.

La veille de mon départ, ma mère me tira les cartes.

« Je vois beaucoup de bonheur, mon chéri. Et une grande réussite. Pas dans l'immédiat... mais assez proche tout de même. Et une blonde! Une étrangère... »

Ce n'était pas la blonde qui m'attendait à Paris, mais les critiques de cinéma.

Le 28 novembre, *Et Dieu créa la femme...* sortit en exclusivité au cinéma Normandie, sur les Champs-Elysées.

13

J'ÉTAIS assis au premier rang du balcon, Brigitte à ma gauche, Raoul à ma droite. Trintignant et les autres acteurs du film (sauf Jurgens qui tournait à Hollywood) étaient là aussi, naturellement.

Quand la lumière se fit dans la grande salle, le public et les invités applaudirent. Mieux que des applaudissements de politesse, mais pas vraiment l'enthousiasme. Beaucoup de spectateurs qui avaient aimé le film ne savaient trop que dire et hochaient la tête quand leur voisin parlait d'outrage à la pudeur ou de pornographie.

Mais les compliments sincères et chaleureux d'hommes tels que Prévert, Vian ou Cocteau me firent très plaisir. Cocteau appelait Brigitte « le plus féminin de tous les androgynes ». Jacques Prévert, lui, que le film avait enchanté, pensait que les critiques allaient le démolir pour ses qualités précisément : un ton neuf, insolent, un style très libre, inhabituel à l'écran.

« Les cons sont prévisibles, me dit-il. Et pas réellement dangereux, ils se contredisent sans vergogne à chaque tournant de la mode. »

Brigitte, qui avait déjà vu le film, se trouvait « pas mal » mais ne se doutait aucunement de l'impact qu'il allait avoir sur sa carrière.

La soirée offerte par Raoul Lévy fut très réussie. Brigitte était à son mieux, charmante, drôle, et nous bavardâmes agréablement. Avant de partir, elle m'embrassa et me dit en aparté : « Toi alors, tu nous fais de ces peurs... » Elle faisait allusion à mon départ mouvementé, en pleine nuit, pour Toulon.

Les jours suivants, je ne lus pas les critiques. Une habitude que j'ai toujours gardée. Je ne tiens pas à me laisser tourmenter « à chaud » par des jugements hâtifs, souvent dénués d'objectivité. Avec le recul, on peut lire sereinement les critiques – bonnes, mauvaises ou méchantes – et en tirer éventuellement quelque chose de positif.

Raoul, lui, s'était jeté sur tous les journaux.

« J'ai lu onze critiques, me dit-il. Pas une vraiment bonne. Je n'accorde pas trop de crédit aux journalistes, mais à ce point, c'est inquiétant. »

Il ouvrit le journal *Combat.*

« Ecoute ça : " ... Il est préférable de s'offrir une séance de strip-tease à Pigalle. Les filles y sont au moins aussi appétissantes (que Mlle Bardot) et souvent plus. Mais elles possèdent la nuance du geste. L'érotisme est un art. " »

Je cite ce passage car il était typique. Pour accepter la nudité et l'érotisme chez une femme, *il fallait qu'elle soit objet.* Une putain, une professionnelle, c'était encore mieux. On la payait, donc elle vous appartenait. Elle n'était pas dangereuse. La professionnelle de Pigalle n'effrayait pas ce journaliste, elle ne remettait pas en cause ses prérogatives d'homme, mais Brigitte lui faisait peur. Comme il ne pouvait pas mordre, il aboyait. Pour finir il ajoutait : « Fort heureusement pour la réputation de charme des Français, ce film n'a aucune chance d'être jamais vu à l'étranger. » Un vrai prophète...

Le lendemain, un autre jeune critique écrivait un long article sur *Et Dieu créa la femme...* dans le plus respecté des magazines d'art de l'époque. Il avait adoré le film, prédisant qu'il allait marquer son époque et ouvrir de nouvelles perspectives au cinéma français atteint de sclérose. Son nom : François Truffaut.

Au début de janvier 1957, Raoul me demanda de l'accompagner aux Etats-Unis pour rencontrer les distributeurs de la Columbia. Le bureau de New York ne semblant pas pressé de donner une date pour la sortie américaine du film, il décida de rendre d'abord visite au grand patron, Harry Cohn, à Hollywood.

Les réacteurs n'avaient pas encore supplanté l'hélice et le voyage durait vingt-quatre heures avec escales au Groenland et au Canada. Avant d'atterrir à Winnipeg, deux des moteurs prirent feu et le pilote dut se poser avec la moitié de ses hélices en drapeau. Cet incident avait quelque peu secoué Raoul (pourtant héros de guerre de la R.A.F.!) qui décida de prendre un somnifère pour la dernière partie du vol. Il avait acheté à Paris des suppositoires de Nembutal, mais ignorant qu'ils s'inséraient dans l'anus, il en suça trois, consciencieusement. Il fut si malade qu'il ne put fermer l'œil jusqu'à Los Angeles.

Harry Cohn nous avait invités à dîner dans sa maison de Bel Air. Je connaissais la réputation de tyran du célèbre « Mogol » et j'étais impatient de le rencontrer. Harry Cohn, c'était pour moi le Hollywood des temps mythiques, un des derniers pionniers de la grande épopée du cinéma.

Il se montra charmant, curieux de l'état de l'industrie cinématographique en Europe et regretta que Brigitte ne fût pas du voyage.

« Je sais reconnaître un metteur en scène quand

j'en vois un, et cela n'arrive pas souvent », me dit-il.

Il me prédit un grand avenir. *Et Dieu créa la femme...* était devenu son enfant. Pour contrer les responsables du bureau de New York qui ne voulaient pas distribuer le film, affirmant qu'il n'avait aucune chance au box-office, Harry Cohn avait organisé une série de projections privées où furent conviés les plus grandes stars, quelques producteurs et des journalistes triés sur le volet. Ces séances obtinrent un énorme succès qui le confirmèrent dans son opinion.

« Demain, je donne l'ordre à ces têtes de lard de lancer le film sur le marché », dit-il.

Vers une heure du matin, nous bavardions toujours. Il décida de m'offrir un cadeau pour marquer notre rencontre. Il décrocha le téléphone et réveilla l'accessoiriste en chef du studio.

« Trouvez un viseur, lui dit-il. Et faites graver : *To Roger Vadim from Harry Cohn.* Je vous attends chez moi. »

J'imagine aujourd'hui le président de la M.G.M. ou de la Columbia sortant du lit, au milieu de la nuit, un de ses employés pour satisfaire un caprice. Il aurait le lendemain une grève sur les bras. En 1957, Harry Cohn pouvait encore se permettre ce genre d'extravagance. A deux heures et demie, on lui apporta le viseur avec l'inscription gravée dans son écriture.

« Pour vous porter bonheur », me dit-il.

Harry Cohn lui-même n'imaginait pas l'ampleur du succès qu'allait connaître le film et qui fut à la mesure du scandale qu'il provoqua. Des comités de défense pour la morale et la pudeur se créèrent dans plus d'une centaine de villes pour en interdire la projection. Les églises et les temples, par la voix de leurs prédicateurs, menaçaient Brigitte et les auteurs de cette œuvre satanique des flammes éternelles de l'enfer. C'étaient les femmes qui s'indignaient le plus – celles-là ne défendaient pas l'égalité du sexe, elles protégeaient les institutions traditionnelles du mariage et le statut du sexe faible dans la société.

Ces réactions n'étaient pas circonscrites à l'Amérique. Mêmes remous en Europe, en Afrique, au Japon... Le bruit que faisait le film à l'étranger exerça un effet de boomerang sur sa carrière en France. Phénomène tout à fait rare, six mois après sa sortie, les salles, qui auraient dû maintenant être vides, affichaient complet.

Pourtant, le scandale était basé sur un malentendu. On prétendait s'indigner de la nudité de Brigitte, de sa sensualité impudique, on attaquait en fait le premier film qui parlait sans hypocrisie des droits de la femme au sexe, droits jusque-là réservés aux hommes. Ce n'était pas Brigitte prenant le soleil, nue, qui enrageait les esprits bien pensants, c'était la scène où elle faisait l'amour avec son mari après la cérémonie religieuse, tandis que parents et invités de la noce attendaient dans la salle à manger. C'était Brigitte amusée, sans complexe, apparaissant en robe de chambre, les lèvres gonflées d'amour, qui attrapait quelques pommes et des cuisses de poulet pour nourrir son amant – car même mariée, elle traitait son mari non pas en maître mais en amant. Et la mère demandant : « Comment va-t-il? » Brigitte : « Pas mal. » La mère : « Pourquoi ne descend-il pas? Il a besoin de quelque chose? » Et Brigitte : « Je m'en occupe. » Elle repartait avec son plateau vers l'escalier et bien que le soleil soit encore au zénith, elle disait aux invités : « Bonsoir. »

Le cinéma a toujours eu plus d'impact sur les masses que la chose écrite. Les livres de Simone de Beauvoir ne faisaient peur à personne. L'apparition de Brigitte à l'écran dans un personnage que l'on jugeait amoral semait la panique.

Corollaire de ces réactions excessives, le film éclatait partout au box-office. En quelques mois, Brigitte Bardot était devenue une star internationale.

On s'est souvent demandé pourquoi une actrice ayant atteint ce stade de célébrité n'a jamais tourné à Hollywood. J'ai déjà raconté comment elle avait supplié son agent de résilier un contrat signé avec la Warner Brothers; un autre exemple mérite d'être cité.

En mars 1958, Raoul et moi rencontrâmes Frank Sinatra au Fontainebleau Hotel de Miami pour lui parler d'un projet de film musical avec Brigitte Bardot, « Paris by night ». Nous avions la trame du sujet mais le scénario n'était pas écrit. Sinatra, intéressé, avait accepté que je lui raconte l'histoire. Beaucoup de gens ont parlé de ses sautes d'humeur, de ses caprices, de ses accès de violence; avec nous, il se montra toujours amical et courtois. Il nous entraîna partout à sa suite. Malheureusement, entre ses gardes du corps, ses avocats, ses agents, ses jolies blondes, ses musiciens, ses amis – dont Ella Fitzgerald qui préparait un concert – et quelques personnages mystérieux sortis d'un roman de Puzzo, il fut difficile de trouver une heure d'intimité. Une semaine s'écoula, une semaine dont j'ai gardé le meilleur souvenir, et je n'avais toujours pas réussi à lui raconter « Paris by night ». Il décida de quitter Miami pour Chicago où deux événements réclamaient sa présence : l'enterrement de Mike Todd, le mari d'Elisabeth Taylor, qui venait de se tuer en avion au Mexique, et la revanche du match de boxe Basilio-Robinson. Nous partîmes avec Sinatra pour Chicago.

Après l'enterrement, nous nous retrouvâmes dans sa suite de l'hôtel... avec un des parrains de la Mafia et le chef de la police de Chicago. Une limousine nous emporta vers le stade où le match devait avoir lieu. Des motards de la police nous ouvraient la route. J'étais assis sur un strapontin en face du « parrain » et du chef de la police dont j'ai oublié le nom et que j'appellerai « John ». John s'était rendu à plusieurs reprises à Paris. Il aimait la ville et nous sympathisâmes.

Après le match – quinze rounds superbes gagnés par Robinson – Sinatra nous entraîna dans un restaurant de Cicero où le « parrain » offrait un dîner pour les fiançailles de sa fille. Cuisine italienne, vins à profusion, chansons folkloriques ou grivoises, bonne humeur générale, Coppola n'a rien inventé. En attendant l'expresso, John me prit à part.

« Suivez-moi, dit-il. Je vais vous montrer quelque chose que vous n'avez pas à Paris. »

Nous sortîmes sur le boulevard et il m'entraîna dans un café-restaurant qui n'avait rien de particulier sinon qu'il me parut un peu crasseux. John poussa une porte derrière le bar et nous nous retrouvâmes dans une petite salle enfumée en compagnie d'une vingtaine de spectateurs de sexe masculin dévorant des yeux une strip-teaseuse qui s'effeuillait sans grande conviction. Elle était bien faite mais je fis remarquer à John que nous en avions d'aussi belles à Paris.

« Attendez », me dit-il.

J'attendis et, en effet, quelque chose de tout à fait impensable aux Etats-Unis en 1958 se produisit : la fille se mit entièrement nue. John avait raison, même à Pigalle, les danseuses gardaient leur cache-sexe.

La strip-teaseuse risqua quelques entrechats, un grand écart laborieux et quitta la scène pour céder la place à une copine.

Par politesse, j'exagérai ma surprise. John était ravi.

« Naturellement, me dit-il, ce genre de spectacle est tout à fait illégal. » Il rit et ajouta : « Avec moi, vous ne risquez rien. »

Plus tard, il me confia que ce n'était pas le maire mais la police qui était responsable de la censure des films pour la ville de Chicago.

« J'ai fait couper douze minutes de *Et Dieu créa la femme...* Je pensais garder les chutes en souvenir, mais comme vous êtes un copain, je vais donner l'ordre de remettre les scènes censurées dans tous les cinémas. »

C'est ainsi qu'une partie au moins des spectateurs de Chicago purent voir mon film dans sa version intégrale.

Le lendemain, Frank Sinatra m'accorda deux heures d'entretien privé. L'histoire lui plut. Il décida de me faire confiance et ordonna à son agent de signer une lettre confirmant son intention de tourner « Paris by night » avec Brigitte Bardot.

On nous avait affirmé que nous n'obtiendrions rien de Sinatra mais une fois de plus, Raoul avait tenté la chance et réussi.

Je me mis aussitôt au travail avec le scénariste Harry Kurnitz. Le couple Sinatra-Bardot ne pouvait manquer d'être explosif à l'écran et Raoul n'eut aucun mal à trouver le financement du film. Hélas! il n'avait pas prévu un petit détail : Brigitte exigea par contrat que le film soit entièrement réalisé à Paris. Elle ne voulait pas entendre parler de Hollywood. Et Sinatra refusa de passer quatre mois à Paris. Il avait aussi ses habitudes.

Et « Paris by night » ne vit jamais le jour.

14

LES chiens squelettiques qui erraient autour de la cantine du studio s'écrasaient à l'ombre des murs. Les carabiniers de garde, revolver passé dans l'étui du lourd baudrier, fusil à l'épaule, suaient sous leur uniforme de drap. Sur le plateau sans air conditionné, un électricien s'évanouit, se brûlant gravement au métal chauffé à blanc d'un projecteur. Trois fois, depuis l'heure du déjeuner, il avait fallu reprendre le maquillage de Brigitte Bardot. Début septembre 1957, Madrid connaissait la pire vague de chaleur du siècle.

Tourner dans ces conditions était un calvaire et le tempérament espagnol, déjà bouillant de nature, atteignait la cote d'alerte. Le moindre incident tournait au drame. Sous la férule de Franco, les ouvriers étaient encore traités en serfs et le régisseur espagnol abusait sans la moindre humanité de ses droits. Nous devions tourner tard dans la nuit, en heures supplémentaires, pour terminer un décor. Les ouvriers et techniciens, invoquant les conditions de travail rendues infernales par la chaleur, demandèrent une seconde pause pour le dîner et une prime de nuit qui leur furent refusées. Comme au temps des galères romaines, la révolte grondait chez les esclaves. A deux heures du matin, le dernier plan tourné, nous allions quitter le plateau quand le régisseur commit une grave faute. Il traita un machiniste qui menaçait de quitter le film de « femmelette qui a ses règles ». Suprême injure pour l'honneur d'une race absurdement fière des prérogatives du mâle. L'équipe s'était formée en un demi-cercle menaçant qui se rapprochait lentement du régisseur et de ses assistants.

L'homme, soudain paniqué, fit signe au carabinier de service, équipé d'un talkie-walkie, d'appeler ses collègues. Une demi-douzaine d'entre eux envahirent le plateau, fusil à la main. Excédés par la chaleur, ces hommes qui avaient la gâchette facile n'attendaient qu'une excuse pour tirer dans le tas. Un seul coup de poing risquait de provoquer un massacre. Mais on en était encore, selon le rituel, à l'affrontement verbal.

« *Qué si!* criaient les ouvriers.

– *Qué no!* répondait la production.

– *Qué si!*

– *Qué no!* »

J'essayai d'intervenir, je secouai le régisseur, mais personne ne semblait disposé à céder. Je voulus parler au plus gradé des carabiniers. Il me repoussa brutalement.

Brigitte aurait pu s'échapper et se réfugier dans sa loge mais elle était indignée de la façon dont on traitait l'équipe et, par sa présence, se montrait solidaire. Courageuse attitude qui ne pouvait, hélas! plus rien changer. Les esprits étaient trop excités.

Elle eut alors un trait de génie. Elle se mit à chanter sur l'air en vogue d'une samba, imitant les adversaires : « Qué si, qué no... » Mon assistant français, Serge Marquand (frère de Christian) toujours drôle et d'une grande rapidité d'esprit, comprit à la seconde l'intention de Brigitte. Il lui répondit en duo : « Qué si, qué no, qué si, qué no... »

Et Brigitte : « Qué si, qué no, qué si qué si qué no... »

Dansant la samba, ils s'élancèrent entre les ouvriers et les carabiniers qui avaient déjà épaulé. Il y eut un moment de flottement et quelques ouvriers se mirent à l'unisson de Brigitte – « Qué si, qué no... » – bientôt suivis par les autres. Le régisseur et ses assistants entrèrent aussi dans le jeu. « Qué si, qué no... »

Le drame s'achevait en comédie musicale. L'honneur étant sauf des deux côtés, le sang ne coula pas. Je donnai ma parole que j'obtiendrais du producteur, Raoul Lévy, attendu à Madrid le lendemain, le paiement de la prime demandée.

Le courage et l'à-propos de Brigitte avaient épaté ces hommes peu faciles à impressionner et dont beaucoup se souvenaient des bains de sang de la guerre civile. Elle trouva dans sa loge, le jour suivant, une gerbe de fleurs et une carte signée par chacun des membres de l'équipe, du balayeur au premier assistant Pedro Vidal.

« Jamais une rose ne m'avait tant flattée », me dit-elle.

Je n'avais pas tourné avec Brigitte depuis notre séparation (nous n'étions toujours pas légalement divorcés). Au début de l'année, j'avais mis en scène *Sait-on jamais?* qui, pour beaucoup d'aficionados du Cinquième art, était et est resté mon meilleur film. Jean-Luc Godard écrivit que ce film, brisant avec la tradition, s'inscrivait dans la ligne d'un nouveau cinéma.

Et Dieu créa la femme... ayant empli les caisses du Trésor français de dollars, enrichi mes producteurs, propulsé Brigitte au royaume des stars et ouvert la porte des studios aux metteurs en scène imberbes, Raoul Lévy ne laissa pas passer l'occasion : il lui fallait un autre Bardot-Vadim. Il acquit les droits d'un roman français, *Les Bijoutiers du clair de lune*. Une très belle histoire d'amour entre un voleur de grands chemins et une jeune fille de bonne famille, située au XIXe siècle en Auvergne. Il faisait maintenant partie du club envié des producteurs à vocation internationale, et tomba dans les mêmes erreurs que ses confrères, oubliant qu'on ne produit pas un film comme on fabrique des voitures ou des conserves de petits pois. Pour utiliser les pesetas de la Columbia, bloquées par le gouvernement espagnol, il décida de transposer l'histoire en Andalousie, de nos jours. Il engagea un scénariste, parce qu'il venait de signer un polar en tête du box-office à Paris. Un homme charmant, dépassé par son époque et totalement dénué de talent. Dernière erreur, il s'enticha de Stephen Boyd, excellent dans un récent film d'espionnage anglais, mais fait pour jouer les amants romantiques comme le pape pour s'exhiber dans un numéro de claquettes à Las Vegas. Je voulais tourner le film dans les montagnes d'Auvergne au temps des diligences, avec Georges Brassens dans le rôle du brigand anarchiste. Mais je cédai aux désirs de Raoul. J'étais sous contrat exclusif avec lui, et ne tenais pas à déclarer la guerre à cet homme que je considérais comme un fidèle ami. J'étais convaincu qu'au fil du tournage je pourrais transformer un scénario bancal en un bon film. Il n'en fut rien, sinon que je laissai sur la pellicule de somptueuses images du Sud de l'Espagne. J'aurais dû me rappeler que j'étais un metteur en scène, pas un peintre ni un photographe.

Entre-temps, Brigitte était retombée dans la routine des charmantes comédies à la française. Elle avait tourné *La mariée est trop belle* et *Une Parisienne*. Jean-Louis Trintignant faisait son service militaire. Allongée sur un matelas, au bord de la piscine suspendue de l'hôtel Savoy, elle m'avait confié :

« Je ne peux pas vivre sans avoir le cœur qui bat à la sonnerie du téléphone. Pauvre cœur! Il s'essouffle assez à envoyer le sang dans les artères, il faut aussi qu'il s'occupe, du matin au soir, de mes affaires d'amour... »

Elle rit un peu tristement, une façon de se moquer de son excessif romantisme. Elle était solitaire. Vulnérable.

« Mon Vava, me dit-elle en me prenant la main, il n'y a que toi qui me connaisses vraiment. »

Elle m'appelait Vava ou le « Vieux Russe ». Vadim dans les grandes occasions.

A cet instant, une beauté radieuse, qui mobilisait l'attention de tous les hommes présents, s'approcha de nous. Blonde soleil, des yeux d'un bleu si pur qu'ils défiaient l'azur, une peau lumineuse couleur de lait, aussi douce au regard qu'au toucher, un nez légèrement aquilin, une bouche à sucer comme un bonbon anglais, un corps aux lignes pleines, arrondies, l'essence même de la féminité, mais plus déesse que pin-up, rien d'agressivement sexuel. Epanouie, ravie, faite pour le rire et le bonheur, telle était Annette. Elle avait passé sur son maillot de bain une blouse en crêpe de Chine qui dissimulait son ventre. Elle était enceinte de cinq mois et l'enfant qu'elle portait était aussi mon bébé.

Elle embrassa Brigitte et s'allongea à côté de nous.

J'avais rencontré au début de l'année Annette et sa sœur Merete, moins belle, mais si dynamique, si sexy, qu'elle obtenait autant de points que sa cadette au palmarès du succès. (Ce couple de Danoises fraîchement débarquées à Paris affolait tous les play-boys de la capitale.) Leur père, docteur de campagne, s'était suicidé quand sa femme l'avait quitté. Les fillettes avaient alors huit et neuf ans. La mère, infirmière, vivait depuis avec un homme étrange et génial, un savant, héros national de la résistance contre l'occupant nazi. Mais le couple était pauvre. Et les filles quittèrent Copenhague pour gagner leur vie. Annette fut baby-sitter et professeur de ski nautique en Angleterre. Merete posa pour des magazines de mode. Arrivant à Paris, elles étaient fauchées, mais refusèrent les avances d'Ali Khan, du maharadjah de Baroda, de Daryl Zanuck et autres milliardaires. Elles dirent « non » à l'argent, elles dirent « non » au mariage de raison. Ce qui les rendit d'autant plus recherchées.

Je me trouvais un soir à la discothèque de la rue Saint-Benoît en compagnie d'Annette et de Merete. Je me levai pour danser un slow avec l'aînée (nous flirtions depuis quelques jours déjà) quand Annette me dit avec son accent indescriptible :

« Non. Tu danses avec moi. »

Les sœurs avaient tenu un conciliabule pour savoir laquelle des deux méritait le plus de m'avoir. Quels étaient leurs critères, je ne le sus jamais, mais Annette emporta la décision. Convaincu que les femmes choisissent toujours, laissant à l'homme l'illusion qu'ils les ont gagnées de haute lutte, je pensai que ce marché scandinave nous faisait gagner du temps à tous les trois. Je dansai avec Annette, la ramenai le soir même au Bellman, lui fis l'amour, tombai amoureux et ne la quittai plus.

Elle m'accompagna à Venise où je tournais *Sait-on jamais?*.

Le 26 janvier, nous avions joyeusement fêté mon anniversaire avec l'équipe à la Grappa di Uva. Dans l'ascenseur de l'hôtel Bauer Grunwald, un des palaces donnant sur le Grand Canal, Annette se défit de son cardigan de cachemire, et commença à déboutonner son chemisier. Sur le palier du troisième étage et le long du couloir qui menait à notre suite, elle poursuivit son strip-tease, jetant à droite et à gauche, sans cesser de marcher, ses chaussures, son chemisier, sa jupe, son soutien-gorge, et finalement sa culotte. Arrivée devant notre porte, elle était nue comme Eve au jardin d'Eden. Elle se tourna vers moi et tendit les paumes ouvertes de ses mains. Un petit serpent, un trésor, s'y tenait lové. Une chaîne en or fin de Bulgari avec une plaque où étaient gravés ces mots : A mon *Pipfugl*.

Pipfugl, en danois, signifie moineau. Surnom dont elle m'avait affublé. « Tu es le plus riche et le plus pauvre des hommes, m'avait-elle dit. Comme les moineaux, tu vois tout, tu sais tout, mais tu n'as pas de compte en banque. » J'appris plus tard qu'elle avait vendu ses deux robes de chez Balenciaga pour m'offrir ce bijou.

Je n'eus pas le temps de dire merci car des clients de l'hôtel étaient sortis de l'ascenseur.

« La clef! » cria Annette.

J'avais oublié de la prendre chez le concierge. Trop tard pour récupérer les vêtements dispersés le long du couloir. Un couple de touristes américains passa devant nous. Annette leur sourit avec l'aisance d'une femme en robe du soir, retour de bal, qui s'excuse de ne pas reconnaître quelque invité. J'ôtai ma veste qu'elle posa sur ses épaules.

Et j'entendis le rire.

Ce rire énorme, généreux, ce rire apocalyptique, le rire d'Orson Welles. Il venait vers nous, suivi d'un groom portant ses valises, et il ramassait au passage les atours féminins éparpillés sur le plancher, ce qui apparemment avait déclenché son hilarité.

Il me reconnut, me salua amicalement, mais ne quittait pas Annette des yeux. Cet amateur de beauté ne se perdit pas en vains compliments. Les yeux plissés de malice, il dit à Annette qui dissimulait sa nudité comme elle le pouvait, serrant ma veste sur sa poitrine :

« Veuillez pardonner ma tenue, je roule en voiture depuis Milan et ne suis pas très présentable.

– Notre porte est fermée, bafouilla Annette, j'ai oublié la clef...

– Venez vous changer chez moi. »

Sans attendre notre réponse, Orson s'éloigna vers son appartement.

Tandis qu'Annette se rhabillait, il ouvrit un magnum de Ruinart. Nous avions déjà pas mal bu à la Grappa di Uva et, connaissant la faculté d'absorption de Welles, je me préparais à une fin de nuit sévère.

Il était à Venise pour rencontrer un producteur italien. Un projet qui semblait l'exciter, mais qui une fois de plus ne vit jamais le jour.

Il demanda à Annette si elle tournait dans mon film.

« Je ne veux pas faire de cinéma, dit Annette.

– Un jour, lui répondit-il, vous découvrirez que la vie c'est du cinéma. Et le cinéma, une excellente façon de taquiner la vie. »

Je tournais tôt le lendemain, mais Orson Welles refusa de nous laisser partir. Il ouvrit un autre magnum.

« Le soleil sanctifie le péché, dit-il. Attendons le soleil. »

Au lever du soleil, laveur de péché selon Welles, je regagnai ma chambre avec Annette.

A Madrid, Annette enceinte souffrait de la chaleur. Brigitte me dit que j'étais un monstre d'égoïsme de la garder près de moi. Elle raisonna la future maman qui décida de rejoindre sa famille à Copenhague. Annette pleurait quand elle me quitta à l'aéroport.

Brigitte sans amour, sans amant, était déprimée. Nous passâmes quelques joyeuses soirées parmi les gitans et les danseurs de flamenco, mais la plupart du temps, elle s'isolait, entourée de sa petite cour : sa maquilleuse Odette, son coiffeur, sa doublure et quelques admirateurs ou admiratrices prêts à satisfaire le moindre de ses désirs. Je connaissais la tendance de Brigitte à s'entourer de « yes-men » et de « yes-women ». Elle voulait des « ma Bribri, comme tu as raison », des « ma Bribi, laisse-les dire, ils n'ont rien compris ». Encouragée à la facilité, elle manqua souvent de rigueur ou de courage intellectuel dans le choix de ses films. Mais je l'ai déjà dit, elle n'aimait pas vraiment le cinéma. Ce n'était cependant pas une actrice capricieuse. Pendant le tournage des *Bijoutiers du clair de lune*, malgré des conditions de travail particulièrement éprouvantes, elle se montra exemplaire.

Après le départ d'Annette, nous quittâmes Madrid pour Torremolinos, un petit village andalou qui allait devenir quelques années plus tard une sorte de Saint-Tropez espagnol.

Un petit âne baptisé Roméo par Brigitte jouait un rôle important dans le film. Elle ne voulut pas qu'il soit rendu à son propriétaire et l'acheta. La direction de l'hôtel refusant qu'il couche dans le garage, elle l'hébergea dans sa chambre.

Elle me fit appeler un matin. Je la trouvai au lit, l'âne couché à côté d'elle sur la couverture.

« Vadim, me dit-elle, je n'en peux plus. Je rentre à Paris. Je compte sur toi pour t'occuper de Roméo. »

Elle partit le lendemain. Elle était réellement épuisée et n'aurait pu terminer le film sans quelques semaines de repos. J'avais plusieurs scènes à tourner sans elle, et de toute façon Raoul était couvert par l'assurance.

Je pris donc en charge Roméo.

Après la vague de chaleur, nous eûmes à subir la plus violente inondation jamais enregistrée dans les annales du Sud de l'Espagne. Mille six cents morts à Valence, deux mille noyés à Malaga et sur la côte andalouse.

Réfugiés au premier étage d'une maison, Serge Marquand et moi admirions avec une sorte de fascination malsaine le déferlement des eaux. Nous vîmes un vieillard assis sur un fauteuil qui descendait la rue emporté par le courant. Il nous aperçut et fit de grands gestes d'un bras, l'autre restant cramponné au fauteuil.

« Il faut l'aider, dis-je.

— Non, répondit Serge. Il disait bonjour. »

Il fut cependant le premier à sauter dans l'eau et je le suivis. Nous réussîmes à coincer le vieillard et son fauteuil en haut d'un porche et à le hisser jusqu'à la fenêtre du premier étage. La maison avait été évacuée. Nous crachions l'eau boueuse de nos poumons quand le vieillard se mit à nous insulter :

« *Hijo de la gran puta!* Mon fauteuil! vous avez perdu mon fauteuil! »

Il était trempé, à moitié noyé, et nous réclamait

125 pesetas, le prix de son fauteuil au tarif touriste...

« Qu'est-ce que tu penses, demanda Serge, on le rejette à l'eau? »

L'inondation avait fait place à une pluie fine et maussade qui ne cessait pas. Le film était interrompu. Raoul Lévy discutait avec la Lloyd la possibilité de terminer le tournage en studio à Nice.

J'étais tombé malade. Une fièvre violente accompagnée de hoquets qui ne cessèrent durant trois jours. J'étais persuadé que j'allais, comme Pie XII, succomber à ce hoquet infernal. Raoul fit venir de Paris mon docteur, Louis Schwartz. Il diagnostiqua une infection du pancréas due à quelque virus bizarre n'attaquant d'ordinaire que les bovins. En particulier les ânes. J'étais trop faible pour m'en prendre à Roméo et me consolais en imaginant les tortures que j'allais lui faire subir une fois guéri. Louis Schwartz repartit pour Paris en prescrivant des antibiotiques qui devaient être administrés par piqûres intraveineuses. L'infirmière espagnole – une carmélite – ne croyait pas aux piqûres et me fit avaler les ampoules avec du jus d'orange. Elle disait que le Caudillo restait jeune parce qu'il refusait les piqûres.

« Dieu a créé sept trous chez l'homme : les oreilles, les narines, la bouche, le pénis et l'anus. Et deux de plus chez la femme : les mamelles. »

Elle ajoutait :

« Je ne vais pas percer un autre trou et laisser le diable s'introduire chez vous. Vous me semblez un bon jeune homme et méritez de mourir en chrétien. »

Cette infirmière ne manquait pas de principes, mais ma fièvre ne cédait pas.

J'habitais un pavillon sur la plage à trois cents mètres de l'hôtel où se trouvait le téléphone. Une nuit, transpirant, je m'éveillai avec cette obsession : il faut que j'appelle Brigitte. Malgré la fièvre – plus de quarante – je me levai. Après dix jours au lit, je tenais à peine sur mes jambes. Je marchais sur la plage, sous la pluie, et ne pensais qu'à une chose : il faut que j'appelle Brigitte. Arrivé à l'hôtel, j'ouvris la porte du bureau et m'assis à la place de la standardiste partie se coucher depuis longtemps. J'enfonçai les fiches sur le tableau datant d'avant-guerre, obtins le central de Malaga, puis Madrid et, miracle, le numéro de Brigitte dans son appartement de l'avenue Paul-Doumer. Pas de réponse. J'appelai alors ses parents et, second miracle (il fallait parfois attendre deux jours une communication entre l'Espagne et Paris), j'eus son père au bout du fil.

« Est-ce que je vous réveille ? demandai-je.

– Non, dit Pilou, je jouais de la scie. »

De tous les instruments de musique, c'était le plus archaïque. Il se composait d'une scie de menuisier que l'on pliait et dépliait et sur laquelle on frottait une sorte d'archet.

« Pilou, dis-je, allez chez Brigitte.

– Pourquoi ? Elle a dîné avec nous. Elle semblait de très bonne humeur.

– Je vous en prie. Appelez-la. Si elle ne répond pas, allez la voir. »

Il ne comprenait pas les raisons de ma soudaine inquiétude mais promit de faire ce que je lui demandais.

Il téléphona et n'obtint pas de réponse, ce qui l'étonna. Brigitte l'avait quitté en affirmant qu'elle rentrait dormir.

Il fit à pied les cent mètres qui séparaient le 1 bis, rue de la Pompe de l'immeuble de Brigitte. Arrivé au palier du huitième étage, il sonna, frappa, sans succès. Il allait repartir quand il sentit une odeur de gaz. Il avait le double des clefs et entra. Brigitte dormait dans son lit. Pilou ouvrit les fenêtres et localisa la fuite de gaz qui provenait du chauffe-bain.

Trois jours après cet incident, ma fièvre ayant finalement cédé, je rentrai à Paris. Roméo, à qui j'avais chrétiennement pardonné mon infection du pancréas, fit le voyage dans un camion ramenant les accessoires du film au studio de la Victorine. J'allai rendre visite à Brigitte qui me parut en meilleur état qu'à son départ de Torremolinos.

Un mois plus tard, nous terminions ensemble à Nice *Les Bijoutiers du clair de lune*.

Annette était rentrée de Copenhague enceinte de huit mois et plus belle que jamais.

Le 7 décembre 1957, le jour de son anniversaire, elle mit au monde à l'hôpital de Neuilly une petite fille de sept livres et demie que je déclarai à la mairie sous le nom de Nathalie Plémiannikov.

15

L'ANNÉE 1958 fut, en ce qui concernait mon métier, marquée du sceau de la malchance.

A peine rentré d'un court séjour aux Etats-Unis, j'appris que Brigitte refusait de tourner « Paris by night » à Hollywood. Raoul, rarement à court d'idées, proposa de remplacer la comédie musicale par une histoire assez drôle basée sur le caractère d'une jeune fille naïve et débrouillarde, embarquée malgré elle dans la Résistance. L'idée de sauter en parachute terrifiait Brigitte mais quand on l'assura qu'elle serait doublée, elle accepta le rôle principal de *Babette s'en va-t-en guerre*.

Raoul me mit au travail sur ce sujet avec un scénariste américain.

Quelques jours plus tard, *Les Bijoutiers du clair de lune* sortait sur les écrans. Comme je le redoutais, ce ne fut pas un succès.

Je collaborais depuis plus d'un mois au scénario de *Babette* quand j'appris par les journaux qu'un metteur en scène, Christian-Jaque, venait d'être engagé à ma place par Raoul Lévy. Que Raoul, déçu de l'insuccès de notre dernier film, ait pris peur et décidé de me remplacer, j'aurais pu l'admettre; qu'il n'ait pas eu le courage de m'en avertir lui-même était assez dans son caractère.

Mais l'attitude de Brigitte me surprit et me fit de la peine. Elle qui s'indignait si souvent du manque d'éthique montré dans notre profession aurait pu décrocher son téléphone et m'expliquer qu'elle trouvait Christian-Jaque plus apte que moi à diriger ce genre de film.

Babette n'était qu'un film de perdu, je cessai vite de m'apitoyer sur mon sort et pris la décision de ne pas demander d'explication à mes deux fidèles amis.

Je louai pour l'été, près de Saint-Tropez, une ferme entourée de vignes et de grands eucalyptus et m'y installai avec Annette et le bébé. J'ai la chance de savoir oublier les coups du sort quand je n'y peux rien changer. *Les Bijoutiers*, « Paris by Night », *Babette* furent expulsés de mon esprit. Le bonheur s'appelait Annette et Nathalie. Je m'étais découvert des dons de puériculteur. J'adorais Nathalie et suivais avec passion l'éveil de cette petite intelligence. Je savais la nourrir, la changer, et reconnaître à sa façon de pleurer si elle avait mal au ventre ou cherchait par ses cris à attirer l'attention. J'inventais mille jeux et lui parlais comme à un être humain, évitant les « gna, gna, gna... » et ce ton bêtifiant que prennent les parents pour s'adresser à leurs enfants. Nous n'avions pas de nurse. Une voisine, mère de famille, gardait le bébé quand nous sortions la nuit. De jour, Nathalie nous accompagnait partout.

Un ami, Claude Bourillot, coureur automobile, m'avait présenté au vieux Commandatore, Enio Ferrari. L'usine lançait sur le marché une nouvelle version grand sport de ses voitures. Véritable monstre pour l'époque : un moteur de 320 chevaux, 12 cylindres en ligne, vitesse de pointe 290 km/h. J'avais accepté de participer à un certain nombre de courses et de rallyes – dont le tour de France automobile – en échange de quoi le Commandatore m'avait vendu le dernier de ses modèles au prix d'une Ford de série. C'était la seule Ferrari de Saint-Tropez cette année-là. Françoise Sagan conduisait une Aston-Martin et Gunther Sachs (le futur mari de Brigitte) une Mercedes 300 SL.

Le touriste timide rencontré à l'Esquinade deux étés plus tôt avait beaucoup changé. Héritier des usines allemandes Opel, Gunther était maintenant à la tête d'une fabuleuse fortune. Il avait le sens de la fête et dépensait son argent en grand seigneur.

Notre « bande » jouissait de la plus mauvaise réputation. Le public, mal informé par une certaine presse qui vivait de vrais ou de faux scandales, nous imaginait sous les traits d'hédonistes débauchés. Nous étions en fait des collégiens prolongés, un peu trop exubérants pour notre âge et gentiment anarchistes. Nous organisions des joutes navales entre Riva. Nos armes : des extincteurs qui projetaient une mousse chimique glacée sur l'adversaire. Nous faisions du ski nautique sur le sable mouillé, le long de la baie de Pampelonne, affolant quelque peu les vacanciers. A l'Epi-Plage (club-restaurant privé où les stars et les célébrités du moment se retrouvaient) nos épiques batailles de tartes à la crème auraient fait pâlir de jalousie Mack Sennett ou Laurel et Hardy. Rien de bien méchant, comme on voit.

Mais ce qui faisait de Saint-Tropez un endroit unique, c'était l'heureux mélange des âges, des fortunes et des classes sociales. On pouvait vivre sans argent comme des millionnaires, ou, millionnaire, s'amuser à vivre la bohème. Pas de problème de générations. L'art, la finance, la politique, formaient une heureuse mayonnaise.

Il est paradoxal de penser que cette époque si libre restait officiellement puritaine. Les gendarmes poursuivaient les nudistes qui prenaient le soleil à l'abri des regards, derrière les buissons d'arbousiers.

A trois cents mètres de Tahiti-plage, la route faisait un coude. Au milieu du tournant, un énorme pin parasol. La route se divisait, passant à droite et à gauche de l'ancêtre.

Cette nuit-là, le sifflement caractéristique d'un moteur de Ferrari couvrait le chant des criquets. Le ronflement d'une Mercedes 300 SL répondit à la Ferrari.

Il s'agissait d'un duel.

Départ arrêté à 150 mètres du pin parasol. Au signal (un coup de sifflet) les deux bolides s'élançaient. Les conducteurs, ne pouvant se voir, devaient deviner si l'adversaire allait s'engager dans le tournant à gauche ou à droite de l'arbre. Si les deux voitures se retrouvaient du même côté de l'arbre, il n'était pas question de se croiser. C'était la collision de face à moins que l'une ne cédât la place en se jetant dans le fossé. Une sorte de roulette russe motorisée, mais qui laissait au perdant toutes les chances de rester en vie.

Au volant de la 300 SL, Gunther. J'étais, moi, au volant de la Ferrari.

Les juges arbitres étaient : Françoise Sagan, Christian et Serge Marquand, Maurice Ronet et Marlon Brando.

Le tournoi se jouait en trois manches maximum.

Premier départ : la Ferrari passa à gauche, la Mercedes à droite.

Deuxième départ : la Mercedes et la Ferrari se retrouvèrent face à face sur le côté gauche de l'arbre. Une seconde pour prendre une décision.

Gunther craqua et s'envoya dans le fossé. Pas de bobo. Le lendemain, un camion-grue allait sortir la 300 SL du trou. Cela coûterait à son propriétaire quelques milliers de francs de peinture et de tôle à redresser. Une bagatelle pour lui.

Un grand dîner était offert par Gunther au restaurant Tahiti pour célébrer la victoire du vainqueur et consoler le perdant. Orchestre exotique, cent cinquante invités. Au milieu du festin, quatre Tahitiennes apportèrent un énorme plat. On crut d'abord qu'il s'agissait d'un espadon ou d'un saumon géant. Mais ce poisson n'était pas comestible : on servait Serge Marquand, à poil, savamment décoré de mayonnaise et de petits cornichons

« Pipfugl, tu vas baigner la petite ? cria Annette de la cuisine où elle préparait les *fregadele*, plat national danois.

– Pas ce soir, je suis en grève. »

Avant de mettre les fregadele à la poêle, Annette quitta ses fourneaux pour la toilette et le repas du soir de sa fille.

Elle attrapa Nathalie (neuf mois) qui, assise sur mes genoux, mâchonnait les dernières pages du roman d'Agatha Christie que j'étais en train de lire.

« Tu ne sauras jamais qui a tué la marquise », dit Annette en riant.

Elle s'éloigna vers la salle de bain. Cinq minutes après, j'entendis un cri. Je m'y attendais et ne bougeai pas. Annette courut vers moi, portant Nathalie, nue, sous son bras. Elle s'agenouilla à côté du fauteuil et m'embrassa. Elle tenait à la main une feuille de papier à lettres par avion que j'avais glissée dans les langes de Nathalie et sur laquelle j'avais écrit :

Ma Nénette (en privé, j'appelais souvent Annette « Nénette »), *es-tu libre samedi 27 août?*

Je dois me rendre à la mairie de La Londe-les-Maures et déjeuner ensuite à la Reine Jeanne chez Paul-Louis. Ta présence serait vivement appréciée.

Je t'embrasse, Pipfugl.

P.S. : *Notre ami le comte de Leusse, maire de La Londe, m'attend à la mairie pour célébrer un mariage.*

Annette et moi avions parlé de mariage, mais elle n'avait jamais insisté sur le sujet. Je savais pourtant, par des confidences à ses amies qui me furent répétées, que rien au monde n'aurait pu lui faire plus plaisir. Vivant avec un homme que son métier mettait en contact avec beaucoup d'actrices, connues ou débutantes, harcelée par la presse qui la présentait comme la nouvelle découverte de Roger Vadim, elle n'avait pas d'elle-même une image rassurante. D'autre part, contrairement à l'idée répandue, les Danois étaient assez traditionalistes en ce qui concerne le mariage. A Copenhague, être fille mère n'était pas précisément un symbole de l'indépendance féminine. Et il y avait l'image de Bardot, à qui tout le monde la comparait. Un héritage bien dur à assumer. J'avais épousé Brigitte. « Pourquoi pas vous? lui demandaient les journalistes. Brigitte n'avait pas d'enfant avec Vadim. »

Je ne considère pas le mariage comme une preuve d'amour, ni une nécessité sociale. En fait, j'ai si peu de respect pour cette institution que je n'ai même pas de préjugés contre elle. Si une signature à la mairie simplifie la vie, permet de payer moins d'impôts, protège les enfants à l'école, ou peut rassurer la femme que l'on aime, pourquoi pas? J'avais épousé Brigitte parce que ses parents ne voulaient pas d'union libre. C'était un cadeau que je pouvais lui offrir.

Le divorce avec Brigitte n'avait été qu'une formalité (au désespoir des avocats qui ne purent profiter de l'occasion pour se faire de la publicité). Mais la loi française stipulait qu'on ne pouvait se remarier avant les neuf mois suivant la séparation entérinée par un juge.

Ce délai venait d'expirer.

Le mariage fut une vraie fête, sans protocole, et peu traditionnel. J'avais choisi le petit village de La Londe parce que son maire, le comte de Leusse, ancien officier de la Légion étrangère que j'avais connu au Maroc quand j'étais reporter, accepta de faire une entorse à la loi et de ne pas publier les bans. Nous pouvions ainsi nous marier discrètement en évitant la foule des journalistes qui auraient transformé la cérémonie en scoop d'actualité.

Annette, plus blonde, plus radieuse que jamais, portait une petite robe d'été couleur de ses yeux. J'étais habillé d'un pantalon et d'une veste de coton mais sans cravate. Les copains étaient là. Ils n'avaient pas vendu la mèche, et il n'y eut ni photographe (si l'on excepte le photographe officiel de la mairie) ni caméra de télévision.

Après la cérémonie, on nous aspergea de riz et toute la noce, y compris le maire, se rendit à la Reine Jeanne. La villa de notre ami le commandant Paul-Louis Weiller était construite sur la plage, au pied du fort de Brégançon où, par tradition, certains présidents de la République prenaient de fréquentes vacances.

Paul-Louis Weiller était sans doute le dernier des mécènes. Il avait vendu la compagnie Air France au gouvernement, et chaque fois qu'un avion atterrissait ou décollait, il touchait des royalties. Cela ne représentait qu'une très petite partie de ses revenus.

Le déjeuner de mariage à la Reine Jeanne s'organisa autour d'une grande table dressée dans une grotte naturelle. Nous étions tous en maillot de bain. Seuls habillés, le duc et la duchesse de Windsor, venus en voisins prendre le café.

Les jours suivants, l'existence de M. et Mme Plémiannikov fut quelque peu perturbée. La ferme dans les vignes soutenait un siège. Les photographes étaient montés dans les eucalyptus et même sur le toit. Il était devenu difficile de se rendre au restaurant, impossible de se promener sur le port. Curieux comme une signature au bas d'un document pouvait créer des remous... Je savais que l'attention de la presse, à l'image d'un enfant qui se lasse vite d'un nouveau jouet, ne durait jamais longtemps. Le mieux était de laisser faire.

Début septembre, Annette, Nathalie et moi étions de retour à Paris.

C'est là que Pierre Feroz, secrétaire amphitryon de Carlo Ponti, vint me proposer de tourner une adaptation du roman érotique de Choderlos de Laclos, *Les Liaisons dangereuses*. René Clément, Visconti et Lattuada, entre autres metteurs en scène, s'étaient intéressés au sujet et l'avaient abandonné. Cette œuvre, qui fit scandale au XVIIIe siècle et qui est maintenant au programme des étudiants en littérature dans toutes les universités européennes, posait des problèmes d'adaptation difficiles. J'étais pourtant très excité à l'idée de démontrer qu'en ce qui concerne la morale, peu de chose avait changé depuis que le roi de France avait condamné la publication de ce roman dès sa parution, en 1782. Mais pour que la démonstration soit comprise du public, il fallait transposer l'œuvre du XVIIIe au XXe siècle.

Ma réponse à Carlo Ponti fut : « D'accord si je peux tourner le film dans le Paris de 1959. » Le mari de Sophia Loren, grand producteur mais pas exactement un novateur, vendit alors le projet à Edmond Tenoudji, président des films Marceau.

Je travaillai à trois versions successives de l'adaptation, avec trois scénaristes différents. J'approchais du but, mais n'étais pas entièrement satisfait. Je pensai alors à Roger Vaillant. Il accepta d'écrire les dialogues. Gérard Philipe et Jeanne Moreau signèrent pour les rôles principaux.

Restait à trouver l'actrice capable d'interpréter le personnage de l'épouse modèle, d'une angélique beauté, qui sacrifiait honneur et religion à sa passion et en mourait.

Avec la même ingénuité qui m'avait conduit au mariage, Annette me fit deviner qu'elle voulait être actrice. Travailler ensemble ne pouvait que nous rapprocher. Elle s'inquiétait de passer sa vie à la maison, attendant le retour du metteur en scène, telle Pénélope le retour d'Ulysse. Et d'ailleurs, elle ne savait pas tricoter.

Annette était physiquement si parfaite pour le rôle que je décidai de faire un essai. Elle était loin d'être une actrice, mais son accent, son charme, sa malléabilité me convainquirent qu'elle pouvait tenir le rôle. Gageure difficile car elle allait avoir en face d'elle deux des plus grands acteurs du cinéma français.

Brigitte avait tourné sous la direction de Claude Autant-Lara un excellent film : *En cas de malheur.*

Son partenaire était Jean Gabin. Les critiques se régalaient déjà à l'idée de la jolie poupée avalée par l'ogre. Ils furent déçus. Le talent de Gabin n'enterra pas la spontanéité de Brigitte. Pour la première fois on parla des qualités d'actrice de Brigitte Bardot et pas seulement de ses charmes.

Tandis que je terminais *Les Liaisons dangereuses*, Brigitte tournait *Babette s'en va-t-en guerre*. Son partenaire était un jeune premier qui commençait à se faire un nom, Jacques Charrier. Une fois de plus, elle tomba amoureuse.

Fin mai, elle me téléphona.

« Vadim, il faut que je te voie. »

Si elle m'appelait Vadim, c'était sérieux.

« Tu veux dire qu'on dîne ensemble ? demandai-je.

— Non. Pas de restaurant. Si Jacques l'apprend, ce sera la sérénade. »

Nous décidâmes de nous retrouver porte de la Muette, côté bois de Boulogne.

« Tu pourras me reconnaître, dit Brigitte, je tiendrai une rose jaune à la main. »

J'arrivai à l'heure convenue au volant de ma Ferrari. Brigitte m'attendait déjà. Elle sortit de sa voiture chaudement vêtue : le temps était pluvieux et froid. Elle monta à côté de moi dans la Ferrari.

« Voilà, c'est arrivé, dit-elle.

— Tu es enceinte ?

— Depuis plus d'un mois. »

Je démarrai, passai la seconde et roulai doucement en direction du bois.

« Personne ne comprend ma trouille d'être mère, dit-elle. Ni les parents, ni les copains. Il n'y a qu'à toi que je peux en parler. »

Elle se tourna vers moi, me fixa un long moment et dit :

« Et si j'étais un monstre ?

– Parce que tu as peur des enfants?

– Oui. J'aime les chiens, les chats, les souris, les colombes, j'ai peur des enfants.

– Avoir peur ne veut pas dire qu'on n'aime pas. »

Après un bref silence, j'ajoutai :

« Est-ce que tu t'aimes? Je veux dire, est-ce que tu te respectes? »

Un autre silence.

« Je me trouve mieux que les trois quarts des êtres humains.

– Tu n'aimes pas les hommes? Je veux dire l'Homme, le genre humain.

– Je les trouve cruels... Les plus grands sont souvent les plus minables. Je n'ai jamais oublié qu'Eisenhower, le sauveur de l'Europe, a assassiné les Rosenberg.

– Mais tu aimais les Rosenberg.

– Parce que c'étaient des victimes. Je ne les connaissais pas. »

Elle regardait mon tableau de bord.

« Elle coûte combien, ta Ferrari?

– Dans les 150 000 francs.

– 150 000 francs et tu n'as pas de radio? Tu t'es encore fait avoir.

– Je l'ai payée 15 000 francs.

– Tu l'as volée?

– Non. Publicité. Je vais courir le tour de France automobile avec Bourillot dans huit jours.

– Tu es fou? Je te l'interdis absolument. »

Elle rit et ajouta :

« Pardon, j'oubliais qu'on n'est plus mariés. »

Nous roulions le long du lac.

« Arrête », dit Brigitte.

Elle quitta la voiture et s'avança vers l'eau piquetée de gouttes de pluie. Elle sortit des poches de sa gabardine des miettes de pain sec qu'elle jeta au canards.

J'étais resté au volant.

Le 18 juin, Brigitte épousait Jacques Charrier à Louveciennes.

Le 11 janvier 1960, elle mettait au monde un garçon, Nicolas.

16

De Gaulle se retrouvait à la tête d'un pays traumatisé par deux guerres impopulaires et un changement de République qu'il venait de faire plébisciter. De l'autre côté de la Méditerranée, l'inquiétude tournait à l'angoisse et les protestations à la révolte ouverte. On parlait d'un raid des parachutistes d'Alger sur Paris. Les tanks bloquaient les aéroports d'Orly et du Bourget. Le gouvernement siégeait en session extraordinaire depuis trois jours.

Sur les Champs-Elysées, neuf cents personnes s'étaient amassées devant les grilles fermées du Colisée. Le Colisée n'était pas une caserne, mais la salle de cinéma la plus moderne de Paris. Dans cette foule, parmi des douzaines d'autres visages célèbres, je rencontrai Audrey Hepburn et son mari, Mel Ferrer, qui me demandèrent si la révolution avait finalement éclaté. Ils tenaient à la main une invitation pour la première de mon film, *Les Liaisons dangereuses.*

« Non, dis-je. Ces gens ne sont pas de dangereux agitateurs, ce sont mes invités. Le gouvernement a décidé d'interdire la projection. »

Les censeurs, depuis *Et Dieu créa la femme...*, n'avaient pas cédé de terrain. Au contraire. Avec la

Ve République du général de Gaulle, la rigueur morale était plus que jamais à l'ordre du jour.

La bataille commença par un procès que m'intenta la Société des Auteurs. « On ne touche pas au patrimoine classique français », disaient-ils à propos de ce livre dont la vocation avait été, précisément, de secouer la morale et les faux moralistes de son temps.

L'avocat de la production, qui ne plaidait qu'exceptionnellement, s'appelait François Mitterrand. Il gagna le procès, qui fait aujourd'hui jurisprudence.

Le film passa ensuite en censure et fut frappé d'interdiction.

Edmond Tenoudji, le producteur, était – cela se comprend – consterné. Mais nous avions un recours légal : le ministre de la Culture possédait le pouvoir discrétionnaire d'annuler la décision de la commission de censure. Je proposai de présenter le film à André Malraux, ministre des Affaires culturelles du gouvernement de de Gaulle. Malraux visionna le film, l'aima beaucoup, mais, compte tenu du contexte politique de l'époque, refusa de prendre une décision sans l'accord d'un certain nombre de ses collègues.

Les invitations pour la première, prévue le mercredi suivant, furent envoyées au Tout-Paris des arts, de la politique et du journalisme.

Mardi, à midi, nous fûmes informés que la projection prévue pour le gouvernement n'aurait lieu que jeudi à neuf heures du matin. Tenoudji voulut annuler la première.

« Comment pourrez-vous prévenir neuf cents personnes ? lui fis-je remarquer.

– Par téléphone, par la radio...

– Non, laissez faire. Les invités reviendront si le

film est autorisé jeudi. Pouvez-vous rêver d'une meilleure publicité?

– Et s'il y a bagarre. Ils vont envoyer les flics. Je sais que le ministre de l'Intérieur ne veut pas du film. Ils vont utiliser l'excuse du désordre sur la voie publique pour l'interdire à jamais. »

C'était un argument de poids mais je persistais à croire qu'il fallait accepter le risque.

J'appelai Maurice Papon, le préfet de police de Paris, qui accepta de me rejoindre au bar de l'Elysées-Matignon. (Je possède dans mes archives une photo prise au cours de cette rencontre.) Je lui dis qu'il était trop tard pour annuler la soirée. Dans l'état d'énervement des Parisiens, des agents armés gardant les grilles fermées du Colisée risquaient de provoquer de sérieux désordres.

« Je suis obligé d'envoyer cinquante flics, me dit Papon. Ordre du ministre.

– Est-ce qu'il a précisé qu'ils devaient être en uniforme? »

Maurice Papon était un homme cultivé, un humaniste d'une rigueur intellectuelle qu'on n'attend pas forcément d'un chef de la police. Il me promit qu'il n'y aurait pas un flic en uniforme devant le Colisée. Il enverrait cinquante de ses hommes en civil.

Le lendemain, malgré la foule et la tension régnant à Paris, il n'y eut pas d'incident.

Le jeudi matin, neuf ministres visionnèrent mon film. Séance de cinéma historique si l'on considère que le gouvernement était assis sur une bombe prête à exploser. Par cinq voix contre quatre, le jury m'acquitta. *Les Liaisons dangereuses* reçut son visa d'exploitation.

Le record de recettes d'un film en exclusivité à Paris fut pulvérisé.

176

Annette aussi sortait gagnante de l'aventure. Elle avait tenu sa place sans fausse note dans une distribution remarquable : Gérard Philipe, Jeanne Moreau, Boris Vian et Jean-Louis Trintignant (oui, j'avais donné une nouvelle chance à Trintignant, revenu du service militaire).

Annette avait pris son nouveau métier d'actrice au sérieux.

Nous tournions encore à Billancourt quand un jeune homme, vêtu d'une veste chiffonnée et d'un pantalon impossible à décrire, m'aborda au bar du studio. Il portait des lunettes teintées bien avant la mode des vedettes du rock. Il bafouilla son nom, que je n'eus pas l'impolitesse de lui faire répéter.

« J'ai un rôle pour votre femme », me dit-il.

J'ai toujours été ouvert aux jeunes gens ou jeunes filles qui rêvent de réussir dans la jungle du cinéma, et malgré la pression que je supportais sur le plateau, je pris le temps de lui parler.

« Vous avez le scénario ?

– Oui », dit-il.

Il me tendit une pochette d'allumettes qu'il déplia. Je déchiffrai quelques mots : *Lui un voyou. Obsédé par les héros des films américains. Elle a un accent. Elle vend le* New York Herald Tribune. *Ce n'est pas vraiment l'amour, c'est l'illusion de l'amour. Ça finit mal. Enfin ça finit bien. Ou ça finit mal.*

– C'est le scénario ? dis-je.

– Oui ». Il ajouta : « J'ai déjà fait des documentaires. Je suis un génie. »

J'avais rencontré des centaines de farfelus, tous futurs génies. Mais lui, j'avais tendance à le croire.

Il avait commandé un café et sortit de sa poche un morceau de sucre qu'il laissa tomber dans sa tasse.

« Je vole les sucres dans les cafés », me dit-il.

Il avait devant lui une soucoupe pleine de morceaux de sucre. Apparemment, les sucres volés avaient meilleur goût.

« Je vais parler à Annette », dis-je.

Il me tendit la pochette d'allumettes :

« Montrez-lui le scénario. »

Sur le plateau je parlai à Annette.

« Il y a un type qui te propose un film.

– Qui ça?

– Je ne sais pas. Il a l'air de savoir ce qu'il veut. »

Elle avait lu que les vedettes ou les grands acteurs n'acceptaient jamais un film sans lire le scénario.

« Il a un scénario?

– Oui. »

Je lui montrai la pochette d'allumettes. Elle éclata de rire.

« Tu devrais lui parler, dis-je.

– Tu te moques de moi? »

Je tournai le plan et revins au bar. Le jeune homme aux lunettes était toujours là.

« Elle veut un scénario dialogué, lui dis-je.

– Ah! oui... C'est normal. »

Il attrapa une poignée de sucres dans la soucoupe, se leva, me remercia et partit.

Mon assistant, Jean-Michel Lacor, qui venait me chercher, demanda :

« Tu le connais?

– Non.

– C'est Jean-Luc Godard. »

Je regrettai de ne pas l'avoir remercié de sa critique de *Sait-on jamais?*. Le scénario rédigé sur la pochette d'allumettes allait s'appeler *A bout de souffle*, avec Jean-Paul Belmondo et Jean Seberg dans le rôle proposé à ma femme.

J'imaginai pour le prochain film d'Annette un rôle de dame vampire. Dans ce genre de personnage, sa beauté pourrait dissimuler son manque de métier.

Après le succès des *Liaisons dangereuses*, je reçus beaucoup d'offres et j'aurais pu mettre en scène un film de réputation internationale avec de grands noms d'acteurs. Je n'en fis rien. L'amour est aveugle, dit-on. Quand la cécité s'ouvre sur tant de beauté, comment résister?

En janvier 1960, je commençai à Rome le tournage de *Et mourir de plaisir* avec Annette Vadim, Elsa Martinelli et Mel Ferrer. Œuvre baroque, un peu en avance sur son époque, qui reçut malgré tout un bon accueil d'une partie du public pour ses qualités esthétiques.

J'appris pendant le tournage, par les journaux, la naissance du fils de Brigitte Bardot. J'étais curieux de savoir comment elle réagissait à son nouvel état de maman.

Le dernier plan du film tourné, je décidai d'aller skier quelques jours à Klosters, en Suisse, avant de rentrer à Paris pour le montage. J'avais retenu des chambres à la Chesa Kiruna, un hôtel confortable et très romantique, et ne compris pas pourquoi Annette montrait si peu d'enthousiasme à l'idée de ce voyage.

Une semaine après notre arrivée à Klosters, il se mit à neiger. Serge Marquand, mes amis écrivains Peter Viertel et (feu) Irving Shaw, ainsi qu'une charmante Italienne, la *contessa* H., et moi décidâmes d'aller skier malgré tout. A trois mille mètres d'altitude, la visibilité était quasi nulle et, ce qui n'arrangeait rien, j'avais oublié mes lunettes. Croyant suivre les traces de Serge Marquand, je sautai une falaise et me retrouvai en chute libre. Je m'écrasai trente mètres plus bas dans la neige profonde. J'étais intact, à l'exception de ma cheville droite brisée en plus de dix endroits.

Je passe sur le sauvetage en pleine tempête, le retour à la station et la séance chez le docteur qui se contenta de plâtrer la cheville.

J'ai vécu en montagne, j'ai fait partie deux hivers des espoirs de l'équipe de France de ski et connais bien les problèmes de fractures osseuses. Si je voulais sauver ma cheville, une seule solution, me faire examiner d'urgence par un grand spécialiste. Les vols vers la France étant complets pour deux jours, la *contessa* H. appela à Milan son ami Giani Agnelli, propriétaire des usines Fiat. Il envoya son avion personnel à Zurich. Quelques heures plus tard, j'arrivais à la clinique du professeur Robert Judet, à Paris. Il m'examina aussitôt.

« Deux solutions, dit-il. L'opération classique – vous retrouverez de dix à vingt pour cent du mouvement de la cheville – ou j'essaie sur vous une nouvelle méthode qui peut vous rendre la quasi-totalité de votre mouvement.

– Il n'y a pas à hésiter, dis-je.

– Je n'ai encore expérimenté que sur des singes, précisa Judet. Vous serez mon premier cobaye humain. »

Je décidai de servir de cobaye.

L'opération dura plus de quatre heures. Quand je m'éveillai au milieu de la nuit, j'étais seul dans ma chambre. J'appelai la maison. Ce ne fut pas Annette mais Mlle Millet, la nanny de Nathalie, qui répondit.

« Madame est partie avec notre puce. (Elle appelait ma fille « la puce ».) Elle a pris le Train Bleu. Pour Saint-Tropez, je crois. »

Etaient-ce les effets secondaires du penthotal ? La vérité m'apparut soudain, lumineuse, évidente. La note de téléphone extravagante de Rome – c'était la

180

production qui payait et je n'y avais pas prêté suffisamment d'attention –, l'humeur changeante d'Annette, son manque d'enthousiasme à l'idée du séjour à Klosters, tout convergeait vers un nom : Sacha Distel. Ce jeune chanteur dont on parlait beaucoup depuis quelques mois avait été souvent vu en compagnie d'Annette lors de mon dernier voyage aux U.S.A. A mon retour, j'avais demandé à ma femme si ces rencontres étaient tout à fait innocentes. Annette avait éclaté de rire.

« Tu es fou! Sacha est un bon copain, c'est tout. »

Ce « bon copain » avait déjà attiré l'attention de la presse. On l'avait beaucoup vu en compagnie de Brigitte Bardot. Ed Sullivan lui avait proposé de venir à New York pour chanter dans son show. Mais ce ne fut pas le jeune chanteur de charme français, Sacha Distel, que Sullivan présenta à soixante millions de téléspectateurs américains, ce fut « l'homme le plus veinard du monde, celui qui tient Brigitte dans ses bras ». Je lui laisse la responsabilité de ce commentaire.

Immobilisé sur mon lit d'hôpital, je tournais et retournais ces images dans ma tête. Sacha semblait montrer un penchant marqué pour mes femmes. Hommage à mon bon goût dont je me serais volontiers passé. Je déliai la langue de quelques amis venus s'enquérir de ma santé. Ils me confirmèrent la nouvelle : Annette avait quitté Paris pour la Côte d'Azur en compagnie de Sacha Distel. « Elle aurait pu choisir une meilleure occasion », pensai-je.

« Que vas-tu faire? » me demanda Claude Brulé.

Claude, journaliste à *Paris-Presse*, était un grand ami.

« Je vais divorcer », lui répondis-je.

La nouvelle, le lendemain, faisait la une des journaux.

Le surlendemain, Annette était de retour à Paris. Elle avait sauté dans le premier avion après avoir lu *Nice-Matin*. Elle entra dans ma chambre avec Nathalie et pleura.

« Pipfugl, ce n'est pas possible, tu ne vas pas nous abandonner. »

Je sortis de l'hôpital dix jours plus tard, sur deux béquilles, ne sachant encore si ma cheville allait réagir à l'opération avec la même bonne volonté que les chimpanzés passés sous le bistouri de Robert Judet.

Je venais de louer un appartement au neuvième étage d'un immeuble moderne, avenue Ingres, dont les fenêtres donnaient sur le bois de Boulogne. La vie reprit avec Annette et la Puce comme si rien ne s'était passé. Avec une candeur admirable, elle devenait férocement jalouse et m'arrachait des mains le dernièr *Vogue* quand je regardais avec trop d'intérêt la photo d'un ravissant modèle.

En mai, Brigitte commença le tournage de *La Vérité* sous la direction d'Henri-Georges Clouzot. Celui-ci appartenait à cette race de metteurs en scène qui se croient obligés de stimuler le talent de leurs interprètes en les martyrisant. Sa cruauté s'exerçait plus spécialement à l'égard des actrices. Avec Brigitte, il était mal tombé. Le troisième jour de tournage, au milieu d'un plan, il la saisit par les épaules et la secoua violemment en hurlant :

« Je n'ai pas besoin d'amateurs dans mes films. Je veux une actrice! »

Brigitte ne supportait pas d'être bousculée physiquement. Que l'agresseur soit un génie ne l'impressionnait pas. Elle balança une paire de claques retentissantes sur les joues du maître, sous les yeux de l'équipe pétrifiée et répondit :

« Et moi j'ai besoin d'un metteur en scène. Pas d'un malade. »

Là-dessus, elle quitta le plateau.

Comme beaucoup de sadiques, Clouzot ne résistait pas aux délices du masochisme. Peu de temps avant sa mort, il m'avoua : « C'était la première fois qu'une femme me giflait en public. J'ai adoré. »

Le tournage se poursuivit sans nouveaux affrontements physiques. Mais il était dur, exigeant, et Brigitte souffrit beaucoup de cette dictature inhabituelle pour elle. Au point qu'elle convoqua un jour au studio un jeune journaliste, Pierre Rey, et lui annonça son intention de renoncer au cinéma.

« Est-ce une confidence, demanda Pierre, ou une information ?

– Une décision définitive. Tu peux l'écrire. »

Le lendemain, l'article de Pierre Rey parut sous le titre : « Brigitte Bardot renonce au cinéma. » Elle appela alors un autre journaliste, Paul Giannoli, et lui dit :

« Je veux que tu démentes cette information. Je n'ai aucune intention de me ranger des voitures. »

Du pur Brigitte. Elle était sincère en affirmant à Pierre Rey qu'elle ne voulait plus être actrice; sincère aussi, vingt-quatre heures plus tard, en disant à Giannoli que c'était faux. Elle avait simplement changé d'avis.

Sa vie sentimentale subissait les mêmes à-coups. Pendant *Et Dieu créa la femme*... elle était tombée amoureuse de Trintignant; pendant *Babette s'en va-t-en guerre* elle était tombée amoureuse de Charrier et l'avait épousé; pendant *La Vérité*, si je devais croire la presse, elle était tombée amoureuse de son jeune partenaire.

Samy Frey avait tout pour séduire. Regard intense, sourire timide et dévastateur, le charme d'un ange noir.

Elle me demanda de passer la voir au studio. « C'est donc qu'elle va mal », pensai-je. Brigitte ne m'appelait jamais pour dire bonjour ou annoncer une bonne nouvelle.

Je la trouvai dans sa loge, en peignoir, les pieds sur sa table de maquillage. Elle mangeait un sandwich œuf dur-laitue, accompagné d'un verre de gros rouge.

« Mon Vava, c'est gentil de venir me voir. »

Je l'embrassai.

« Finalement, ils ne t'ont pas coupé la jambe, ajouta-t-elle (je marchais encore avec une canne). Je t'ai commandé ton caviar et ta vodka. »

Je remarquai sur une table 125 grammes de Beluga gris de chez Petrossian et une petite bouteille de Wiborowa.

« Le mec me tue... »

Je devinais qu'elle parlait de Clouzot.

« On peut être bon metteur en scène sans faire autant chier les gens, reprit-elle. Quel âge a ta fille ?

— Deux ans et demi. Quel effet ça te fait d'être mère ?

— Croira qui veut, pour l'instant aucun. J'attends que Nicolas grandisse pour me faire une idée de nos relations. »

Après ma troisième cuillerée de caviar, elle se mit à parler de son réel problème. Son cœur lui jouait de nouveaux tours mais elle ne supportait pas l'idée de quitter son mari.

Elle se leva et le peignoir s'entrouvrit sur ce corps parfait que la maternité n'avait en rien changé. La taille défiait toujours les lois de la gravité, le ventre était tendre, ni plat, ni trop arrondi, les cuisses fermes, longues... Elle me dit :

« Mon Vadim, je suis si malheureuse. »

La star n'avait pas encore avalé la petite Brigitte.

Odette, la maquilleuse confidente, entra dans la loge et s'inquiéta du rimmel qui avait coulé. Dix minutes pour réparer les dégâts.

Je ne pouvais rien pour Brigitte. Elle ne désirait d'ailleurs pas de conseils. Elle voulait se plaindre et se laisser consoler sans être jugée. C'est pour cette raison qu'elle me restait attachée. Je la prenais comme elle était, je ne la jugeais pas.

Ma jolie Danoise n'oubliait toujours pas Sacha Distel. Elle faisait pourtant de louables efforts mais son potentiel de volonté avait la légèreté d'une plume au vent. Annette était un manuel ambulant de bonnes intentions qu'elle parvenait rarement à mettre en pratique.

J'avais ébloui cette jeune fille très courtisée mais simple de nature, je l'avais entraînée dans un monde qu'elle croyait comprendre et qui la dépassait. J'avais fait d'elle une vedette et elle confondait son talent avec ses photos dans les magazines. Elle se montrait vulnérable aux conseils de ces faux amis experts dans l'art de démolir l'équilibre toujours fragile d'un couple. « Tu n'es que l'ombre d'un metteur en scène célèbre, lui disaient-ils. Il faut que tu prennes ta vie dans tes mains. » Avec Sacha Distel, elle pensait affirmer son indépendance et connaissait l'ivresse du pouvoir. Elle subissait les premières attaques de cette fameuse crise d'identité de la femme très à la mode durant les années 60. Elle détestait, et je la comprenais, l'idée d'être toujours associée à l'image de B.B. Elle était aux yeux du monde ma création et se voulait déesse à part entière. Mais le métier de déesse, comme les autres métiers, s'apprend et se mérite. Ça, elle l'oubliait. Ou plutôt ne le comprenait pas.

Espérant que le temps lui donnerait une plus sage image du monde et d'elle-même, je lui proposai de m'accompagner à Tahiti où je devais faire un voyage de repérage pour la Paramount. Il s'agissait d'un projet basé sur le roman de Sterstevens : *L'Ile aux palmiers.*

Ce voyage fut une très belle aventure. La bombe atomique française et le film de Marlon Brando *Les Révoltés du Bounty* n'avaient pas encore pollué les Tahitiens ni leurs îles. Un grand voilier nous emporta, Annette et moi, pour trois semaines, de paradis en paradis. De Papeete à Wahine, de Wahine à Moorea, de Moorea aux atolls des Tuamotu.

Mais la petite Danoise n'oubliait pas son guitariste. Dans notre faré de Papeete, à la veille de reprendre l'avion pour Paris, je la sentais absente, ses yeux trop bleus envahis de nuages.

« Tu es malheureuse ? lui demandai-je.

– Non.

– Si tu ne m'aimes plus, dis-le. Ce n'est pas un péché.

– Je t'aime, me dit Annette. Tu es ma vie. Tu es ma famille. »

Le 28 septembre, *Et mourir de plaisir* fut présenté à Paris. Après la projection, plutôt bien reçue, les invités furent conviés chez Maxim's. Soirée exceptionnellement brillante. Le Tout-Paris s'amusait de souper avec une ravissante femme-vampire.

« J'adore ce cannibale à la peau si rose, me dit Salvador Dali. Est-ce qu'elle sonne l'heure? »

Il se tourna vers André Malraux pour lui parler de la « peau » des pierres.

« Imaginez Notre-Dame en blanc. »

Je ne sais si ce soir-là Dali inspira Malraux mais dans l'année qui suivit, le ministre des Affaires culturelles donna l'ordre de décaper les monuments de la capitale. Et Paris rajeunit de plusieurs siècles.

Annette s'était levée pour aller aux toilettes. J'appris plus tard qu'elle avait téléphoné à Sacha Distel. A son habitude, la radieuse Danoise s'était éclipsée sans me laisser un mot. Je ne suis pas sexiste, mais trouvai néanmoins qu'être femme n'excusait pas ce genre de procédé.

Et cet aveu me coûte : j'étais malheureux.

A la même heure, Brigitte voulait mourir. Elle supportait de moins en moins bien la rançon de sa gloire : cette curiosité de la foule qui la suivait partout. Elle aimait son mari et ne l'aimait plus; elle aimait son amant et ne savait pas si elle l'aimait vraiment. Et le tournage de *La Vérité*, avec Clouzot, l'avait épuisée. Chaque année, le 28 septembre était pour elle une épreuve, son anniversaire la déprimait. Elle fêtait ses vingt-six ans dans une villa près de Nice. Elle était entourée d'amis mais la grande maison lui semblait déserte. Ni Samy, ni Jacques n'étaient là. Elle avala une dose mortelle de somnifères, se tailla les veines et courut dans la nuit. Elle ne désirait pas être sauvée.

Tandis que Brigitte titubait dans le grand parc et s'effondrait sur la margelle d'un puits, je rentrais seul dans l'appartement de l'avenue Ingres.

Un peu ivre, je me laissai tomber sur le divan du salon et m'endormis, remettant au lendemain le soin de s'occuper de mes problèmes. Je n'eus aucune prémonition de la mort qui s'emparait déjà de la petite Sophie.

Durant la nuit, un gamin de treize ans, Jean-Louis, découvrit Brigitte ensanglantée sur la margelle du puits.

La tentative de suicide de Brigitte ne pouvait désormais rester secrète. Je l'avais jadis protégée, mais cette fois-ci je ne pouvais rien.

Des photographes essayèrent de forcer les portes de l'ambulance qui la conduisait à l'hôpital. Quelques minutes pouvaient décider de sa vie. Mais une photo exclusive valait 20 000 francs. Si elle mourait, le triple. Un journaliste de *France-Dimanche* bloqua la route avec sa voiture. Il parvint à sauter dans l'ambulance.

« Elle ne peut pas parler, dit l'infirmier. Elle est dans le coma. »

A cet instant, un son bizarre sortit des lèvres de Brigitte : « Vrrche... » C'était un râle mais le journaliste s'écria :

« Elle a dit " Charrier ".

Elle arriva à temps à l'hôpital.

Le lendemain un grand titre :

Mourante, Brigitte a murmuré le nom de son mari.

L'écroulement de la tour Eiffel n'aurait pas fait autant de bruit dans les salles de rédaction.

Charrier : j'aurais dû comprendre qu'elle avait déjà décidé de mourir.

Les vrais responsables du suicide de Brigitte.

Clouzot l'oblige à tuer et à mourir.

Je cite quelques titres relevés en première page des journaux français, mais la presse étrangère ne fut pas en reste.

En Amérique, John F. Kennedy était en pleine campagne électorale contre Nixon, l'explosion de la première bombe atomique française agitait l'O.N.U.,

188

mais pendant plus d'une semaine, la tentative de suicide de Brigitte Bardot resta au premier plan de l'actualité.

Les raisons de son suicide manqué furent exploitées, expliquées, parfois intelligemment analysées. Pas un journaliste ni un psychologue, cependant, ne cerna réellement la vérité. Ils ne pouvaient savoir qu'à seize ans, avant que le succès ne bouleverse sa vie, avant la faillite de ses mariages, avant ses ruptures successives, avant la naissance de son enfant, avant la tension nerveuse engendrée par des tournages parfois pénibles – ils ne savaient pas qu'à seize ans, elle avait déjà pensé à la mort. Ce n'était donc ni le cinéma, ni la célébrité, ni l'angoisse d'avoir à choisir entre deux amours qui étaient seuls responsables de son geste. Quand un poète se tue, on parle du « mal de vivre ». Brigitte souffrait aussi du mal de vivre.

DEUXIÈME PARTIE

CATHERINE DENEUVE

17

DEUX filles dansaient ensemble.

L'une très à son aise, consciente des regards posés sur elle, l'autre à la fois inquiète et provocante.

L'une s'appelait Françoise Dorléac, jeune actrice déjà consacrée et que la critique comparait à une Katharine Hepburn française. L'autre, de deux ans sa cadette, cheveux bruns coupés assez court sur les épaules, s'appelait Catherine Deneuve. Les hommes n'avaient d'yeux que pour la glorieuse et très ravissante Françoise. C'était la petite Catherine, sa sœur, qui m'intéressait.

L'Epi-Club où je passais la soirée était le nouvel endroit « in ». Au rez-de-chaussée on pouvait acheter fruits et légumes. Un escalier menait à la disco en sous-sol. Montparnasse, sans détrôner Saint-Germain-des-Prés, connaissait un regain de mode.

Quand les deux sœurs quittèrent la piste de danse, un curieux phénomène se produisit. Françoise, sûre d'elle-même, élégante, aimable avec les gens qui se levaient de table pour lui parler, n'avait en rien modifié son attitude, mais Catherine me fit penser à un bernard-l'ermite soudain rentré dans sa coquille. Déchaînée quelques secondes plus tôt, elle était devenue transparente. Les regards dirigés vers sa sœur la traversaient comme la lumière traverse une vitre. Cette métamorphose me fascinait. J'étais seul à la trouver plus jolie que sa sœur. Dix ans plus tard, la presse allait lui décerner le titre de « plus belle femme du monde »...

Je n'avais pas besoin de la consécration de l'écran et des photos qui seraient un jour diffusées dans le monde par Chanel n° 5, pour savoir que ce nez délicat, ce regard froid mais intense, cette bouche aux lèvres finement dessinées, d'un classicisme parfait, étaient l'image même de la beauté romantique.

La gloire, le charme et l'intelligente personnalité de Françoise Dorléac jetaient une sorte d'ombre sur cette merveille à peine éclose. Catherine, elle-même, était persuadée n'être qu'une pâle image de sa sœur aînée qu'elle admirait, adorait et respectait sans en être jalouse. En de brefs instants, cependant, sa dynamique éclatait. Je venais d'en avoir un exemple sur la piste de danse.

Jean-Michel Lacor, mon assistant devenu mon ami, connaissait bien les deux sœurs. Elles vinrent s'asseoir à notre table. Je parlai à Françoise de ses divers projets. Catherine nous observait mais n'ouvrit pas la bouche.

Il était déjà tard et Françoise qui travaillait le lendemain se leva pour partir. Je devinais que le badinage ou l'humour forcé n'étaient pas de mise avec Catherine. Je lui dis simplement :

« J'aimerais beaucoup vous revoir.

– Je serai au studio de Billancourt demain après-midi sur le plateau où tourne ma sœur », répondit-elle.

Nous nous serrâmes poliment la main et elle s'éloigna.

Souvent, lors d'un accident brutal, on ne réalise pas sur le coup qu'on est blessé. Ainsi de certaines

194

rencontres qui vont changer une vie. Deux heures plus tard seulement, rentré à la maison, je compris à quel point le visage de Catherine m'avait impressionné. Je finis par m'endormir.

Vers huit heures, Nathalie se glissa dans mon lit. Elle possédait un excellent vocabulaire pour une petite fille de trois ans.

« Surtout ne te réveille pas », dit-elle.

Elle me mit un doigt dans l'oreille.

« C'est drôle qu'on écoute avec un trou. »

Un silence.

« Surtout ne te réveille pas. »

Un silence.

« Dommage que tu dormes.

– Pourquoi? demandai-je.

– Je t'ai fait un dessin. »

Elle me posa sur le nez une feuille de papier.

La journée commençait. Trop tôt à mon goût car je n'avais dormi que trois heures et un peu abusé du whisky.

Huit jours après la fameuse soirée chez Maxim's, Annette était rentrée au domicile conjugal. Quand elle débarqua avenue Ingres, ses valises à la main, se prétendant dévastée par le remords, je ne lui fis pas de reproches et ne posai pas de questions, ce qu'elle prit pour un manque total de galanterie de ma part. Je savais qu'elle allait repartir un jour ou l'autre et me refusais à jouer au mari jaloux et passionné.

Comme je l'avais prévu, deux semaines seulement après son retour, elle fit ses valises et décida de se rendre à Rome où on lui proposait un film.

Ma compréhension, ma tolérance à l'égard d'Annette – attitude que mes amis considéraient comme une forme de laxisme et de lâcheté – trouvèrent leur justification quand elle décida de me laisser Nathalie.

« Tu l'aimes trop, dit-elle. Je t'ai fait assez de mal. Je ne peux pas te l'enlever. »

Certains pensèrent : « Mauvaise épouse, mauvaise mère. » Rien de plus injuste. Elle aimait vraiment sa fille. Elle pensait sincèrement que Nathalie serait plus heureuse près de moi. Son avenir comportait trop d'inconnues. Je ne peux m'empêcher de penser à Meryl Streep dans le film *Kramer contre Kramer*. (Elle laisse son fils à son mari, craignant de ne pouvoir assumer à la fois une existence de femme indépendante et ses devoirs de mère. Et pourtant, elle adore son petit garçon.) « Tu es autant une mère qu'un père », m'avait souvent répété Annette.

Arrivée à Rome, elle fut traitée en reine par les Italiens. Quelques mois qui furent sans doute les plus glorieux de son existence de femme libre.

J'avais vécu avec Annette les années les plus insouciantes et les plus joyeuses de ma vie. C'était une femme gaie, amusante, qui aimait son intérieur mais acceptait les amis à n'importe quelle heure du jour ou de la nuit. Et mes amis l'adoraient. Quand elle me quitta, je fus surpris de souffrir davantage de cette séparation que de mon divorce avec Brigitte. Etait-ce la répétition d'une faillite ? Une blessure s'ouvrant pour la seconde fois ?

Deux mois après le départ d'Annette pour Rome, le plaisir que j'éprouvais à l'idée de revoir la ravissante apparition de l'Epi-Club était un signe : je sortais de convalescence.

J'aperçus Catherine dans un couloir mal éclairé, derrière le plateau C. Elle était vêtue d'un chemisier blanc, d'une jupe en drap et tenait à la main un sac un peu chiffonné. Quand elle me vit, elle leva la tête et sans changer d'expression, continua de marcher vers moi du même pas égal.

L'ambiance d'une boîte de nuit, l'optimisme encouragé par quelques verres d'alcool parent souvent les femmes d'une beauté éphémère. La beauté de Catherine n'était pas à la merci d'une fluctuation de lumière ou d'un changement de décor.

« Ah! bonjour », dit-elle.

Tandis que nous marchions vers le bar, elle ajouta :

« J'espérais votre venue. »

Catherine s'exprimait toujours dans un français parfait.

Nous passâmes plus de deux heures à bavarder au bar-restaurant du studio. Catherine se méfiait de moi, ou plutôt de ma réputation. Elle s'attendait à un homme cynique, superficiel et sans doute intelligent. Elle découvrit que j'étais plutôt tendre et que je savais écouter. Elle avait de l'humour et le sens de l'absurde. Une qualité plus anglo-saxonne que latine et inhabituelle chez une fille de dix-sept ans.

Françoise Dorléac, à la fin du tournage, fit une entrée remarquée dans le bar, se jeta sur sa sœur pour l'embrasser, me dit à peine bonjour et repartit.

Quand nous quittâmes le studio et que Catherine monta dans ma voiture, je n'avais aucun plan. Je cherchai la clef dans ma poche et ne la trouvai pas. Après trois minutes de recherches discrètes mais frénétiques dans mes poches et sous le siège, Catherine éclata de rire.

« Une Ferrari sans clef, ça ne sert pas à grand-chose, dit-elle.

– J'ai dû la laisser tomber au bar », dis-je.

Le bar du studio était fermé.

197

« Appelons un taxi, dit Catherine.

– Je n'ai pas de sous, dis-je. J'ai oublié mon portefeuille à la maison...

– J'ai de quoi payer », dit Catherine.

Nous montâmes dans le taxi.

« Alors? » dit le chauffeur qui attendait l'adresse.

L'idée d'emmener Catherine avenue Ingres ne me plaisait pas. J'aurais pu entraîner une pute dans le lit que j'avais partagé avec Annette mais pas une femme dont je pensais être amoureux. Ethique aussi stupide et sexiste que possible, mais enfin c'était comme ça. Je me souvins que Christian Marquand n'était pas à Paris et savais où il cachait la clef de son studio.

« 15, rue de Bassano », dis-je au chauffeur.

Catherine régla le taxi. Nous passâmes devant la loge de Mlle Marie qui ne nous remarqua pas (elle s'était mise à boire). Nous montâmes l'escalier. Je trouvai la clef et nous entrâmes dans la chambre où l'abat-jour décoré par Jean Genet, un peu jauni, la tête inclinée, me rappela de vieux souvenirs.

Je fis bouillir de l'eau sur le radiateur électrique que j'avais couché sur le plancher et nous bûmes notre thé en flirtant.

Catherine avait dix-sept ans. J'en avais trente-deux. Mais l'âge ne nous séparait pas. Ni même l'expérience; les femmes comprennent beaucoup de choses avant de les avoir apprises.

Avant de quitter le studio, je proposai de passer chez moi :

« Je prends mon portefeuille et vous emmène dîner.

– Non. Je dois rentrer, dit Catherine. Je vous déposerai au passage. »

Dans le taxi, elle ne parla pas mais resta serrée contre moi. Nous nous embrassâmes sur les lèvres avant de nous quitter.

198

Il était encore tôt, à peine dix heures. Nathalie venait d'être prise d'une de ces quintes de toux violentes dont elle était coutumière. Enfant, j'avais subi la même torture. Les docteurs s'étaient escrimés en ordonnances sans résultat; seul le lait chaud au miel, parfois, me calmait. Je fis boire à Nathalie un bol de lait au miel et lui racontai son histoire favorite, l'histoire de Melchior, le dauphin mélancolique, qui avait appris à lire et voulait convaincre le président de la République d'accepter les enfants dauphins à l'école communale. (Je subis plus tard les conséquences de ce conte éducatif : Nathalie refusa d'entrer dans une école maternelle parce qu'elle ne comptait pas de dauphins parmi ses élèves.) Vers trois heures du matin, elle finit par s'endormir.

A huit heures, en pleine forme, elle se glissait dans mon lit.

« Surtout, papa, ne te réveille pas. »

A huit heures quinze, nous prîmes le petit déjeuner dans la cuisine avec Mlle Millet.

A neuf heures, j'appelai Jean-Michel Lacor qui me donna le numéro de téléphone de Catherine.

Mme Dorléac me répondit et me passa sa fille de mauvaise grâce.

« Quand pourrai-je vous revoir? demandai-je à Catherine.

– Tout de suite. »

18

RENÉE DENEUVE décida de renoncer à sa carrière au théâtre après son mariage avec le comédien Maurice Dorléac. De cette union naquirent trois filles : Françoise, Catherine et Sylvie.

Le métier d'acteur, quand on n'est pas tête d'affiche, est l'un des plus ingrats du monde. Les périodes de chômage se succèdent; l'incertitude, l'angoisse du lendemain sont pain quotidien. Après la guerre, pour assurer la sécurité de sa famille, Maurice Dorléac devint spécialiste du doublage des films étrangers. En 1960, il dirigeait les auditoriums de la Paramount.

L'appartement du boulevard Murat, près de la porte de Saint-Cloud, était de dimensions modestes mais confortable. Un ascenseur typiquement parisien s'élevait dans un bruit de quincaillerie jusqu'au cinquième étage. La porte d'entrée ouvrait sur un couloir où l'on pendait son manteau. Un salon aux meubles sans style, mais accueillant, chargé de bibelots et de souvenirs, une petite salle à manger, une cuisine et trois chambres à coucher abritaient cette famille très unie et heureuse. Catherine et Françoise couchaient dans des lits superposés. (Je n'ai jamais songé à demander qui dormait en bas et qui dormait au-dessus.)

Françoise décida d'être actrice. Les fées penchées sur son berceau lui avaient donné la beauté, le talent et la chance nécessaire à toute réussite. A vingt ans, elle était déjà célèbre. Chaque soir, après les applaudissements au théâtre, ou après le tournage au studio, parfois après une soirée à l'Epi-Club, à l'Eléphant Blanc ou chez Maxim's, elle retrouvait son petit lit de bois. Catherine allait encore au lycée. Deux ans séparaient les sœurs mais elles s'aimaient comme des jumelles issues du même œuf.

Jacques Villa, un jeune metteur en scène, proposa un jour à Catherine un rôle dans son film. *Les Petits Chats*. Elle n'avait que quinze ans et n'envisageait pas une carrière d'actrice. L'admiration qu'elle vouait à sa sœur lui interdisait toute ambition personnelle dans ce domaine. Mais son père lui conseilla d'accepter.

« Deux semaines de tournage ne vont pas compromettre tes études. Tu verras si tu aimes ou non ce métier. »

C'est à cette occasion que Catherine prit le pseudonyme de Deneuve, nom de jeune fille de sa mère. Elle ne voulait pas gêner sa sœur en gardant le nom de Dorléac.

L'expérience ne fut ni positive, ni négative. *Les Petits Chats* ne sortit jamais sur les écrans. Un an plus tard, par jeu, Catherine accepta un « cameo[1] » dans un film de Françoise, *Les portes claquent*.

Quand je fis sa connaissance, elle venait de terminer sa première au lycée et n'avait pas d'idées très précises concernant son avenir.

Beaucoup de gens s'imaginèrent que Catherine, même sincèrement amoureuse, espérait aider sa

---

1. Apparition à l'écran (en général fort brève) d'une célébrité. Exemple : Hitchcock dans la plupart de ses films.

carrière en liant sa vie à celle d'un metteur en scène connu. Rien de plus faux. Même si elle avait pensé à l'époque faire du cinéma (ce qui n'était pas le cas), Catherine n'était pas du genre à utiliser les sentiments à des fins professionnelles. C'est une femme ambitieuse – une qualité – mais elle ne fut jamais une arriviste.

Dès notre second rendez-vous, j'oubliai mes grands principes et invitai Catherine avenue Ingres. Nous étions passés du salon dans la chambre à coucher dont elle observait d'un œil critique la décoration néo-danoise quand le téléphone sonna. C'était Brigitte.

« Vadim, il faut que tu me sauves la vie.

– Est-ce que je peux te rappeler demain ? demandai-je. Je suis occupé.

– Non. Je te passe Francis. »

Francis Cosne était un important producteur et un ami. Il m'avait connu apprenti scénariste mais je n'avais jamais travaillé pour lui.

« Nous sommes dans la merde, me dit-il. Aurel a craqué. »

Une des caractéristiques de Brigitte était sa faculté de passer de crises dépressives profondes à l'insouciance et à la joie de vivre, pratiquement sans transition. Après son anniversaire mouvementé de 1960, elle avait décidé de s'essayer à la chanson. Certaines de ses créations, comme *La Madrague*, étaient charmantes, amusantes et poétiques. Brigitte n'était ni Piaf ni Judy Garland, mais réussit mieux qu'honorablement dans ce domaine nouveau pour elle.

Après *La Vérité*, elle décida de tourner une comédie, *La Bride sur le cou*. Elle avait son compte des chefs-d'œuvre mis en scène par des génies. Jean Aurel appartenait à cette génération spontanée issue du bouillon de culture de la Nouvelle Vague.

C'était l'époque où les producteurs n'engageaient un metteur en scène qu'à la condition qu'il n'ait jamais tourné de film et qu'il soit, si possible, encore imberbe. Aurel, auteur de quelques courts métrages, se trouva dépassé par les responsabilités financières et techniques d'un film à grand budget dont la vedette n'était pas toujours facile à manier. Au troisième jour de tournage, ce fut le chaos sur le plateau. Personne ne savait ce que voulait le metteur en scène – et ce dernier moins que les autres.

Aurel comprit que sa carrière allait se terminer avant même d'avoir commencé s'il portait la responsabilité d'une faillite retentissante. En accord avec Brigitte et Francis Cosne, il accepta de m'appeler au secours.

Je n'avais aucun désir de reprendre en marche un film si mal engagé et dont le scénario était entièrement à refaire. Je promis néanmoins de me rendre au studio le lendemain matin.

Deux heures plus tard, je conduisais Catherine chez elle. Je me trouvais brusquement revenu dix années en arrière, au temps où je raccompagnais Brigitte qui, telle Cendrillon, devait être rentrée avant le douzième coup de minuit.

M. et Mme Dorléac avaient été acteurs mais conservaient des principes assez stricts. Catherine avait deux fois par semaine la permission de minuit. Quand elle sortait avec sa sœur, elle pouvait rentrer plus tard. Plusieurs fois, M. Dorléac enferma Catherine dans sa chambre (Françoise étant sortie), de peur qu'elle ne s'échappât au milieu de la nuit pour me retrouver. Ma réputation de séducteur et de metteur en scène de films à scandale lui faisait peur.

J'arrivai au studio de Billancourt tôt le matin, comme promis. La consternation régnait. Techniciens, acteurs et producteurs redoutaient que le tournage du film ne dût être définitivement interrompu. Je ne voulais pas prendre la responsabilité de ce périlleux sauvetage mais, après deux heures de conversation, je cédai aux arguments et aux prières de Brigitte et Francis. Jean Aurel lui-même était venu me trouver, pâle, se mordillant nerveusement les lèvres. Je le sentais aux bord des larmes. Il me supplia « de le sortir de ce pétrin ».

Après avoir lu le scénario, je demandai un délai de quarante-huit heures pour effectuer les révisions les plus urgentes.

J'accompagnai Brigitte dans son appartement de l'avenue Paul-Doumer pour parler de son personnage et du scénario. Elle était déjà séparée de Jacques Charrier et, apparemment, vivait seule.

« Où est Nicolas ? demandai-je.

– Chez ses grands-parents paternels », me dit-elle.

Je n'avais vu qu'une fois Brigitte avec son fils. Nicolas avait alors six mois. C'était un très beau bébé qui respirait la santé. Elle allait sortir et s'était coiffée d'un chapeau à larges bords, piqué de fleurs artificielles et assez peu dans son style. Elle se pencha sur le berceau pour embrasser Nicolas qui se mit aussitôt à pousser des hurlements.

« Tu vois, il me déteste, m'avait-elle dit.

– Mais non. C'est ton chapeau qui lui fait peur.

– Il pleure même quand je n'ai pas de chapeau... »

Brigitte venait de déclarer au cours d'une interview : « Cet enfant, je l'ai voulu. Je voulais l'avoir pendant que je suis encore jeune ; et je voulais que ce soit un garçon. »

Elle ajoutait, à propos des journalistes qui la traquaient : « Quand Nicolas est né, ce n'est pas ma faute si j'ai dû soutenir un vrai siège contre les photographes; je ne les avais pas appelés; il y en avait partout, à la porte, dans l'escalier, dans les chambres, à deux cents mètres, avec leurs téléobjectifs, et même sur le toit... Il y en a un qui a voulu descendre avec une corde sur ma terrasse, la corde a cassé, il est presque tombé sur la bonne qui arrosait les fleurs, elle a failli en avoir une maladie de cœur. Nicolas est à moi et je ne veux pas qu'on y touche... Personne ne me le prendra. »

Avec l'aide de Claude Brulé, je travaillai pendant quarante-huit heures aux révisions du scénario de *La Bride sur le cou*. Le tournage reprit sur le plateau de Billancourt. Je trouvais malgré tout (comment?) le temps de rencontrer Catherine.

Ses parents ne voulaient pas qu'elle me revoie. Mais Catherine était amoureuse et pas du genre à se laisser influencer, même par sa famille qu'elle adorait.

En janvier, je dus partir pour trois semaines tourner les extérieurs du film dans une station de sports d'hiver, Villard-de-Lans, et proposai à Catherine de m'accompagner. C'était un pas décisif qu'elle n'hésita pas à franchir. Elle annonça à son père qu'elle partait avec moi, avec ou sans son autorisation. Elle n'était qu'à dix mois de sa majorité et il céda, comprenant que sa décision était irrévocable.

De nombreux journalistes arrivèrent sur les lieux du tournage mais je réussis un tour de force : pas une photo, pas un mot sur Catherine et moi ne passa dans la presse.

A ce miracle, plusieurs raisons : Brigitte n'avait

pas d'amant officiel et l'on spéculait sur un retour de flamme entre nous. *Jours de France*, par exemple, titra un reportage de cinq pages : « B.B. retrouve son maître : Vadim », laissant entendre qu'un remariage était possible.

Ayant été journaliste, je connaissais les ruses et les ficelles de ce métier. J'embrouillais si bien les cartes que personne ne devina la vérité.

Et surtout, cela peut paraître incroyable aujourd'hui, les reporters n'imaginèrent pas que la petite brunette silencieuse et timide que l'on voyait souvent en ma compagnie eût aucune chance de succéder à mes deux glorieuses ex-femmes. Si l'un d'eux soulevait la question, les collègues lui répondaient : « Elle n'est pas du tout son genre. »

Pourtant, Catherine possédait déjà les qualités qu'on devait plus tard lui reconnaître. Elle était intelligente, capable d'un humour cinglant qui me séduisait particulièrement et très passionnée sous une apparence assez froide. Ce n'est pas un hasard que les deux films qui ont marqué sa carrière soient le tendre et romantique *Parapluies de Cherbourg* de Jacques Demy et *Belle de jour* de Luis Bunuel, qui illustra magistralement les fantaisies érotiques d'une bourgeoise quelque peu masochiste.

Elle montrait parfois une force de caractère surprenante. Un jour, nous nous promenions sur un chemin de luges, très haut dans la montagne. Surpris par l'arrivée de la nuit, je proposai de couper à travers les champs de neige pour rejoindre la vallée. Il avait plu la veille et gelé durant la nuit : la neige s'était transformée en glace. Pour moi, montagnard expérimenté, ce n'était pas un problème mais Catherine, chaussée de bottes à semelles de cuir, ne pouvait tenir debout. Quand elle tombait, elle glissait sur des dizaines de mètres. Plus bas, un ravin donnait à pic sur un torrent bouillonnant et glacé.

Je voulus la ramener vers la piste de luges mais elle refusa.

« J'y arriverai, insista-t-elle. On continue. »

Elle portait un pantalon de ski et un anorak noirs. Quand elle dérapait et filait sur le ventre, elle ressemblait à un petit phoque glissant sur la banquise. Deux fois, je la rattrapai au bord du ravin. Arrivée à l'hôtel, elle était transie, couverte de bleus et au bord de l'épuisement. Mais elle n'avait pas craqué.

Le soir, elle appelait ses parents et Françoise, et leur parlait longtemps. Moi, j'appelais Nathalie chez ma mère, à Toulon. (Le docteur avait conseillé d'envoyer ma petite fille, qui toussait toujours beaucoup, dans le Midi où l'hiver est plus clément qu'à Paris.)

Je me souviens avec tendresse de la chambre rustique aux murs en bois de sapin. J'apprenais les échecs à Catherine. Nous jouions aussi au poker. En général, elle gagnait. Elle bluffait avec l'innocence d'un ange et l'aplomb d'un professionnel.

Un samedi soir, après le tournage, la production offrit un dîner à l'équipe dans un hôtel-restaurant construit en altitude. On y accédait par un téléphérique. Nous devions redescendre vers minuit mais une tempête de neige soudaine, défiant les radars de la station météorologique, nous garda prisonniers jusqu'au lendemain après-midi.

Les quelques chambres libres furent données aux acteurs. L'équipe s'installa pour la nuit dans les fauteuils des salons et je réquisitionnai pour Catherine et moi la salle de billard. Nous étions en train de jouer au strip-billard, quand Brigitte entra dans la pièce.

« Je vois qu'on ne s'emmerde pas ici », dit-elle.

Brigitte proposa de fêter la fin du monde et nous

organisâmes un raid derrière le bar pour voler quelques bouteilles de vin rouge et de vodka.

La fin du monde fut abondamment arrosée et ce n'est pas notre faute si le lendemain la terre tournait toujours.

Avant de partir se coucher, Brigitte me dit à l'oreille, parlant de Catherine :

« Elle est plus forte que toi. Ne viens pas pleurer dans mon gilet quand tu seras malheureux. »

Fort heureusement, il n'y avait pas eu avec nous de photographes de presse durant la tempête. Beaucoup de vedettes – et pas seulement des vedettes de cinéma – se plaignent de la tension nerveuse provoquée par l'intrusion perpétuelle de la presse dans leur vie privée. Lamentations souvent hypocrites; le jour où l'actualité les ignore, elles font tout pour attirer l'attention. Brigitte, elle, en souffrait réellement. Elle eut parfois des mots bouleversants pour exprimer son désarroi. Je cite à ce propos quelques phrases typiques, retrouvées dans de vieilles interviews.

« Je ne sors plus, je ne vais plus nulle part, ni au restaurant, ni au théâtre, ni au cinéma (...). Si vous croyez qu'il n'y a pas de quoi devenir folle! Parfois, le soir, chez moi, quand je pense à tout cela, je me prends à hurler toute seule et à pleurer, tellement j'en ai assez de cette vie et de la méchanceté... Vous ne pouvez pas savoir! Il m'est arrivé, après avoir lu un article, de rester trois jours enfermée, complètement démolie. C'est l'injustice que je ne peux pas supporter. Si je le méritais, ça me serait égal. Mais qu'on me juge sans me connaître!... »

Il est vrai que certains journalistes se montrent parfois plus cyniques que le plus cynique des politiciens et dénués de charité à l'égard de leurs victimes. Mais alors, pourquoi cet empressement masochiste à lire tout ce qu'on écrit sur vous? Depuis plus de trente ans, je ne lis *jamais* un article me concernant à moins d'avoir été prévenu qu'il est objectif et intéressant. Et encore!... J'évite ainsi d'inutiles et stériles crises de rage.

Mais Brigitte ne mit jamais en pratique cette forme pourtant si logique de défense. « Je ne peux plus, je ne peux plus! répétait-elle. Je veux qu'on m'oublie... Il n'y a que comme cela que je pourrai commencer à vivre... »

Pour lui rendre justice, je dois ajouter que ce n'étaient pas seulement les journalistes qu'elle redoutait mais aussi et surtout la foule. « Si je me montre dans un gala, on dit : " Quand elle aura fini d'étaler ses millions! " Mais si on me voit pas maquillée et habillée n'importe comment, parce que j'aime ça, pour me reposer, alors on crie : " C'est ça B.B.? Une star? Eh bien, elle est bien moche! " »

Parfois, elle était physiquement agressée. Elle m'a raconté qu'un jour, après avoir visité une amie à l'hôpital, elle s'était trouvée seule dans l'ascenseur avec une infirmière qui s'était jetée sur elle et l'avait griffée au visage en hurlant : « Vous n'êtes qu'une putain! »

Il nous était arrivé à Villard-de-Lans une mésaventure qui montre à quel point des gens au comportement habituellement inoffensif peuvent se laisser aller à des excès impardonnables à l'égard d'acteurs dont ils voient tous les jours la photo dans les journaux.

Brigitte m'avait demandé de l'accompagner pour une promenade. Afin d'éviter une dizaine de jeunes gens (garçons et filles) qui l'attendaient dans le hall de l'hôtel, nous sortîmes par une porte de service.

Un kilomètre plus loin, sur la route, ils nous

rattrapèrent. Brigitte, énervée, refusa de leur répondre et de signer des autographes. Comme ils insistaient, elle s'écria :

« Je veux la paix! Est-ce que c'est trop demander? »

Ils devinrent alors franchement agressifs. Un garçon l'attrapa par son blouson et je dus le repousser sans ménagement. D'autres lui lancèrent au visage des boules de neige. Elle se mit à pleurer et à courir. Ils coururent après elle.

Il y avait sur le bord de la route une cabane de cantonnier en bois dont le cadenas n'était pas fermé. Brigitte s'y réfugia et je la rejoignis. J'arrivai à bloquer la porte. Après quelques quolibets et des insultes, le silence se fit. J'espérais qu'ils étaient partis et voulus ouvrir la porte. Elle était fermée de l'extérieur, au cadenas. Soudain, une épaisse fumée envahit la cabane. Ils avaient trouvé quelques broussailles et mis le feu aux planches. En quelques secondes, des flammes s'élevèrent jusqu'au toit. Nous pouvions à peine respirer et la chaleur devenait intenable. J'entendis une fille qui hurlait : « Ouvrez-leur! Ouvrez-leur! » et un garçon : « On n'a pas la clef... » Ils avaient fermé le cadenas sans penser qu'ils ne pourraient plus l'ouvrir.

A l'aide d'un pic trouvé parmi d'autres outils, je n'eus pas de mal à démolir la porte. Nous nous précipitâmes à l'air pur, toussant, les yeux et la gorge en feu.

Quelques secondes plus tard, la cabane n'était plus qu'un brasier. Les jeunes gens s'enfuyaient au loin, paniqués, réalisant un peu tard la gravité de leur acte.

19

CATHERINE ne retourna pas chez ses parents après le séjour à Villard-de-Lans. Elle s'installa avenue Ingres.

L'appartement, au neuvième étage d'un immeuble de luxe, était spacieux et ensoleillé. Du grand balcon (fleuri par Annette), on avait une superbe vue sur le bois de Boulogne et Paris. L'ameublement était moderne et dépouillé mais confortable : moquette épaisse, profonds divans, longue table en chêne où l'on prenait les repas. Pas de salle à manger. J'ai toujours détesté les salles à manger. Trois chambres à coucher. La nôtre, celle de Nathalie et celle de Mlle Millet.

Catherine s'adapta sans effort apparent à son nouveau rôle de maîtresse de maison. Beaucoup d'amis nous rendaient visite, souvent sans s'annoncer, mais elle se montrait aussi bonne hôtesse que joyeux compagnon. Mise en confiance, elle était drôle et très dynamique. Les soirées à la maison ne respiraient pas l'ennui. En public ou en présence de gens qu'elle ne connaissait pas, elle restait cependant réservée. Un peu sur la défensive.

Irving Lazar (figure hollywoodienne légendaire – et mon agent) n'oublia jamais sa première visite avenue Ingres. J'étais allé le chercher à l'aéroport d'Orly et l'avais invité à dîner. Il observait la charmante brunette qui préparait les œufs brouillés dans la cuisine (c'était le jour de sortie de la bonne) et ne savait que penser. Il m'avait connu avec Brigitte, puis Annette, et s'étonnait d'un tel changement dans mon goût pour les femmes. Des années plus tard, quand il revit Catherine, blonde, sûre d'elle-même, rayonnante, il m'avoua : « Je n'avais jamais encore été témoin d'une pareille métamorphose. »

Un soir, rentrant du studio où je supervisais le montage de *La Bride sur le cou*, je trouvai Catherine lisant dans le salon. Elle m'embrassa gentiment mais je lui trouvai un drôle d'air.

« Ça va? demandais-je.

– Oui. Très bien. »

Je me servis un whisky.

« Rien de particulier?

– Ta maman a appelé de Toulon. Nathalie est en pleine forme. »

Elle me prit le verre des mains et but une large rasade.

« A propos, dit-elle, il y a une belle blonde qui dort dans notre lit. »

J'ouvris la porte de la chambre à coucher. Annette s'était endormie tout habillée sur le lit.

Je refermai vivement la porte.

« C'est Annette, dis-je.

– Je sais bien que c'est Annette.

– Qu'est-ce qu'on va faire? »

Question idiote. J'étais pris de court et cherchais à gagner du temps.

« En général, dit Catherine, c'est la femme qui surprend la maîtresse de son mari dans le lit conjugal. Quand c'est la maîtresse qui découvre

212

la femme légitime dans son lit, qu'est-elle censée faire ? »

Annette nous rejoignit, m'évitant d'avoir à répondre à cette pertinente question.

« Mon Pipfugl!... »

Elle m'embrassa.

« Tu as maigri. Il est temps que je m'occupe de toi. »

Catherine, qui s'était servi un verre, s'étrangla et se mit à tousser. Je lui tapai dans le dos jusqu'à ce qu'elle reprenne sa respiration.

Nous nous assîmes et je fis parler Annette.

Elle était déçue par son dernier film avec Vittorio Gassman. Je savais par les journaux qu'elle vivait un grand amour avec le célèbre comédien.

« Il habite avec sa mère et m'a installée à l'hôtel, dit Annette. Elle ne veut pas de femme chez elle. J'ai donné à Vittorio vingt-quatre heures pour choisir entre sa mère et moi. Il n'arrive pas à se décider. Mais j'ai réfléchi, j'ai réalisé que j'étais folle de t'avoir quitté...

– Il n'est jamais trop tard pour bien faire », remarqua Catherine aimablement.

Annette ne releva pas le sarcasme.

« Comment va la Puce? » demanda-t-elle.

Je vivais dans l'angoisse qu'Annette réclame un jour sa fille.

« Nathalie va mieux, dit Catherine. Le soleil du Midi lui fait beaucoup de bien.

– Nous dînons ce soir chez Marc Allégret, annonçai-je.

– Je suis trop crevée pour sortir, répondit Annette. Je vais prendre un bain et dormir. Embrasse Marc pour moi. »

Tandis qu'elle s'éloignait vers la salle de bain, Catherine me dit :

« Il faut lui reconnaître une qualité : elle ne manque pas d'aplomb. »

Un euphémisme... Annette faisait preuve d'un incroyable culot et d'un manque total du sens des réalités. Elle était persuadée qu'elle n'avait qu'à se montrer pour que je la reprenne. Cette étonnante attitude dura des années. Il faut dire que je ne fis rien pour la convaincre du contraire, pensant que c'était le prix à payer pour garder Nathalie près de moi. Au-delà du fait que la petite fille m'était très attachée, je savais que l'existence cahotique et imprévisible que menait Annette n'était pas faite pour donner à Nathalie la sécurité et l'attention dont un enfant a tant besoin les premières années de sa vie. Près de moi, elle gardait un port d'attache et je m'étais toujours montré très disponible. Je passais, effectivement, beaucoup de temps avec elle. L'avenir montra que malgré le traumatisme affectif du divorce et ses différentes belles-mères, Nathalie ne connut jamais les crises dramatiques qui ont détruit la vie de tant d'adolescents. Je sais qu'elle souffrit parfois mais elle ne devint pas une enfant révoltée, boulimique, asthénique, droguée ou déçue par la vie. Elle a aujourd'hui vingt-sept ans, elle travaille comme assistante metteur en scène à New York et mène très brillamment sa carrière. Elle vit avec un homme intelligent et charmant qu'elle aime et qui l'aime, et nous gardons les meilleures et les plus tendres relations du monde.

Catherine, malgré son jeune âge, comprenait les raisons de mon attitude quelque peu surprenante vis-à-vis d'Annette. Son calme et son sang-froid dans une occasion si déplaisante pour elle me remplirent d'admiration.

« Donne-moi vingt-quatre heures, lui dis-je. Je connais Annette. »

Le dîner chez Marc Allégret fut agréable. Catherine nous fit beaucoup rire en racontant à sa façon la visite impromptue de la jolie Danoise.

Nous passâmes la nuit dans une chambre de l'hôtel Bellman. Je rentrai seul avenue Ingres et trouvai Annette en train de refermer ses valises.

« Pigfugl, me dit-elle en se jetant dans mes bras, je te demande pardon. Vittorio m'a appelée. Il m'attend chez lui. Il ne peut pas vivre sans moi. »

Avant de monter dans le taxi, elle me demanda :

« Est-ce que tu peux t'occuper du divorce?

– Bien sûr, dis-je. Ne t'inquiète pas de ces détails. »

L'amiral Philippe de Gaulle, fils du président de la République, habitait l'étage au-dessous du nôtre. En raison des attentats de l'O.A.S., la sécurité à la porte de notre immeuble était très stricte. Le sac ou les paquets que portaient les visiteurs étaient soigneusement inspectés. Ces mesures n'étaient pas superflues. Nous connaissions bien les gardes du corps de l'amiral. Ils nous tenaient au courant des secrets d'Etat de l'Elysée en échange de potins sur les amours de Belmondo, Jeanne Moreau ou Brigitte Bardot.

Une nuit, j'oubliai de fermer le robinet de ma baignoire. L'eau envahit la salle de bain et, traversant le plafond, coula dans la chambre à coucher de Philippe de Gaulle. L'amiral, réveillé en sursaut par des gouttes s'écrasant sur son nez, imagina peut-être que son navire sombrait. Remis du choc, il passa une robe de chambre, monta un étage et sonna à notre porte. Catherine et moi passâmes une partie de la nuit à quatre pattes, en compagnie de l'amiral, à éponger le sol de notre salle de bain.

Cette affaire avait mal disposé à notre égard Mme Philippe de Gaulle, qui se plaignit quelque temps plus tard de ne pas pouvoir dormir, dérangée par les pleurs nocturnes de la petite Nathalie. Ma fille traversait une mauvaise période. Elle avait des cauchemars et se réveillait en hurlant. Mlle Millet, Catherine ou moi nous remplacions à son chevet pour la calmer.

Le concierge nous avertit que nous étions sommés de faire cesser les pleurs de l'enfant, passé dix heures du soir. Catherine alla trouver la belle-fille du président de la République et très poliment lui demanda de signer une lettre nous autorisant à faire boire du vin rouge à Nathalie avant son coucher, les calmants prescrits par le pédiatre n'ayant pas d'effet. Nous n'entendîmes plus parler de notre célèbre voisine. (Deux semaines plus tard, sans l'aide de pilules ou de vin rouge, Nathalie cessa d'avoir des cauchemars.)

En août 62, je participai à Dijon, sur ma Ferrari, à une course inscrite aux épreuves du championnat de France automobile. J'avais des adversaires de valeur : Schlesser (mort en course quelques années plus tard), Jean Guichet (champion de France) et Claude Bourillot.

Je gagnai l'épreuve.

Catherine et moi retournions à Paris avec la coupe du vainqueur sur le siège arrière quand nous fûmes ralentis sur la route par une colonne de voitures officielles roulant à 160 km/h. Il est interdit en France de doubler un convoi militaire mais pas les convois civils – qu'il s'agisse de ministres, de présidents ou de rois en visite.

Malgré les signes véhéments des motards qui fermaient la colonne, je décidai de passer et m'engageai sur la gauche de la chaussée à plus de

200 km/h. Catherine était toujours partante dans ce genre d'extravagances. La Ferrari étant décapotée, j'avais une excellente vision des voitures que je doublais et remarquai avec inquiétude un nombre inhabituel de revolvers et de mitraillettes braqués sur nous. Je reconnus dans une D.S. noire un visage familier.

« Merde, dis-je à Catherine, c'est le général de Gaulle. »

Pas d'alternative : à ce point il fallait continuer. Cent mètres plus loin nous nous retrouvâmes sur la route libre.

J'ignorais que de Gaulle venait d'échapper par miracle à un attentat près du Petit-Clamart. Il avait été mitraillé après qu'une bombe eut explosé à quelques mètres seulement de sa voiture, tuant plusieurs policiers de sa suite. Le convoi officiel avait alors été détourné de son itinéraire et rentrait sur Paris à toute vitesse, par la nationale 5.

Le lendemain matin, un des gardes du corps en fonction avenue Ingres me révéla que nous l'avions échappé belle. Il était dans la voiture du Président quand je l'avais doublé.

« Heureusement que je vous ai reconnu, mon pote; les gars allaient faire un carton. »

L'aventure l'avait beaucoup amusé. Je l'invitai à boire un verre après son service. Il me donna d'autres détails :

Au passage de la Ferrari, de Gaulle avait demandé :

« Qui est cette jeune femme?

– L'actrice Catherine Deneuve, mon général.

– Si elle est toujours aussi pressée, elle sera vite vedette », fut le commentaire de Charles de Gaulle.

Raoul Lévy était tombé follement amoureux d'une grande actrice. Cette femme remarquable (elle est née le même jour et la même année que moi!), après s'être entichée de lui pour un temps, avait mis fin à leur relation. Raoul avala des somnifères, se taillada discrètement les poignets, ouvrit le gaz, sortit son revolver du tiroir et téléphona à plusieurs de ses amis. Philippe Grumbach (alors rédacteur en chef de *L'Express*) le sauva d'une mort rien de moins que certaine. Raoul, mal en point et terriblement agité, fut conduit dans une clinique des environs de Paris où l'on traitait les dépressions nerveuses. A sa demande – transmise par Philippe – je décidai d'aller le voir.

On l'avait confiné dans une chambre au dernier étage de la clinique. Les murs étaient matelassés et la fenêtre scellée par des barreaux en fonte. Sain d'esprit, on ne pouvait manquer d'y devenir fou.

J'obtins l'autorisation de lui rendre visite.

« Tu vas me sortir d'ici », me dit-il. Il était persuadé qu'on voulait le garder enfermé.

Nous mîmes au point un plan pour son évasion. La porte de sa chambre fermait de l'extérieur, au verrou. Une chance : pas besoin de voler la clef. Le problème était de pénétrer dans la clinique et d'en sortir sans alerter les infirmiers de garde.

J'achetai deux blouses blanches et des pétards à répétition. Vers dix heures du soir je revins à la clinique. Un interne somnolait dans l'entrée. J'allumai les pétards et jetai la bande par la porte entrouverte. A la troisième détonation, l'interne s'enfuit pour appeler au secours.

Je profitai de l'occasion pour traverser le hall et montai jusqu'au quatrième étage. J'ouvris la porte de Raoul, l'aidai à passer une des blouses, enfilai l'autre et l'entraînai dans l'escalier. A la faveur du désordre créé par les pétards nous sortîmes tranquillement de la clinique.

Je conduisis Raoul avenue Ingres. C'était le printemps. Nathalie venait de partir avec Mlle Millet pour La Bourboule, une station climatique qui allait la guérir pour toujours de ses quintes de toux. Catherine accepta sans récriminer cette intrusion mouvementée dans notre vie. Nous donnâmes à Raoul notre lit et nous nous installâmes dans la chambre de la gouvernante. Le lit était étroit et nous tombions par terre, à tour de rôle, plusieurs fois chaque nuit. Entre ces chutes, nous dormions tendrement enlacés, à la façon d'alpinistes accrochés sur un replat, au milieu d'une paroi lisse.

Le médecin avait prescrit une cure de sommeil mais Raoul résistait aux piqûres. Son élan de vie, sa dynamique étaient hallucinants. Le docteur tripla les doses. Rien n'y faisait. Raoul se réveillait toutes les trois heures. Comateux, il fumait le cigare, trébuchait vers la cuisine, revenait au salon écouter de la musique. En moins d'une semaine l'appartement fut totalement détruit. Une horde de Huns n'eût pas fait mieux. Paraphrasant un roi de France parlant d'Attila, Catherine remarqua :

« Là où passe Raoul, la moquette ne repousse pas. »

Avant de retomber dans ses périodes de sommeil, Raoul me faisait d'étranges confidences. Ses jalousies, ses trahisons... Après dix jours, remis en forme, il m'embrassa, me dit que j'étais son frère, son seul ami et que jamais, jamais, il n'oublierait ce que j'avais fait pour lui.

Puis il nous quitta.

Catherine considérait la moquette brûlée, les

rideaux déchirés, les vases en miettes, les chaises cassées, le dessus-de-lit troué et ce qui restait de vaisselle.

« Tes copains se suicident souvent? » demanda-t-elle.

C'est à cette époque que Catherine décida de faire du cinéma.

Confrontée à la gloire de B.B. et à la beauté légendaire d'Annette, elle réagit avec courage et bon sens. Au lieu d'accepter le rôle confortable et flatteur (mais ingrat) de maîtresse de Roger Vadim, elle releva le défi.

En prenant sa décision elle visait haut : elle serait une star. Je pensais qu'elle était faite pour être actrice. Sa liaison avec moi accéléra le processus – j'avais simplement joué le rôle d'agent catalyseur.

On venait de lui proposer un rôle dans un film médiocre qui se voulait Nouvelle Vague. Quelques bons acteurs faisaient partie de la distribution mais Catherine ne se fit pas d'illusions. Elle désirait travailler et ne cherchait pas la gloire avant d'avoir acquis l'expérience.

Les producteurs et le metteur en scène me téléphonèrent le lendemain pour me mettre un marché en main :

« Si vous acceptez de signer la supervision artistique du film, nous donnons le rôle à Mlle Deneuve. »

J'allais commencer le tournage du *Repos du guerrier* et ne voyais pas comment je pourrais superviser en même temps *Satan conduit le bal* (c'était le titre du film).

« Accordez-nous une journée. Vous dirigerez une

scène avec Catherine, c'est tout ce que nous demandons. »

Ils oublièrent de me proposer un salaire pour l'usage de mon nom et ma modeste contribution au tournage.

Finalement, pour Catherine, j'acceptai.

C'est à cette occasion qu'elle teignit en blond ses cheveux, qui tombaient maintenant sur ses épaules. Des journalistes écrivèrent qu'elle ressemblait à Brigitte Bardot. D'autres, que je l'avais contrainte de se transformer à l'image de ma première femme.

La vérité est que j'éprouvai un pincement au cœur quand je la vis en blonde. Qu'était devenue la petite Catherine dont j'étais amoureux?

Elle partit tourner *Satan conduit le bal* dans le Sud de la France, près de Perpignan. Je pris la route de Florence, avec Brigitte Bardot, Robert Hossein et Francis Cosne pour mettre en scène *Le Repos du guerrier* d'après le best-seller de Christiane de Rochefort.

Nous nous installâmes à la Villa San Michele, à Fiesole, un hôtel aménagé dans une superbe demeure du Cinquecento. Un paradis pour les amoureux, mais nous étions tous momentanément célibataires.

Brigitte venait de tourner, sous la direction de Louis Malle, *Vie privée*, une histoire basée sur son propre personnage. Le film, en fait, jouait davantage sur une forme superficielle de névrose que sur ses angoisses réelles. Elle y dévoilait quelque tendance au cannibalisme amoureux. Etre mangé par Brigitte est d'ailleurs une expérience culinaire unique. *Vie privée* était un très bon film qui obtint un succès mérité.

Le partenaire de Brigitte était Marcello Mastroianni. La romance entre les deux vedettes, espérée par la presse, n'eut pas lieu. Rien d'étonnant. A une exception près, Brigitte n'a jamais été attirée que par des inconnus. Elle eut pourtant comme partenaires des hommes célèbres et séduisants : Gérard Philipe, Daniel Gélin, Kirk Douglas, Louis Jourdan, Alain Delon, Jean Gabin, Lino Ventura, Jack Palance, Anthony Perkins, Sean Connery parmi d'autres. Elle n'en tomba jamais amoureuse.

Elle se trouvait seule quand nous commençâmes à Florence les extérieurs du *Repos du guerrier*.

Brigitte se plaignit que des corbeaux avaient fait leur nid sur le toit au-dessus de sa chambre et l'empêchaient de dormir. On trouva sur les tuiles une vieille couverture, un livre de poèmes et des bouteilles de bière. Cela supposait une nouvelle et rapide mutation chez ces oiseaux connus pour leur intelligence. Quelques jours plus tard, un vagabond entra par la fenêtre dans la chambre de Brigitte. Il tenait une arbalète à la main.

Elle crut qu'il allait la violer mais il lui tendit un cahier et lui demanda de réciter un poème qu'il avait écrit pour elle. Brigitte déchiffrait mal son écriture et le poète des toits se mit très en colère. Il cria qu'il allait s'ouvrir la gorge (« répandre mon sang sur ta chevelure enflammée ») si elle ne déclamait pas correctement et « avec la passion adéquate » son poème.

« Est-ce que je peux appeler mon professeur de diction? demanda-t-elle.

– Un épicurien? s'enquit le poète.

– Il sait très bien faire les piqûres », affirma Brigitte.

Elle m'appela au téléphone.

« J'ai un fou assis sur mon lit. Il tient une arbalète à la main. Il dit qu'il va me percer la gorge, ou la sienne, je n'ai pas très bien compris, si je ne lis pas correctement ses poèmes. Je suis emmerdée, son écriture est absolument indéchiffrable. »

J'avertis Francis Cosne et lui dis d'appeler la police. Puis je courus jusqu'à la chambre de Brigitte. J'avais à peine ouvert la porte qu'une flèche me piqua la pomme d'Adam. Le poète à l'arbalète me laissa entrer et ferma la porte au verrou, derrière moi.

« Nous voilà bien », me dit Brigitte.

J'étais prêt à jouer les héros mais le poète ne m'en donna pas le temps. Il tomba sur une chaise et se mit à pleurer.

C'était un homme d'une soixantaine d'années au visage émacié et pratiquement édenté. Ses cheveux blancs tombaient en longues mèches sur ses épaules et sa barbe n'avait rien à envier à celle de Léonard de Vinci. Il portait la même veste et le même pantalon depuis une décennie au moins. Ses yeux étaient d'un bleu très clair, hagards, avec quelque chose de tendre et de désespéré. Il nous fit de la peine et nous essayâmes, mais sans succès, de le consoler.

Une minute après, la porte était enfoncée.

Le carabinier qui prit la déposition de Brigitte louchait sur sa chemise de nuit transparente; il ne pouvait écrire tant sa main tremblait.

Deux jours plus tard, Brigitte et moi rendîmes visite au malheureux poète qu'on avait enfermé à l'hôpital. Il lui baisa les mains avec effusion.

La police de Florence a gardé le cahier de poèmes et sans doute rangé cette pièce à conviction entre deux dossiers sur les putains du Ponte Nuovo. On ne saura jamais s'il s'agissait d'une œuvre immortelle.

Le marquis Sergio de San Stefano, que j'avais connu à Rome en 1955, était de ces nobles italiens grands donneurs de fêtes et amateurs de vedettes. Il possédait près de Florence un château dont la salle à manger était décorée d'une fresque attribuée à Botticelli. Ses écuries portaient la signature d'un des architectes des Médicis.

Sergio avait organisé une fête en l'honneur de Brigitte. Elle nous quitta après le café, fatiguée peut-être, ou n'ayant trouvé aucun des convives à son goût.

« C'est sans doute mieux, dit Sergio. Je ne suis pas certain qu'elle aurait apprécié la surprise. »

La « surprise » était dans le style des folies italiennes de l'époque. Le maître de maison avait loué les services des vingt plus belles call-girls romaines. Une fortune qui lui eût permis de rénover une aile de son château.

A minuit, elles furent lâchées dans le parc, entièrement nues (c'était le début de l'été). Sergio donna le signal d'ouverture de la chasse. Si l'on touchait une fille elle vous appartenait pour la nuit.

Le vieux marquis S. de Savoia qui avait passé le cap des quatre-vingts ans et se propulsait sur un fauteuil mécanique semblait au départ handicapé pour cette course au trésor d'un genre spécial. Il possédait cependant une arme secrète. Député démocrate chrétien à la Chambre, où il jouissait d'une grande influence politique, il était toujours accompagné de quatre gardes du corps. Il fut le premier dans le parc.

La chasse fut pour nous une occasion de rire mais le marquis S. de Savoia prit la chose au sérieux. Grâce à ses sbires (deux d'entre eux travaillaient pour les services secrets), il revint dans le salon avec douze des vingt demoiselles qui s'étaient répandues dans le parc.

J'étais parmi les invités rentrés bredouilles.

« *Marquese*, vous n'allez pas garder toutes ces beautés?

– *Si*.

– *Marquese*, c'est dangereux pour votre santé.

– *No*.

– *Marquese*, *amico caro*, laissez-nous la grande blonde.

– *No*.

– *Marquese*, gardez-les une heure et laissez-les partir ensuite.

– *No*. »

Les douze nymphes suivirent le fauteuil roulant du vieux marquis et s'engouffrèrent dans sa chambre où elles restèrent jusqu'au matin.

Deux des demoiselles n'avaient pas été retrouvées. Serge Marquand, le baron Renzo Avenzo et moi décidâmes de retourner dans le bois pour dénicher ces malignes.

Renzo (Renzino pour les amis) était un Italien italianissime. Un visage florentin, tout en nez, en front, la ride ne marquant pas l'âge mais l'esprit. Maigre, alerte, il était ou avait été l'amant de toutes les stars en exil à Rome. Fauché, comme la plupart des aristocrates après la guerre, il gagnait sa vie dans le cinéma. Il était directeur artistique des studios Technicolor en Italie.

Le soleil se levait.

Nous n'avions pas trouvé les deux dames et d'ailleurs ne cherchions plus. Renzino s'était mis nu, une feuille de vigne sur le sexe, une couronne de lauriers sur le front, et tenant une tige de roseau aux lèvres, il prétendait jouer du pipeau et bondissait de buisson en buisson, tel un authentique faune.

Au même instant, quittant l'église après la messe de six heures, tous les villageois, chrétiens et communistes mêlés, marchaient vers le château du marquis de San Stefano pour se plaindre de quelque injustice sociale. L'un tenait une croix, l'autre un drapeau rouge.

Renzino surgit du bois et bondit sur le chemin, à quelques mètres de la procession. Le maire communiste, le curé catholique et les villageois derrière eux, dans leur costume du dimanche avec cravate et chemise repassée, virent un faune échappé des temps mythologiques qui les regardait effaré.

Le baron Renzo Avenzo retrouva très vite son sang-froid. Au lieu de disparaître de l'autre côté du chemin, il se mit en tête de la manifestation. Cul nu et sifflant l'Internationale sur son pipeau, il la guida jusqu'aux portes du château.

Réveillé, le marquis de San Stefano parla au maire communiste, parla au prêtre, s'indigna, pleura misère, et finalement un accord honorable fut conclu.

Entre-temps Renzino s'était échappé. Il ouvrit la porte de la chambre du marquis-député S. de Savoia, libéra les douze beautés et les entraîna dans la cuisine pour le café du matin.

Le maire, qui s'appelait Mario Panazo, et le curé, Enio Farzi, nous rejoignirent avec Sergio. Le maire expliqua aux dames qu'en société socialiste elles n'auraient pas besoin de vendre leurs charmes, le curé leur dit que le maire avait raison mais que la religion pouvait remplacer l'argent. Sergio de San Stefano fit remarquer que les gens qui avaient de l'argent étaient souvent nécessaires à ceux qui n'en possédaient point. Et tout le monde tomba d'accord.

226

Le maire resta communiste. Le curé, catholique. San Stefano, marquis. Les call-girls, call-girls.

Ce fut un excellent petit déjeuner.

Entre les extérieurs en Toscane et le studio à Paris, j'avais quelques jours de liberté.

Je retrouvai, sur le tournage de *Satan conduit le bal*, Catherine qui avait subtilement changé. Je dirigeai comme promis une scène néo-érotique. J'en fus vaguement gêné.

Nous dînâmes après le tournage dans un restaurant de pêcheurs. Il faisait froid sur la terrasse. Blonde et fragile, couverte d'un pull de cachemire, Catherine semblait songeuse. Le vent soufflait sur ses nouveaux cheveux. Elle était belle et mystérieuse. Elle ne me parla pas de son film, ne posa pas de questions sur mon séjour à Florence.

Elle me prit la main et me fixa droit dans les yeux comme seule Catherine sait regarder. « Elle va me dire qu'elle est amoureuse d'un autre homme », pensai-je. Mais sans détourner la tête elle murmura :

« Je veux un bébé, je veux un enfant, je veux un bébé. »

Elle m'avait souvent parlé de son désir d'être mère; ce soir-là, je compris que ce n'était pas un rêve ni une fantaisie d'adolescente. Il y avait dans cet aveu passionné et pourtant pudique quelque chose qui me rappelait la Terre, mes joies de jeune garçon quand je me roulais dans l'herbe du mois d'août sur le ventre de mes montagnes savoyardes. Quelque chose de chaud, de brûlant, de merveilleusement humain que, depuis, je recherche en vain dans le regard et le vocabulaire châtié de la grande vedette du cinéma français.

J'ai pris sa main, j'ai embrassé ses doigts délicats et un peu courts; j'avais envie de pleurer. Je ne pleure que lorsque je suis heureux. Je pensais qu'elle débutait une carrière difficile. Etre mère à ce stade de sa vie ne me semblait pas indispensable. Qu'importe. La vie parlait.

Catherine voulait un bébé.

20

Après le tournage de *Satan conduit le bal*, Catherine m'avait rejoint à Paris. Elle s'occupait davantage de sa garde-robe. Les tailleurs genre Chanel remplacèrent les jupes et les petites blouses et elle développa un singulier penchant pour les chaussures. Sans se ruiner chez les grands couturiers (nous n'en avions pas les moyens), elle créait son style propre.

Elle passait beaucoup de temps à sa coiffure et à son maquillage, avant de sortir. A la maison ou entre copains, elle restait tout à fait décontractée.

Elle s'occupait bien de Nathalie, tenait d'une main ferme les cordons de la bourse du ménage et se montrait assez stricte avec les domestiques et la gouvernante. Elle faisait parfois la cuisine, mais n'avait rien d'un cordon-bleu.

Pour la galerie, elle paraissait en toutes circonstances équilibrée et maîtresse d'elle-même. Elle traversait pourtant des moments d'excessive nervosité et se laissait aller à des crises soudaines de jalousie (rarement justifiées).

Catherine voyait ses parents et sa sœur Françoise. Sa vie comportait toutes les données d'un bonheur idéal. Il me semblait pourtant qu'il lui manquait quelque chose. Etait-ce que la plupart des êtres humains, même s'ils possèdent tout, ne peuvent jamais être pleinement satisfaits? Ou, comme l'écrivit ce poète irlandais dont j'ai oublié le nom : « Le bonheur, cette chose qui n'existe pas et qui, pourtant, un jour, cesse d'être? »

Avait-elle l'impression que je ne l'aimais pas assez? Possible. Elle m'a souvent reproché d'être insaisissable.

J'ai revu, il n'y a pas longtemps, un film amateur 16 mm que j'avais tourné pendant l'été à Saint-Tropez. Catherine semblait heureuse avec, l'espace d'une seconde, quelque chose comme de l'angoisse traversant le regard. Une des scènes la montre apprenant à Nathalie à se maquiller en clown, une autre à la Madrague, avec Brigitte qui lui donne une leçon de guitare.

J'espérais que Catherine pourrait poursuivre sa carrière sans avoir besoin de tourner avec moi. Je ne voulais pas qu'on dise d'elle, comme on avait dit d'Annette : « C'est Roger Vadim qui l'a faite. Sans lui... etc. » J'étais convaincu qu'elle serait heureuse de prouver qu'elle pouvait réussir sans mon aide.

Mais *Satan conduit le bal* ne lui avait pas ouvert les portes des studios. Aucun projet n'étant en vue, je décidai de lui donner un rôle dans mon prochain film *Le Vice et la Vertu*. Les vedettes, déjà engagées, étaient Annie Girardot et Robert Hossein; Catherine ne porterait donc pas la responsabilité du film. Elle ferait cependant l'expérience d'un rôle important, soutenue par un metteur en scène habitué à diriger des acteurs débutants.

L'histoire était basée sur un thème vaguement inspiré du marquis de Sade : les aventures de deux sœurs symbolisant l'une le vice, l'autre la vertu. Le vice menait une vie de gloire et de plaisirs, la vertu subissait tous les outrages et les tourments imaginables. A la fin du film, le vice périssait, la vertu était enfin récompensée.

L'action se situait en Europe pendant l'occupation nazie. Ce n'était pas un film réaliste mais de style follement baroque.

Pendant ce tournage je découvris un autre aspect du caractère de Catherine. Sur le plateau, elle se montra professionnelle mais d'une exigence inattendue avec les techniciens, la maquilleuse, le coiffeur et les assistants. Un peu injustement on disait : « Elle se prend déjà pour une star! » Avec moi elle était docile. Je trouvais pourtant qu'elle ne perdait pas de temps à imposer son autorité. Une qualité, en principe, mais qui s'exprimait très tôt et avec beaucoup d'impétuosité.

Le tournage des extérieurs à Souillac, au cœur du Périgord, fut exceptionnellement plaisant. Et mouvementé. Beaucoup de mes copains étaient là : Jean-Michel Lacor, Serge Marquand, Paul Gegauff qui jouait un S.S. sadique poignardé par une de ses victimes[1], Robert Hossein... Douze jeunes actrices, plus ravissantes les unes que les autres, provoquaient chaque nuit d'interminables quiproquos qui ajoutaient à l'ambiance de fête. Malgré les tentations, je restai fidèle à Catherine.

Elle se couchait tôt, participant rarement à nos soirées. Ce qui me surprit car d'ordinaire elle aimait s'amuser. Elle prenait son métier très au sérieux.

Je rêvai une nuit que mon ami Claude Bourillot mourait d'un accident de chemin de fer, écrasé dans un tunnel. Catherine ne croyait pas aux prémonitions (ou peut-être en avait-elle peur) et me dit

1. Paul Gegauff, le plus doué des scénaristes de la Nouvelle Vague qui, entre autres, écrivit les meilleurs films de Chabrol et de Jean-Luc Godard, est mort poignardé par sa femme en 1983.

qu'il s'agissait d'un rêve au symbolisme freudien tout à fait primaire.

Le lendemain, je reçus un télégramme de Claude Bourillot : *Arrive samedi. Tenez les truffes au chaud. Amitiés.* Je lui téléphonai et lui demandai de ne pas prendre le train.

« J'ai déjà ma place retenue », me dit-il.

Bourillot pilotait un Cessna.

« Prends ton avion, dis-je.

– La météo est mauvaise. C'est un peu risqué. »

Je ne pouvais lui parler de mon rêve. Il eût éclaté de rire.

« J'ai besoin d'un Cessna pour mon tournage et le producteur refuse de payer un pilote », dis-je.

En bon ami, Claude fit le voyage en avion. Il était posé depuis deux heures quand nous apprîmes par la radio le déraillement. Le wagon de tête où sa place était réservée n'était plus qu'un amas de ferrailles. Un des plus graves accidents ferroviaires de l'époque.

Quand Claude dit à Catherine que je lui avais sauvé la vie, elle répondit :

« Vadim prévoit l'avenir mais n'est pas capable de deviner la couleur des roses que je préfère... »

Marc Allégret devait tourner un des sketches d'un film dont le titre était *Les Parisiennes.* Quatre histoires illustrant les défauts, les qualités et le charme des Parisiennes d'âges et de milieux divers. Il me demanda d'écrire le scénario et les dialogues de son sketch, pour lequel Catherine avait été engagée.

On cherchait toujours l'acteur qui allait être son partenaire. Je suggérai le chanteur Johnny Hallyday qui avait irrité le public conservateur et s'était fait crucifier par les critiques en important en France le style Elvis Presley. On commençait enfin à reconnaître son talent, et Marc Allégret et le producteur acceptèrent l'idée du couple Deneuve-Hallyday.

On ne peut, heureusement, me reprocher de manquer d'imagination... Je m'étais convaincu – et sans doute j'avais tort – que leur romance devant la caméra se poursuivait en dehors du plateau. Le mensonge, ou même le demi-mensonge, est pour moi plus difficile à supporter que la certitude d'être trompé. Contrairement à la plupart des hommes ou des femmes, je préfère savoir. Le premier choc passé, je peux oublier. J'accorde alors plus facilement ma confiance. C'est le doute qui sécrète le poison dans les rapports d'un couple.

Un jour, à la maison, je demandai à Catherine :

« Tu es amoureuse de lui? »

Elle me répondit :

« Ne sois pas idiot. C'est un bon copain, rien de plus. »

Formule qui m'a toujours paru des plus suspectes.

Lorsque Catherine se montrait jalouse, ce n'était pas à propos d'une femme en particulier ou d'un retard – j'étais incorrigible dans ce domaine, j'arrivais à onze heures quand on m'attendait pour le dîner et plus d'une fois je suis rentré à cinq heures du matin après avoir traîné la nuit entière avec des copains –, c'était plutôt mon attitude, ma façon de me conduire avec les femmes en général, qui l'irritait et la rendait malheureuse.

Catherine montra beaucoup de patience et de compréhension pour mon manque de discipline horaire et ma tendance à la bohème mais, avec le temps, il lui devint de plus en plus difficile de contrôler son humeur. Je commençai alors à mentir pour éviter les scènes et les reproches, ce qui n'arrangeait rien.

Combien de fois les journalistes, ou des gens rencontrés par hasard, ne m'ont-ils pas demandé : « Mais enfin qu'est-ce que Brigitte, ou Catherine, ou Jane Fonda vous trouvaient-elles donc? »

Mon secret, pour les uns, tenait à mes performances au lit; pour les autres, je n'étais qu'un véhicule vers le succès; pour d'autres encore, un Svengali capable d'envoûter et de transformer à son idée d'innocentes jeunes femmes. Ma réputation est tout aussi contradictoire : je suis le manipulateur cynique et débauché, l'hédoniste à la recherche du plaisir, ou au contraire l'homme dépassé par le talent et la beauté des femmes dont il est amoureux et qui finit toujours par être abandonné. J'ai essayé de cerner la vérité mais il n'est pas facile quand on se raconte de faire preuve d'une totale objectivité – et tout aussi gênant de se congratuler.

Alors pourquoi ne pas laisser la parole à Catherine sur ce sujet? J'ai retrouvé quelques interviews où elle s'était laissée aller aux confidences.

Jours de France, mars 63.

Question : « Qu'est-ce qui vous a le plus séduite chez Vadim? »

Catherine : « Son charme. Ce qui touche le plus une femme chez un homme. Cette qualité indéfinissable qui provient de l'intelligence, du sourire, de la voix... Le charme ne dépend pas de la beauté, pas plus que de la jeunesse. Je crois que c'est la vraie grâce des hommes »

Question : « Des qualités morales de Vadim, laquelle vous a le plus attachée à lui? »

Catherine : « La générosité. Je ne parle pas de sa tendance excessive à régler les problèmes financiers de ses amis ou de sa famille, mais d'une attitude intérieure qui le pousse à voir les gens par leurs meilleurs côtés. Ouvert à tout et à tous, il trouve à chacun des excuses. Il ferait un président de tribunal détestable : il inventerait des circonstances atténuantes aux accusés ou les acquitterait les yeux fermés [...]. Je ne fais rien sans l'avis de Vadim. Sans avoir écouté ses conseils. Surtout en matière d'élégance. Il m'a aidée à aimer ses couleurs : le blanc, le noir, le rose et le beige, les robes souples, la soie sauvage. »

Marie-Claire, mai 63.

« Vadim est un des hommes les plus fidèles que je connaisse. Ça fait sourire les gens quand je dis ça [...]. Il y a des gens qui disent : " Le pauvre Vadim, ce sont toujours les femmes qui le quittent! Alors il a un peu peur. " Je connais Vadim : il n'a pas peur le moins du monde. Je me demande même dans quelle mesure ce n'est pas lui qui les a quittées. *Vous savez, on peut quitter quelqu'un en faisant tout pour qu'il vous quitte.* »

Catherine montrait là plus de finesse psychologique que les journalistes ou que les femmes qui l'avaient précédée dans ma vie. Je suspecte qu'aujourd'hui elle a quelque peu modifié ses jugements à mon égard. Mais qui résisterait à se remémorer d'aussi délicieux compliments?

Personne ne sut (sauf la famille et les proches amis) que nous avions été à un cheveu du mariage.

Malgré sa position officielle de championne de l'union libre, Catherine s'agaçait des réflexions des gens : « Vadim a épousé Brigitte et Annette, pourquoi pas vous? » Quand elle me rejoignait sur les plateaux où je tournais, elle restait la jeune maîtresse en visite.

Quelle qu'en soit la raison, avouée ou secrète, un

fait demeure : nous décidâmes un beau jour de nous marier.

Je devais partir pour Tahiti où Paul Gegauff allait tourner son premier film avec le titre de metteur en scène. Il était anxieux et m'avait demandé de rester près de lui pendant le tournage. Catherine pensa aussi qu'on ne pouvait rêver d'un lieu plus romantique.

La première escale fut le cabinet du notaire, place Saint-Michel, sinistre, baigné d'ombre, poussiéreux, envahi par des colonnes de vieux dossiers.

M. Dorléac, Mme Dorléac, Catherine et moi nous assîmes sur le velours râpé des chaises disposées en demi-cercle devant le bureau du notaire.

Les parents de ma future femme avaient insisté pour établir un contrat de mariage. La voix monotone du notaire qui récitait l'inventaire avait sur moi un effet soporifique et je m'assoupissais. J'entendis vaguement parler d'assurance-vie obligatoire, de partage du mobilier en cas de divorce, d'argenterie et de valeurs que je ne possédais pas. La phrase : « En cas de décès de l'une des parties la batterie de cuisine restera l'entière propriété du survivant », me réveilla en sursaut. La « batterie de cuisine », c'était un peu trop pour moi.

« Et les cendriers ? dis-je. Vous avez oublié les cendriers. »

Catherine qui d'habitude ne manquait pas d'humour me jeta un œil noir. Elle détestait que je plaisante aux dépens de ses parents.

J'espérais que les chants tahitiens et l'eau d'émeraude des lagons me feraient oublier la batterie de cuisine.

La seconde escale fut l'hôtel Sherry Netherland à New York. Un court voyage d'affaires sur la route de Papeete.

Il pleuvait.

236

Catherine était assise sur le lit et sortait d'un carton une paire de chaussures à talons hauts que nous venions d'acheter chez Saks. Pas très pratique pour se promener sur les bancs de corail mais elle l'avait préférée aux baskets que je conseillais (nous achetâmes les baskets le lendemain). Je regardais par la fenêtre du dix-septième étage les arbres de Central Park quand le téléphone sonna. Je décrochai. C'était Annette.

« Pipfugl, je sais que tu adores faire des blagues à ta mère. La pauvre croit tout ce que tu racontes.

— Quelle blague?

— L'histoire de ton mariage à Tahiti.

— Ce n'est pas une blague. »

Il y eut un silence si long que je crus la communication coupée.

« Tu ne peux pas épouser cette fille », dit finalement Annette.

Elle était convaincue que Catherine vivait avec moi par arrivisme uniquement, que je ne l'aimais pas non plus et que je m'étais jeté dans ses bras pour me consoler de notre séparation. Elle me dit que ce mariage ferait mon malheur et qu'elle m'aimait trop pour me laisser commettre une pareille bêtise.

« Si tu l'épouses, conclut-elle, je garde Nathalie (la Puce passait quelques semaines de vacances avec sa mère). Je te jure que ce n'est pas une promesse en l'air. Même si tu es fâché pour l'instant, je sais qu'un jour tu me remercieras. »

Je répétai notre conversation à Catherine, en censurant certaines phrases d'Annette.

« Crois-tu qu'elle mettrait sa menace à exécution? me demanda-t-elle.

— J'en suis convaincu. »

Catherine savait à quel point je tenais à ma fille.

Elle suggéra de remettre le mariage à une date ultérieure. Je savais qu'elle pensait « à jamais ».

Elle ne me fit aucun reproche et se montra calme les jours qui suivirent et durant le séjour en Polynésie. Mais je crois qu'elle ne me pardonna jamais ce mariage manqué.

Je fais aujourd'hui mon examen de conscience. Aucun doute que la crainte de perdre la garde de Nathalie m'inclina à capituler sans livrer bataille devant le chantage d'Annette. Les parents ne doivent jamais se disputer un enfant. Mais la « batterie de cuisine restant l'entière propriété du survivant » ne fut pas totalement étrangère à ma décision.

21

1963 : la guerre d'Algérie avait pris fin et Georges Pompidou était nommé à la tête du gouvernement de Gaulle. Une période d'expansion économique et de relative stabilité sociale s'instaurait.

L'industrie cinématographique était à son apogée. Elle avait acquis un sang neuf grâce aux metteurs en scène de la Nouvelle Vague, mais les cinéastes d'inspiration plus classique tournaient toujours d'excellents films. Cette variété de styles servait le cinéma français.

Le Repos du guerrier fut un très grand succès. Brigitte y interprétait un personnage plus « adulte » que ceux qu'elle avait joués jusque-là : une respectable bourgeoise, financièrement à l'aise et sur le point d'épouser un docteur, tombe amoureuse d'un intellectuel anarchiste dégoûté de la société, qui vit comme un clochard. Au lieu de céder aux sortilèges de la bohème et des plaisirs charnels que cet homme lui fait découvrir, elle va l'apprivoiser, le dresser et le conduire au mariage à *ses* conditions. Elle fera d'un marginal un mari comme les autres.

La dernière séquence du film (tournée en Toscane) montre le poète qui capitule. Il tombe à genoux et elle serre sa tête sur son ventre – image symbolique de la femme-mère victorieuse.

Je voulais pour cette scène que Brigitte se tire les cheveux sur la nuque pour dégager le front et enlever au visage le côté poupée sensuelle qui était son image de marque. C'était comme de demander à une nonne de se mettre en bikini : impossible de la convaincre.

Le décor choisi était une sublime église du XVIᵉ siècle, envahie par les herbes et ouverte au ciel, le toit s'étant depuis longtemps effondré. Un vent de tempête soufflait et le producteur décida de remettre le tournage. Mais j'avais une idée en tête et insistai pour tourner malgré tout. Le vent devint mon complice. Il repoussa les célèbres mèches, donnant au visage de Brigitte la pureté classique que je n'avais pu obtenir avec l'aide du coiffeur. Elle était très belle ainsi et en convint d'ailleurs en voyant les rushes.

Le Vice et la Vertu, en revanche, fut hué par les spectateurs le soir de la première. Les Français étaient encore sensibilisés par le drame de l'occupation nazie et supportèrent mal la licence que je prenais avec l'Histoire. Des associations d'anciens résistants essayèrent de faire interdire le film. Je dus attendre deux ans la sortie de ce film dans des salles de cinéma à New York et à San Francisco pour recevoir de bonnes critiques.

Catherine Deneuve n'avait pas souffert personnellement de cet échec : on l'engagea aussitôt après pour tourner *Les Parisiennes*. Mais elle fut mortifiée que son premier film important ne soit pas un succès. Plus de vingt ans après je découvris (par une lettre qu'elle m'a récemment adressée) qu'elle ne m'avait jamais pardonné cette malheureuse expérience. C'est bien dans le caractère de

Catherine de garder un secret pendant un quart de siècle.

Le public aima *Les Parisiennes* et l'on commença à parler de Catherine comme d'une future vedette.

Pour rendre service à son ami Paul Gegauff, elle accepta de tourner un rôle dans *Le Reflux*, qu'il allait mettre en scène à Tahiti.

Le séjour à Papeete (où nous nous serions mariés sans l'intervention d'Annette) commença mal. Catherine, se croyant à Saint-Tropez, prit trop de soleil malgré nos mises en garde répétées et se coucha le soir avec une forte fièvre. Quelques jours plus tard, elle se mit à peler.

Paul Gegauff se vit contraint de réécrire son scénario et d'engager à la place de Catherine une beauté locale, le producteur n'ayant pas les moyens de faire venir de France une autre actrice.

Franco Fabrizzi (connu par les cinéphiles pour son rôle dans les *Vitelloni* de Fellini), Michel Subor (partenaire de Brigitte dans *La Bride sur le cou*) et Serge Marquand se partageaient les trois rôles principaux. Paul était un étrange metteur en scène, plus préoccupé de pêche que de la direction des acteurs.

Le producteur était au bord de l'hystérie mais nous vivions une aventure merveilleuse. Nous couchions sur un cargo qui nous emmenait d'atoll en atoll. Sur l'un d'eux, Takaroa, soixante-douze habitants, les mormons avaient construit un superbe temple. A cette occasion, soixante-huit des Takaroens se convertirent au culte mormon. Les quatre autres, catholiques irréductibles, continuaient de célébrer la messe dans leur église, une petite baraque en planches surmontée d'une croix. Sans préavis, une tempête s'éleva et tourna à l'ouragan. L'église fut soufflée comme un fétu mais le temple résista majestueusement. Le dimanche suivant, l'atoll de Takaroa comptait quatre mormons de plus.

La nuit de la tempête, Catherine et moi étions allongés dans le lit du capitaine – le seul lit à deux places du cargo. Le bateau tanguait et roulait. Elle me prit la tête dans ses mains et me regarda longuement. Elle me dit quelque chose, mais le vent faisait gémir les tôles du vieux bateau, les vagues tapaient sur le hublot et je ne l'entendais pas.

« Quoi? »

Elle hurla :

« Je vais avoir un bébé. »

Catherine enceinte se révéla, comment dire... se révéla une femme pleine de contrastes.

Un jour, elle se levait à l'aube, emmenait Nathalie à l'école, passait au studio m'embrasser, faisait le marché à la place de Gustav – le cuisinier yougoslave qui trichait sur les prix –, rangeait la maison, arrosait les plantes. Vers minuit, alors que je la croyais exténuée, elle me proposait d'aller prendre un verre chez Castel.

Assise sur la banquette du rez-de-chaussée réservée aux habitués, elle trinquait avec Peter O'Toole, Elizabeth Taylor, Truman Capote, Françoise Sagan, Quincy Jones ou quelque ministre en goguette.

La semaine suivante, elle dormait chaque jour jusqu'à midi.

La semaine d'après, c'était la période « shopping ». Je déteste faire les boutiques mais j'acceptais ce purgatoire parce que Catherine était enceinte. Nous visitions les magasins pour futures mamans où nous n'achetions rien, mais revenions chaque fois à la maison avec une nouvelle paire de chaussures.

Je ne perdais pas non plus mes mauvaises habitudes. Il m'arrivait de quitter le bar du studio en compagnie de mon assistant Jean-Michel Lacor après avoir téléphoné à Catherine :

« J'ai besoin de me détendre. Je rentrerai vers minuit. »

A une heure du matin, Paul Gegauff ou Christian Marquand nous rejoignait, Lacor et moi, au Sexy's sur les Champs-Elysées où nous donnions une leçon de bonnes manières à une copine strip-teaseuse. A trois heures, dans un bar de Pigalle, après avoir failli en venir aux mains avec un souteneur, nous faisions la paix devant une bouteille de champagne. A cinq heures, à l'Escargot, nous prenions une soupe à l'oignon et saluions l'aube en compagnie des forts des Halles.

Lacor et moi nous congratulions réciproquement pour notre rigueur morale : il n'avait pas trompé Cécile, sa femme, ni moi Catherine.

Un matin, quand je rentrai, Nathalie venait de partir pour l'école avec sa gouvernante. Catherine s'était assurée qu'elle avait mis ses cahiers et ses livres dans le cartable. Je la trouvai dans la cuisine en train de laver la vaisselle de la veille.

« Tu es rond », me dit-elle.

Indigné, je répondis :

« Je ne suis pas soûl pour quelques verres. »

Je m'étonnai à retardement de sa frénésie ménagère matinale.

« C'est samedi. Gustav ne part qu'à midi. Pourquoi fais-tu son boulot?

– Je l'ai renvoyé hier soir », dit Catherine.

Gustav avait un amant postier. Chaque fois qu'ils se disputaient – ce qui était fréquent –, Gustav perdait la tête et se coupait horriblement en préparant les repas. L'évier, le fourneau et même les murs de la cuisine étaient couverts de sang. Ces jours-là, il nous servait à table de la laitue à l'hémo-globine ou du gratin dauphinois façon Dracula. C'était très pénible, surtout quand nous recevions.

« J'aime mieux faire la vaisselle que de vivre dans une salle d'opération », me dit Catherine.

Quand je l'avais connue, Catherine tenait secrètes deux ambitions fondamentales : être mère et deve-nir actrice. Maintenant rassurée, sa nature profonde allait s'épanouir; elle était faite pour dominer. Elle avait de la vie une optique précise à laquelle les gens et les événements devaient se conformer. Elle était convaincue d'être la seule à avoir raison et la seule capable d'assurer le bonheur des autres, à condition qu'en toute circonstance on lui obéisse. Comme elle était intelligente, ne manquant ni de sensibilité ni d'humour, il était facile de succomber à son charme avant de s'apercevoir qu'il fallait toujours dire « oui » sous peine d'être excommu-nié. Mais de soudains moments de désarroi don-naient à cette jeune fille au caractère de fer toutes les apparences de la vulnérabilité.

Quand son tempérament dominateur commença à se manifester, je ruai dans les brancards. Je ne suis absolument pas dressable et cela créa entre nous de vifs conflits.

Je ne sais si Catherine avait raison ou tort. Chaque partie voit toujours les choses d'une façon subjective. Il n'y a pas de vérité dans ce domaine. Mais une évidence demeure, elle avait changé. Plus précisément, une partie de sa personnalité, long-temps en état d'hibernation, s'éveillait soudain.

Un jour que nous roulions en voiture vers Me-gève, une dispute commencée sur une différence d'opinion au sujet d'une actrice s'envenima et tourna à l'aigre. Elle ouvrit la portière et essaya de sauter de la voiture en marche. Je la retins par sa jupe.

Elle me fit la tête pendant quatre heures. Nous arrivâmes près des premiers champs de neige.

« Arrête, dit Catherine. Je dois me détendre les jambes. »

Elle sortit de la voiture. Dix minutes après, elle n'était pas de retour. Je partis à sa recherche. Je n'eus qu'à suivre ses traces dans la neige. Je la retrouvai transie, sanglotant au pied d'un sapin.

« Qu'est-ce que tu me veux? » dit-elle.

Elle claquait des dents.

Je la pris dans mes bras et la portai jusqu'à la voiture. Ses pieds étaient blancs et glacés. Je les réchauffai à même la peau, sous ma chemise.

« On va m'amputer et tu ne m'aimeras plus avec des prothèses », dit-elle.

Cela me fit rire et nous nous embrassâmes.

Le problème, c'est que nous nous aimions vraiment.

Enfant, je me régalais dans le *Journal de Mickey* d'une rubrique intitulée : « La vérité dépasse la fiction. » J'aurais pu envoyer à l'éditeur l'histoire suivante.

J'étais seul à la maison quand le téléphone sonna. Je décrochai :

« Pipfugl? C'est ta Nénette! »

Elle était une nouvelle fois de retour à Paris et voulait me voir sans délai. J'allais sortir pour un rendez-vous important et proposai de la rencontrer le lendemain.

« Tu n'as pas l'air pressé de me revoir, dit-elle.

– Mais si! Seulement je suis pris tout l'après-midi. Je ne peux vraiment pas me décommander.

– Et ce soir?

« – Je dîne avec Paul Gegauff chez Serge. Où es-tu ?

– A l'hôtel Prince-de-Galles.

– Je t'appelle demain matin. »

Elle me demanda des nouvelles de Nathalie qui se portait à merveille. Elle m'embrassa, je l'embrassai et raccrochai.

Serge Marquand habitait le Marais. J'arrivai en retard pour le dîner.

Serge semblait nerveux et Paul, au contraire, ravi.

« Elles sont dans la chambre à coucher depuis une heure, me dit ce dernier.

– Qui ?

– Annette et Catherine. Elles discutent de ton sort. »

J'entrai dans la chambre. Je me sentais inquiet, coupable de n'avoir pas expliqué à mon ex-femme de façon suffisamment précise qu'il n'était pas question pour nous de revenir sur le passé.

Annette prit la parole :

« Tu vas dire, maintenant, tout de suite, laquelle de nous deux tu aimes vraiment. »

Qui est fou ? pensai-je. Annette, Catherine ou moi ? Ne trouvant rien d'intelligent à répondre, je sortis de la chambre.

« Alors ? demanda Paul que ce genre de situation enchantait. Pris la main dans le sac ? »

Annette et Catherine nous rejoignirent quelques minutes plus tard. J'attrapai Catherine par la main et nous quittâmes l'appartement.

A la suite de cette bizarre entrevue, Annette me dit qu'elle voulait habiter Paris et garder pour un temps Nathalie près d'elle.

Je louai deux appartements sur le même palier dans un immeuble situé à quelques centaines de mètres de chez moi. Dans l'un des appartements, j'installai ma mère, Mlle Millet et Nathalie. Dans l'autre, Annette.

Je pensais – et l'avenir me donna raison – que cette situation n'était que provisoire.

Catherine n'oubliait pas sa carrière. Elle rencontrait des producteurs et des metteurs en scène. Sa sœur l'avait présentée à Jacques Demy avec qui elle s'était liée d'amitié.

En avril, je partis pour la Laponie tourner les extérieurs de mon film *Château en Suède*, une comédie basée sur la pièce de Françoise Sagan. Catherine, enceinte de sept mois, resta à Paris.

La vedette italienne Monica Vitti (femme de Michelangelo Antonioni) et Jean-Louis Trintignant faisaient partie de la distribution. Nous passâmes avec l'équipe du film trois semaines à plus de cent kilomètres au nord du Cercle polaire.

Les nuits étaient courtes, une heure à peine, et l'air si vif que nous ne dormions pratiquement pas. J'avais déjà travaillé avec Trintignant (*Les Liaisons dangereuses*) depuis l'époque Bardot et nous nous entendions bien. Nous ne parlions jamais de Brigitte. Jean-Louis était un remarquable joueur de poker. Une nuit qu'il m'avait, une fois de plus, dépossédé de tous mes jetons, je ne pus m'empêcher de lui dire :

« Tu ne vas pas *aussi* me prendre mon pognon. »

Il se contenta de sourire.

Après les extérieurs en Suède, je terminai le tournage du film aux studios de Billancourt.

Le 18 juin, on me transmit un message sur le plateau : « Catherine Deneuve est à l'Hôpital américain de Neuilly. » J'appelai aussitôt.

« C'est pour demain », me dit-elle.

Mais trois heures après je reçus un autre message :

« C'est un fils, monsieur Vadim, le bébé et la mère se portent bien. »

Je laissai Jean-Michel terminer le tournage et me rendis à l'hôpital.

Catherine était pâle et radieuse, les cheveux encore collés de sueur et tenait Christian, âgé d'une heure, dans ses bras.

J'avais déjà une fille et j'étais heureux que ce soit, cette fois, un garçon. Je regardais mon fils en silence. Emu. Catherine me dit :

« C'est un bébé. Tu sais, ce genre de truc qui tète, qu'il faut toujours changer et qui grandit sans autorisation. »

Une infirmière s'empara de Christian. Je posai un baiser sur le front fripé.

« Il a besoin d'un *face-lift* », fis-je remarquer.

Catherine sourit et me prit la main. Je m'assis sur le lit.

Nous nous regardâmes avec un espoir nouveau qui nous tenait chaud au cœur.

22

JE ne savais pas qu'à dix-huit ans Christian allait être, comme sa mère, d'une exceptionnelle beauté : c'était un des bébés les plus laids que j'aie jamais vus.

A deux mois, on ne pouvait toujours pas l'asseoir; sa tête était trop lourde et tombait en avant, sur les côtés ou même en arrière : j'avais toujours peur qu'elle se décroche.

Je lisais une nuit un roman de van Vogt, un de mes auteurs de science-fiction favoris, quand j'entendis d'étranges bruits venant de la chambre du bébé. Je me levai sans réveiller Catherine et ouvris la porte de la nurserie. Le rai de lumière venant du couloir créait d'étranges ombres et je crus un instant qu'un extra-terrestre s'était glissé dans le berceau de mon fils.

Le bébé essayait simplement de porter à la bouche ses doigts de pied.

C'est cette nuit-là que je surnommai Christian « le Martien ». Cela agaçait Catherine qui, aveuglée par l'amour maternel, trouvait son fils d'une sublime beauté. Quelques mois plus tard, le Martien se transforma en un très joli petit garçon.

Nous étions à Saint-Tropez, dans une maison qui dominait la grande plage de Pampelonne.

Le soleil de juillet, la mer, les amis qui déjeunaient ou dînaient avec nous sur la terrasse couverte de vigne vierge, les balades en bateau, ce bébé que Catherine et moi adorions, les cris joyeux de la petite Nathalie qui courait dans le jardin envahi de roses, de marguerites et de lilas, l'odeur de thym, de mimosa et d'eucalyptus, tout conspirait à rendre heureux.

Pourtant, jamais nous ne nous étions autant disputés. L'espoir que la naissance de Christian allait nous rapprocher n'avait guère duré. Je supportais de moins en moins l'intransigeance intellectuelle et domestique de Catherine, elle me reprochait mon manque d'organisation et mes fugues nocturnes avec les copains, qui devenaient plus fréquentes. Elle me traitait souvent de menteur. Allergique à toute forme de manichéisme, je ne sais pas voir les choses en blanc ou noir, et je reconnais que mon interprétation du mot « vérité » est assez floue. Cela irrite beaucoup de gens. En particulier, les femmes avec qui j'habite. Nos tempéraments, notre conception de la vie étaient radicalement différents. Le terme juridique est : incompatibilité d'humeur.

Même quand l'amour a disparu, l'idée de la séparation après des années de vie commune est angoissante. Lorsqu'on s'aime toujours, ce qui était notre cas, cette pensée est d'autant plus douloureuse. Après chaque dispute, chaque malentendu, Catherine et moi retombions dans les bras l'un de l'autre. Mais les baisers, les larmes, les caresses, les mots tendres ne pouvaient plus cicatriser une plaie chaque jour réouverte.

Contre toute évidence, nous refusions d'admettre que nous ne vivions plus qu'un sursis. Cent fois, sous le coup de la colère, nous nous étions menacés de nous quitter mais nous n'avions jamais calmement parlé de séparation.

Jusqu'au jour de la tempête.

Je possédais un bateau, un Ariston Riva, dont le puissant moteur nous permettait de joindre les îles du Levant (à quatre-vingts kilomètres) en moins de deux heures.

Catherine, Paul Gegauff, Pierre Feroz (ex-secrétaire de Carlo Ponti), Toni Adès (un jeune producteur égyptien) et moi décidâmes de nous rendre aux îles pour une journée de pêche. Il faisait beau et en fin d'après-midi nous avions pris assez de poisson pour une bonne bouillabaisse.

Le vent d'est, soudain, se leva. Je décidai de rentrer pour arriver à Saint-Tropez avant la nuit. Mais Gegauff était – comme je l'ai déjà mentionné – un pêcheur fanatique. « Encore un petit... » répétait-il.

Il nous retarda jusqu'au coucher du soleil.

Sur le chemin du retour, à quinze kilomètres de la côte, le moteur prit feu. Toni et Pierre se jetèrent courageusement à la mer tandis que Paul et moi maîtrisions l'incendie à l'aide de l'extincteur. Rassurés, nos amis remontèrent à bord. Mais le moteur ne démarrait plus.

Inquiétés par le vent et les nuages qui couvraient maintenant l'horizon, les bateaux de plaisance étaient depuis longtemps repartis vers leur port d'attache. Nous étions seuls en mer. La houle devenait forte, la nuit tombait. Une seule solution, rejoindre la côte à la rame. Nous n'avions pas de pagaies et dûmes nous servir des skis nautiques.

Après deux heures d'effort, nous n'avions progressé que de quelques kilomètres. Les lumières de la côte semblaient toujours aussi éloignées. Le vent soufflait maintenant en tempête et l'eau envahissait le Riva. La pluie se mit à tomber. Les éclairs se succédaient. L'aventure tournait à la tragédie.

Paul Gegauff ne voulait pas donner le seau à poissons dont nous avions besoin pour écoper.

« Vous ne toucherez pas à ma bouillabaisse! » protestait-il.

Il finit par transiger et transféra les poissons dans le panier du pique-nique.

Pierre Feroz, vert de peur, ne pouvait plus bouger. Toni Adès, persuadé que seul Allah était capable de nous sortir de ce pétrin, avait renoncé à pagayer et récitait des prières en arabe. Tandis que Paul et moi nous escrimions à faire avancer le Riva, Catherine écopait avec un courage qui me remplit d'admiration. Elle faisait preuve d'un sang-froid extraordinaire.

Les chances de rejoindre la côte avant qu'une vague ne retourne l'embarcation semblaient, de minute en minute, plus improbables. Mais vers trois heures du matin, totalement épuisés, nous échouâmes sur une plage de sable à quelques mètres d'un grand hôtel. Paul trouva encore la force de récupérer ses poissons.

Le concierge de nuit n'était pas habitué à recevoir des naufragés. Il nous aida cependant de son mieux. Il fit couler un bain chaud pour Catherine, nous donna des peignoirs de bain et nous prépara des grogs au rhum bouillants.

Je téléphonai à la maison pour rassurer Mlle Millet. Elle me dit que le bateau de sauvetage avait quitté le port à notre recherche. Il fut rappelé par radio.

« Allah m'a écouté, nous dit Toni Adès.

– Merci, lui répondit Catherine. Heureusement que vous étiez là. »

Un peu plus tard, assise près de moi dans un grand fauteuil, elle me dit :

« J'ai vraiment cru que nous allions mourir. Je pensais à Christian. Je pensais que Nathalie, elle, avait encore sa maman. Et puis j'ai pensé à nous. Je me disais : « Si par miracle on ne fait pas naufrage, la vie va nous séparer. Tout était étrangement clair. Je voyais l'avenir comme dans un livre d'images. Et j'étais triste... Et je suis triste. »

A la fin de l'été, Catherine partit tourner le film de Jacques Demy, *Les Parapluies de Cherbourg*. Je dus me rendre à la Biennale de Venise.

Christian, de santé délicate la première année de sa vie, était resté à Paris avec sa nourrice italienne, Bruna, une femme admirable en qui Catherine et moi avions la plus absolue confiance.

Au retour de Venise, je restai quelques jours près de mon fils et décidai d'aller rejoindre Catherine à Cherbourg. Nous passâmes le dimanche à visiter la petite île de Jersey, si pittoresque avec ses prairies d'un vert intense, ses maisons de poupée sagement alignées et ses églises en briques rouges. Ce fut un désastre. Pour une raison ou pour une autre, nous ne cessâmes de nous disputer.

Découragé, je repartis dès le lendemain.

Le tournage des *Parapluies de Cherbourg* avait été pour Catherine une expérience heureuse et enrichissante. Elle ne pouvait savoir que ce film allait faire d'elle une star mais, pour la première fois, elle interprétait un personnage qui lui convenait merveilleusement. Et Jacques Demy sut mettre en valeur avec talent son physique délicat et romantique.

Le cinéma français avait besoin d'un visage nouveau, moins charnel que ceux de Jeanne Moreau ou de Simone Signoret, et d'une sensualité moins agressive que celui de Brigitte Bardot. Une place était à prendre, que Catherine occupa dès son premier grand rôle.

Quand elle me rejoignit à Paris, la vie reprit presque calmement. Nous étions comme deux boxeurs sonnés qui s'accordent une trève le temps d'un round. Catherine passait beaucoup de temps avec le bébé et je travaillais quinze heures par jour à la préparation de mon prochain film – un remake de *La Ronde* sur un scénario de Jean Anouilh.

Le 12 décembre, je rentrai à la maison en fin d'après-midi et trouvai Catherine en train de boucler une valise. Cela me rappela quelque chose.

« J'ai besoin de partir, me dit-elle. Je n'en peux plus. »

Elle refusa de me dire où elle allait.

J'appris le lendemain par la presse qu'elle avait rejoint Johnny Hallyday en tournée à Lyon – ou Evian, je ne sais plus. Etait-ce vrai?

Le 17 décembre, elle était de retour et ne semblait pas heureuse. Elle ne me dit pas un mot de son voyage éclair. Quand Catherine a décidé de ne pas parler, il est inutile d'essayer de lui arracher la moindre confidence. C'est une femme, parfois, extraordinairement secrète.

Le 20 décembre, mon amie Olga Horstig (l'agent de Brigitte Bardot) me téléphona pour savoir si j'étais libre à dîner.

« C'est l'anniversaire d'une de mes clientes. Elle était seule et je l'ai invitée. Tu la connais, je crois.

– Qui est-ce? demandai-je.

– Jane Fonda. »

TROISIÈME PARTIE

JANE FONDA

23

MAXIM'S a conservé la tradition des soupers dansants. J'y dînais avec Annette, que je connaissais depuis peu de temps, et quelques amis, quand j'aperçus de l'autre côté de la piste de danse Christian Marquand attablé avec une jeune fille.

« C'est la fille d'Henry Fonda », dit un de mes amis.

Jane avait à l'époque dix-huit ans. Je la trouvai plutôt jolie mais ne l'aurais pas remarquée si elle n'avait été en compagnie de Christian. Il se leva et l'entraîna sur la piste.

Elle était vêtue d'une robe très sage, à peine décolletée, serrée à la taille et tombant à hauteur de mollet. Sa coiffure – sage aussi – me rappelait les jeunes filles bien élevées des films américains. Le contraste avec les Parisiennes un peu trop sophistiquées était tout à fait rafraîchissant.

Christian et moi avions l'habitude de nous taquiner en soulignant et exagérant les défauts de nos nouvelles conquêtes. Quand il passa près de nous en dansant avec Jane, je glissai un papier dans sa poche. J'avais écrit : *Tu as vu les chevilles* ?

Jane avait ce soir-là les chevilles un peu enflées. Revenu à sa table, Christian lut mon message, le froissa et le jeta dans le cendrier. Plus tard, distrait par quelqu'un venu lui parler, il ne remarqua pas que Jane s'était discrètement emparée du billet. Elle me connaissait par les photos de journaux et se doutait que le papier glissé dans la poche de Christian la concernait. Elle était curieuse de savoir ce que je pouvais dire d'elle.

Cette entrée en matière peu galante eût fâché la plupart des femmes. Pas Jane. Elle m'avoua plus tard que l'incident l'avait plutôt amusée.

Le lendemain, elle quittait Paris pour Los Angeles. C'est là que, trois ans plus tard, je la revis et lui parlai pour la première fois.

Un producteur français m'avait demandé d'intéresser Jane à l'un des rôles d'un film que je devais mettre en scène. Je savais que les acteurs américains ne s'engagent jamais avant d'avoir lu un scénario et ce projet était encore trop vague pour que Jane y prête attention. Mais j'étais curieux de la connaître.

J'avais d'autres affaires à traiter et, une semaine seulement avant mon départ de Hollywood, j'appelai l'agent de Jane pour qu'il arrange un rendez-vous. Elle me retrouva un après-midi au coffee-shop du Beverly Hills Hotel où je résidais.

Elle n'était pas maquillée et sa coiffure donnait l'impression qu'elle venait de courir un cent mètres sur la plage. Elle portait un blue-jean et un chemisier assez masculin. J'ignorais que cette attitude était délibérée. Son agent lui avait dit : « Tâche d'être sexy. » Elle avait fait exactement le contraire. Ma réputation de découvreur de vedettes et de spécialiste de l'érotisme lui faisait peur et l'irritait. Si elle désirait me choquer par sa tenue, elle manqua son coup. C'est son naturel, au contraire, qui me plut.

En fait, en venant à ce rendez-vous, elle n'avait aucune intention d'accepter le rôle que j'allais lui proposer. Elle était simplement curieuse de me rencontrer.

Nous avons parlé pendant une heure au moins et je ne me souviens pas d'un mot de cette conversation.

Trois ans plus tard, Francis Cosne me proposa de mettre en scène un film tiré d'un best-seller, *Angélique, marquise des anges.* Il voulait Jane Fonda pour le rôle de l'aventureuse et passionnée marquise. Il reçut de Hollywood un télégramme qu'il me fit lire : *Jane Fonda n'est pas intéressée par un film en costumes. Elle me prie aussi de dire qu'elle ne tournera jamais avec Roger Vadim.*

Francis Cosne engagea Michèle Mercier. Le film (je n'en fis pas la mise en scène) fut un grand succès commercial, sinon un événement artistique.

Quelques mois après ce télégramme cinglant, Olga m'invita chez elle pour l'anniversaire de Jane. En quittant le studio où elle tournait *Les Félins* sous la direction de René Clément (avec Alain Delon), Jane prit le temps de passer à son hôtel pour se changer et se coiffer. Elle se montra charmante. L'ambiance était détendue et agréable. Elle dit qu'elle se sentait seule à Paris.

« On lit partout beaucoup de choses sur Alain Delon et vous, fit remarquer Olga.

– Ça fait partie du jeu, je pense, dit Jane. L'attaché de presse laisse entendre qu'une romance est en train de se nouer entre les deux vedettes du film et les journaux se jettent sur l'information sans chercher à vérifier. Un démenti dans ce cas ne ferait qu'ajouter de l'huile sur le feu. Comment prouver qu'on n'a jamais couché avec un monsieur qui vous tient à moitié nue dans ses bras sur un plateau, devant soixante personnes? Alain est un homme extrêmement séduisant, un agréable partenaire, mais je n'arrive pas à communiquer avec lui. Mon metteur en scène, René Clément, est terriblement froid. Il a du cœur, je crois, mais le cache bien. Au fond c'est peut-être un grand timide. Je n'ai qu'un ami en ce moment à Paris, un producteur, Laurent. Mais il est marié, père de famille et n'a pas beaucoup de temps libre. »

Son français n'était pas encore parfait mais elle s'exprimait sans effort. L'anglais de Jane est précis, son débit – bien que coupé d'hésitations, de poses intentionnelles – est rapide, ce qui donne une impression d'efficacité et parfois une certaine sécheresse de ton. En français son dialogue est plus imagé, sa voix devient plus grave et plus nuancée. Le manque d'assurance, qui provient de la recherche du mot dans une langue étrangère, lui donne une douceur qui existe en elle mais qu'elle cherche toujours, je ne sais pourquoi, à dissimuler.

Elle nous avoua qu'elle avait du mal à comprendre les Français mais ajouta :

« Ce que j'aime à Paris, c'est qu'on peut se balader jour et nuit. Quand on marche le soir dans Beverly Hills, la police vous demande vos papiers. »

Au sujet de l'excessive dépendance des Californiens envers leurs voitures, je racontai une courte nouvelle satirique de science-fiction que je venais de lire : un extra-terrestre est envoyé en mission pour étudier les formes de vie intelligentes sur Terre. Il arrive au-dessus de Los Angeles et enregistre son premier rapport. « Les habitants les plus évolués de cette planète ont un exo-squelette. Une carapace de métal de couleurs variées. Ils se propulsent sur quatre roues ou davantage, tiennent des meetings sur de grands espaces appelés " parkings " et s'abritent dans la nuit dans des abris individuels ou multiples appelés " garages ". Ils possèdent des modules télécommandés faits de

matière fragile et souple – blanche, noire ou jaune –
qui se meuvent assez maladroitement sur deux
jambes et dont l'utilité me paraît être pour l'instant
un mystère. »

Je ne sais si l'histoire l'amusa mais elle rit. Elle
nous dit qu'elle avait souffert récemment de crises
de somnambulisme.

« L'été, je dors sans rien et je me suis réveillée
plusieurs fois, complètement nue dans le jardin.
Une nuit j'ai ouvert la grille qui donnait sur la rue.
Quand j'ai repris conscience, j'ai cru que j'allais
mourir de confusion. »

Le gâteau avec les vingt-cinq bougies fut une
surprise. Nous chantâmes « *Happy Birthday to
you...* » Elle nous parla ensuite des raisons qui
l'avaient décidée à quitter Hollywood pour travailler en France.

« J'ai tourné six films aux Etats-Unis... Et joué au
théâtre dans trois pièces. J'ai obtenu le prix du
meilleur « Nouveau talent de l'année »... Mais je suis
toujours « la fille d'Henry Fonda », un des « espoirs » de Hollywood... Des journalistes m'ont sur-
nommée la Brigitte Bardot américaine. »

Elle s'interrompit, me sourit et reprit :

« J'ai beaucoup de respect pour Brigitte Bardot
mais je ne trouve pas que je lui ressemble. Et de
toute façon je préfère être moi-même... C'est ce qui
me manquait à Hollywood, j'avais fini par ne plus
savoir qui j'étais. Un produit préfabriqué et la
prisonnière du système. Alors j'ai décidé de
m'échapper et j'ai accepté le film de René Clément.
Peut-être pourrais-je découvrir en France ma vraie
personnalité. Tout le monde m'a dit que j'étais
inconsciente. Que je brisais ma carrière. On n'a
encore jamais vu une actrice américaine se faire un
nom en s'exilant en Europe. On me donnait en
exemple Greta Garbo et Ingrid Bergman, venues de

Suède à Hollywood. Et Bergman ruinant sa carrière quand elle partit vivre en Italie avec Rossellini. On verra bien... »

Elle nous avait prévenus qu'elle tournait tôt le lendemain et devait rentrer avant onze heures.

« Je suis folle! » s'écria-t-elle, réalisant qu'il était plus de minuit.

Elle nous quitta et vingt minutes plus tard le téléphone sonna. C'était Jane qui appelait de sa chambre d'hôtel. Elle dit à Olga qu'elle avait passé sa meilleure soirée depuis qu'elle était à Paris.

En raccrochant, Olga souriait.

« Tu l'as séduite. »

C'est moi qui étais séduit et malgré la conviction d'Olga, je n'osais pas espérer que cette attirance fût réciproque.

Les producteurs de *La Ronde*, Robert et Raymond Hakim, voulaient proposer à Jane un rôle dans le film. Je leur parlai du télégramme adressé à Francis Cosne.

« Ça ne veut rien dire, m'affirmèrent-ils. Avec les acteurs, on ne peut jamais savoir. »

Ils firent une offre à Olga Horstig et à ma grande surprise Jane accepta. Ce retournement n'était pas seulement dû à la soirée chez Olga. Jane avait décidé de travailler en France. Le prestige de Jean Anouilh, auteur du scénario, la brillante distribution du film et le fait que tout le monde lui conseillait de dire oui, l'emportèrent sur ses appréhensions. Elle ne se trouvait ni particulièrement « sexy » ni jolie, et ne comprenait pas pourquoi je m'intéressais à elle. Elle était à la fois attirée et effrayée par ce que je représentais. Aussi bien dans la vie qu'à travers mes films.

A vingt-cinq ans, Jane donnait dans ses interviews

l'image d'une jeune personne sûre d'elle-même, de son physique, de sa sexualité, convaincue qu'elle serait bientôt une star, jugeant sévèrement son père et son frère, et toujours prête à choquer l'opinion.

C'était en effet dans son caractère de foncer, de se moquer (apparemment) de l'opinion publique, mais elle était loin d'être aussi assurée qu'elle voulait le faire croire. Elle se posait beaucoup de questions au sujet de sa carrière, de son père et même de sa vie sentimentale. Il lui semblait qu'elle n'avait encore rien réellement réussi. Cela ne la décourageait pas mais la troublait.

Eddy Barclay, le célèbre éditeur de musique, donnait chaque année, la nuit du réveillon, un grand bal costumé. Tout ce que Paris comptait de talents et de célébrités (ou presque) était là, dans les grandes salles et le jardin du pavillon d'Armenonville, au bois de Boulogne. Jane était déguisée en Charlie Chaplin, avec moustache, chapeau melon, canne et pantalon flottant. J'étais, moi, en officier de l'Armée Rouge.

Toute la nuit fut un étrange jeu. Elle me fuyait, me retrouvait, fuyait à nouveau. Vers cinq heures du matin, il ne restait plus qu'une vingtaine d'invités. Jane était toujours là.

« Vous avez oublié le baiser de la nouvelle année », lui dis-je.

Et je l'embrassai sur la bouche.

Elle me regarda, parut sur le point de dire quelque chose, mais changea d'avis et rejoignit son ami Laurent, à qui elle demanda de la raccompagner à l'hôtel.

Catherine avait passé le réveillon de son côté. Je ne sus jamais avec qui.

Quelques jours plus tard, je me rendis au studio d'Epinay pour voir mon ami Jean André, décorateur, avec qui j'avais travaillé sur tous mes films. Il supervisait la construction des décors de René Clément pour *Les Félins*. Nous bavardâmes devant un whisky dans le petit bar du studio. Dehors, il pleuvait à verse.

Tout à coup, la porte s'ouvrit et Jane entra. Ses cheveux, coiffés sur le plateau quelques minutes plus tôt, dégoulinaient de pluie. Elle tournait une scène au lit et avait passé un imperméable sur sa chemise de nuit pour traverser la cour. Elle avait couru et sa poitrine se soulevait tandis qu'elle reprenait son souffle. Elle était très belle sortant de la nuit, haletante, mouillée de pluie, les yeux brillants et soudain confuse de se trouver devant moi.

Quelqu'un lui avait dit que j'étais au bar en compagnie de Jean André. Prise d'une impulsion subite, elle s'était élancée hors du plateau, craignant que je ne reparte avant la fin du tournage.

A cet instant précis, je sus que j'étais amoureux.

Deux heures plus tard je la raccompagnai à son hôtel, le Relais Bisson, et montai avec elle dans sa chambre.

Les fenêtres donnaient sur la Seine. Il y avait un grand lit, des poutres apparentes au plafond et un sofa sur lequel nous tombâmes dès qu'elle eut enlevé son imperméable.

Nous nous embrassâmes. Tendrement, passionnément, avec l'impatience de deux amants qui se retrouvent après une longue séparation. Je l'avais à moitié déshabillée et nous allions faire l'amour sur le sofa, quand soudain elle s'échappa et courut vers la salle de bain.

Une minute après elle en ressortit, nue, et se mit dans le lit. Je me déshabillai à mon tour et la rejoignis. Mais quelque chose s'était passé et je ne pus lui faire l'amour.

J'avais lu qu'un excès d'ardeur enlève parfois ses

moyens à un homme trop amoureux et je ne me décourageai pas. Une heure plus tard, je dus me rendre à l'évidence : j'étais bloqué, humilié, réduit à la plus totale impuissance.

Après le choc sentimental éprouvé dans le bar du studio et le flirt passionné sur le sofa, j'avais ressenti le départ vers la salle de bain et l'attente prosaïque de Jane, nue dans le lit, comme une sorte d'agression. Le rêve, soudain, se banalisait. C'était comme si elle m'avait dit : « Tu veux me faire l'amour ? Vas-y... »

Et c'est en fait ce qui s'était passé. Jane me l'expliqua plus tard. Elle était violemment attirée par moi et voulait se débarrasser de cette obsession en faisant l'amour. Elle refusait de tomber amoureuse et pensait que, le rituel accompli, elle serait exorcisée. Ma soudaine et inexplicable impotence bouleversa complètement la situation.

Vers minuit, je lui proposai d'aller souper dans un petit restaurant espagnol, La Quinta, près de l'hôtel.

Nous y restâmes jusqu'à quatre heures du matin, parlant, riant, plus amoureux que jamais. Je bus un nombre impressionnant de tequilas, persuadé que l'alcool allait noyer mes inhibitions.

De retour dans le lit, nouveau fiasco. Je me dis que, cette fois, l'excès d'alcool en était responsable. Quelques heures de sommeil et tout rentrerait dans l'ordre.

Au matin je dus déchanter. Toujours rien. Jane ne semblait pas affectée par cette situation imprévue. Je crois qu'au contraire cela la rassurait. Je devenais à ses yeux plus vulnérable, et sans doute plus humain.

Elle était prise à dîner le soir et le lendemain. Nous décidâmes de nous revoir le surlendemain.

Cette nuit-là, après le restaurant, je l'emmenai

dans un night-club de la rue de Ponthieu. Je dansais plusieurs slows avec elle, qui me rassurèrent sur l'état de ma virilité. Mais une fois dans le lit de la chambre d'hôtel, même scénario. Cela devenait un cauchemar à répétition. Au ridicule s'ajoutait l'angoisse. Jane était maintenant persuadée qu'elle ne m'attirait pas physiquement. Mais elle appréciait ma compagnie et me proposa de me revoir le samedi suivant.

Je m'étais confié à mon ami Bourillot, le coureur automobile-pharmacien, qui me donna des pilules pour mon prochain rendez-vous avec Jane.

« Tu en prendras une après le déjeuner, m'avait-il dit, et une en fin d'après-midi. »

Par excès de zèle, j'avalai le tube entier avant d'arriver au Relais Bisson. Je fus, toute la nuit, malade comme un chien. Jane me soigna avec dévouement et, pour me remettre, m'emmena prendre l'air au bois de Boulogne, le dimanche après-midi.

Cette extraordinaire affaire dura trois semaines. Je ne comprends toujours pas la patience que Jane montra à mon égard durant cette période. Elle aurait pu me dire : « Soyons copains, mais arrête la comédie. » Elle ne refusa jamais de me laisser dormir avec elle. Et j'admire encore mon incroyable entêtement. N'importe quel homme dans son bon sens se serait tiré une balle dans la tête ou aurait renoncé après quelques jours à s'exposer à pareil ridicule. Il fallait vraiment que je sois fou amoureux.

Un soir je dis à Jane :

« Je vais rester avec toi dans ce lit jusqu'à ce que je puisse faire l'amour. Un jour, deux jours, une semaine, un mois, un an s'il le faut.

— Un an? dit-elle. René Clément ne sera pas content. »

Au milieu de la nuit, le sort fut brisé. J'étais libéré et redevenu un homme comme les autres.

Nous ne restâmes pas au lit pendant un an, mais deux nuits et un jour. Je devais rattraper le temps perdu.

Cet épisode malheureux pour mon orgueil eut tout de même un résultat positif : Jane ne pouvait plus, décemment, avoir peur de ma réputation.

Après la première et lamentable nuit passée avec Jane, je n'étais pas rentré coucher chez moi. Je voyais Catherine et mon fils dans la journée mais dormais rue de Bassano quand je ne passais pas la nuit au Relais Bisson.

Une fois la situation « normalisée », je ne quittai plus Jane. Elle tournait toujours *Les Félins* et je terminais la préparation de *La Ronde*. Nous nous retrouvions tous les soirs.

C'était la première fois que je quittais une femme pour me retrouver, sans transition, dans les bras d'une autre femme. Je n'avais pas menti à Catherine et j'éprouvais pour elle davantage de tendresse maintenant que nous ne nous disputions plus. Elle paraissait accepter notre séparation sans rancœur apparente. Mais je crois qu'elle en souffrit plus que moi. Peut-être pas par amour, plutôt parce qu'elle eut l'impression que je l'avais abandonnée.

Un jour, Jane me dit qu'elle partait pour quarante-huit heures à Genève avec son ami Laurent.

A peine m'eut-elle quitté qu'elle me manquait déjà. J'oubliai ma solitude en compagnie de Christian Marquand, Maurice Ronet et quelques autres amis. Quand nous nous séparâmes, l'aube ne devait pas être loin.

J'ai déjà dit qu'il m'était arrivé de me tromper de studio. Cette nuit-là, je me trompai de domicile.

J'avais les clefs de mon appartement dans la boîte à gants de ma voiture. Au lieu de rentrer au Relais Bisson, je me rendis avenue Ingres. J'ouvris la porte d'entrée et marchai jusqu'à la chambre à coucher où je me déshabillai sans bruit. Puis j'entrai dans le lit.

Catherine m'observait et n'en croyait pas ses yeux.

« Peux-tu m'expliquer ce que tu fais? » me demanda-t-elle quand je fus allongé à ses côtés.

Alors, seulement, je réalisai ma méprise.

« Pardon, lui dis-je. J'ai dû me tromper d'adresse. »

Catherine me dit quelque chose mais j'étais trop fatigué, j'avais trop sommeil et je m'endormis avant qu'elle eut terminé sa phrase.

Quand je m'éveillai, le lit était vide. Je retrouvai Catherine dans le salon. Elle me regardait sans parler, comme on observe un animal qu'on voit pour la première fois.

« Qu'est-ce que tu m'as dit hier soir? demandai-je.

— Je t'ai dit de te rhabiller et d'aller te faire voir ailleurs.

— Quand je me suis endormi, qu'est-ce que tu as fait?

— J'ai pensé appeler la police. Mais ça n'aurait pas marché, c'est ton appartement. Alors j'ai pensé t'étouffer avec un oreiller mais je me suis dit que ça ne valait pas le coup d'aller en prison pour un type comme toi. Et j'étais trop fatiguée pour te tirer par les pieds dans le couloir. Je me suis rendormie. »

Après un silence elle ajouta :

« Tu n'as pas honte, Vadim?

— Si, j'ai honte », dis-je.

C'était la vérité.

Quand Jane revint de Genève, je lui demandai :

« Laurent était ton amant, n'est-ce pas?

– Oui.

– Tu étais amoureuse?

– J'étais seule. Il était gentil, solide. Il m'a aidée.

– Pourquoi ce voyage à Genève?

– Pour régler mon problème avec Laurent. Je voulais aussi être loin de toi pour savoir vraiment où j'en suis. »

Je commençais à connaître Jane. Son côté pratique était surprenant.

« Où en es-tu?

– Je t'aime. »

Plus tard, je lui demandai encore :

« Tu as couché avec lui à Genève?

– Oui. Je te l'ai déjà dit : je voulais savoir. »

Le premier choc passé, bizarrement, je me sentis rassuré. C'était la première fois que je rencontrais une femme qui ne mentait pas.

Par la suite, mon jugement se fit plus nuancé.

24

Ce n'étaient pas les qualités que chacun reconnaît à Jane Fonda aujourd'hui – courage politique, dons de leader, attachements aux causes du féminisme, son incroyable réussite au cinéma et dans les affaires, l'image d'une femme intellectuelle qui ne sacrifie pas son foyer à des idées ni ses idées à son foyer –, c'étaient sa vulnérabilité cachée sous une apparence de force et de confiance en soi, l'honnête recherche de son identité profonde, qui m'attiraient. Et bien sûr son visage, son corps, et le fait que physiquement nous nous accordions parfaitement.

Le plaisir sexuel, comme on sait, dépend autant de la tête que de la sensibilité des zones érogènes. Dans ce domaine, Jane était une femme complète. Elle ajoutait même à ses dons naturels une sorte d'innocence et de naïveté qui mariaient le charme au plaisir.

J'avais du mal à situer le niveau du Q.I. de Jane, mais j'étais très impressionné par sa grande curiosité intellectuelle.

Nous étions très amoureux, pourtant Jane n'envisageait pas de liaison durable. Elle ne voulait pas s'attacher. Le moment n'était pas encore venu, pensait-elle, de lier sa vie à celle d'un homme. Et elle ne me faisait pas confiance non plus dans ce domaine.

Ce qu'il y avait d'insolite dans cette violente attirance mutuelle, c'est que nous étions opposés par la culture, le caractère et le mode de vie. Je n'étais que d'une décennie son aîné, mais j'avais depuis longtemps déterminé ma place dans la société. A tort ou à raison, je croyais me connaître.

Jane, en revanche, n'était pas encore sortie de son cocon. A vingt-quatre ans, elle cherchait toujours les chemins menant à la découverte de son identité.

J'étais totalement étranger à tout ce qu'elle avait connu. Cela l'effrayait mais surtout la fascinait. Arrivée sans forme définie dans un nouvel univers, elle espérait trouver à travers moi une réponse aux questions que ni son éducation, ni son pays, ni sa famille ne lui avaient fournie.

J'étais la porte ouverte sur l'aventure de la vie.

Le tournage des *Félins* terminé, la production ne payait plus l'hôtel. Pour des raisons d'économie, nous décidâmes de louer un petit appartement.

Je découvris le nid idéal au 12 de la rue Séguier, une rue étroite, près de la place Saint-Michel, à quelques mètres seulement des quais de la Seine. On n'aurait pu rêver d'un endroit plus romantique. Une immense cheminée, un plafond en poutres burinées par le temps, un petit escalier qui donnait sur la loggia où le lit (construit sur mesure pour un propriétaire qui, apparemment, aimait dormir en nombreuse compagnie) tenait toute la place.

Je passais mes journées au bureau de production où je terminais la préparation de *La Ronde*. Jane visitait les musées, prenait des leçons de français avec Monique Carone, femme d'un de mes amis, photographe à *Paris-Match*, et écrivait des lettres à ses amis, son frère, son père et son ex-belle-mère Susan – l'avant-dernière Mme Henry Fonda à l'époque – qu'elle aimait beaucoup. Elle lisait mais il y avait de grandes lacunes dans sa culture littéraire, en particulier en ce qui concernait l'histoire et la politique. Je lui conseillai de lire *L'Espoir* d'André Malraux, *La Mère* de Gorki et *Le Prince* de Machiavel. Elle ne put terminer ce dernier livre. La politique ou plutôt, en ce qui concernait Machiavel, la mécanique de la politique, ne l'intéressait pas encore.

Nous ne connaissions ni l'un ni l'autre la Hollande et décidâmes de passer un week-end à Amsterdam. En voyant les putains exposées dans les vitrines d'une rue connue des marins du monde entier, Jane eut son premier accès de militantisme féministe.

« C'est une honte de dégrader ainsi les femmes! s'écria-t-elle. Une putain est aussi un être humain, pas un animal qu'on expose au public comme à la foire! »

Elle se mit en tête de casser les vitrines à l'aide de pavés. Mon emploi du temps ne m'offrait pas le luxe d'un séjour en prison et j'arrivai à la dissuader de mettre en pratique son noble projet.

Quelques mètres plus loin, je m'emparai d'une pioche laissée par des ouvriers travaillant sur le trottoir.

« Qu'est-ce que tu fais? » me demanda Jane.

Je lui montrai un jeune homme, un prostitué masculin vêtu d'un pantalon ultra-collant, assis dans un fauteuil, derrière une vitrine, et qui faisait de l'œil aux clients éventuels.

« C'est une honte de dégrader ainsi les hommes! m'écriai-je. Je vais briser cette vitrine. »

Elle se mit à rire. A l'époque elle riait plus facilement qu'aujourd'hui.

De retour à Paris, nous fûmes réveillés au milieu de la nuit par le téléphone. C'était Annette. D'une voix mourante, elle me dit qu'elle avait un épouvantable coup de cafard, que rien n'allait plus, qu'elle en avait marre de tout.

« Je t'entends à peine, dis-je. Peux-tu parler plus fort ?

– Non... J'ai pris trop de véronal. »

Voilà qu'Annette s'y mettait aussi !

Une demi-heure plus tard, Jane et moi arrivions à l'appartement que j'avais loué à Annette dix mois plus tôt. Je n'avais pas alerté ma mère qui habitait avec Nathalie sur le même palier, ne croyant pas la situation réellement désespérée.

La porte n'était pas fermée et nous entrâmes. Annette était un peu sonnée mais son état ne justifiait pas d'appeler un docteur. Jane l'emmena dans la salle de bain pour la faire vomir tandis que je préparais un litre de café.

Annette était tombée amoureuse d'Omar Sharif. Avec cette incroyable naïveté que les expériences ne parvenaient pas à entamer, elle s'était convaincue qu'il allait la supplier de partager sa vie. Son espoir fut déçu. Omar était un homme charmant et certainement il appréciait les qualités d'Annette, mais il n'envisageait pas une liaison durable.

Jane sut mieux que moi réconforter Annette. Elle lui parla gentiment et parvint à la raisonner. Elle lui dit qu'une femme ne devait jamais se mettre dans la position de dépendre d'un homme. Ni matériellement, ni par amour.

Annette remercia Jane, pleura, l'embrassa et affirma que la leçon lui avait servi. Dorénavant, elle allait penser d'abord à son métier et à sa fille. Elle allait apprendre à devenir une femme indépendante, libre et forte. Plus question de servir de jouet et de n'exister que par le plaisir des hommes...

Je n'avais jamais entendu Annette s'exprimer ainsi. J'étais confondu d'admiration pour le miracle que Jane venait d'accomplir.

Quinze jours plus tard, Annette tombait amoureuse d'un propriétaire d'usines de sucre à Casablanca et partit vivre avec lui au Maroc! Il allait devenir son second mari.

Tourner avec Jane se révéla un vrai plaisir. Elle se montrait attentive à mes indications de mise en scène, disciplinée, toujours prête à faire mieux, ponctuelle, en un mot une vraie professionnelle. Ce qui n'est pas toujours le cas des actrices françaises ou italiennes.

La formation professionnelle de Jane aurait pu être donnée en exemple. Elève de Strasberg (célèbre fondateur de l'Actor Studio), elle avait eu la chance de lier la théorie à la pratique grâce à ses expériences théâtrales et cinématographiques. Ses metteurs en scène avaient des noms prestigieux : Joshua Logan, George Cukor, George Roy Hill, René Clément...

Pourtant, il lui manquait quelque chose : la véritable spontanéité. Elle n'était encore qu'une élève exceptionnellement douée mais inquiète de lâcher la bride à sa personnalité. Elle analysait trop. Elle avait fait la connaissance d'un acteur qui rêvait de devenir metteur en scène. Andreas Voutsinas était pour certains un personnage machiavélique; pour Jane une sorte de gourou intime. Peu après l'arrivée de Jane à Paris, Voutsinas repartit pour les Etats-Unis.

D'après Jane, Andreas Voutsinas lui avait beaucoup apporté dans son métier, malgré la faillite retentissante d'une pièce qu'il avait mise en scène pour elle à New York, *The Fun Couple*. Mais elle avait fini par se convaincre qu'à force de décortiquer chaque sentiment, d'analyser à perte de vue, elle enchaînait sa personnalité. Elle se trouvait donc tout à fait réceptive à mes conseils. Tous mes efforts portèrent dans une seule direction : lui donner confiance en son physique et sa nature profonde. En d'autres mots, laisser davantage de champ à sa spontanéité sans nuire à ses qualités et à son expérience d'actrice déjà remarquable. C'était une tâche délicate et subtile qui s'accomplit en plusieurs années car je ne voulais en aucune façon la brusquer. Je n'étais que le tailleur de diamant. Le joyau existait, il lui manquait encore cet éclat supplémentaire qui fait d'une pierre précieuse un bijou unique. Et d'une très bonne actrice, une star. Elle-même (plus tard avec l'apport d'autres metteurs en scène) parcourut le chemin qui menait à la consécration suprême dans son art : deux Oscars pour la meilleure actrice.

Tandis que nous tournions *La Ronde*, elle était loin d'imaginer qu'elle recevrait un jour ces honneurs que son père lui-même, à l'époque, n'avait pas encore obtenus. Elle me répéta plusieurs fois qu'elle ne serait jamais une star : « Une bonne actrice, peut-être une très bonne actrice. Mais jamais une star. »

Je lui disais qu'elle se trompait et que pour un comédien, comme pour un peintre ou un écrivain, il faut à un certain stade oublier ce que l'on a appris pour se réaliser pleinement et passer de l'état de bon exécutant à celui de génie. Un coureur automobile, par exemple, devient champion après avoir si parfaitement assimilé les techniques de la conduite que l'acquis devient une seconde nature – il peut alors faire confiance à ses réflexes et improviser. Il en va de même pour les acteurs.

L'avenir a montré que Jane a su profiter de mes conseils. Mais elle n'a jamais été convaincue de sa réelle beauté. Ce qui d'ailleurs ajoute à sa séduction. Rien de moins attirant que ces actrices qui se croient irrésistibles et confondent l'objectif de la caméra avec un miroir : raison pour laquelle les modèles vedettes font rarement carrière au cinéma.

Jane n'eut pas à se déshabiller dans *La Ronde*, mais le scénario comportait une scène au lit avec Jean-Claude Brialy qui jouait son amant. L'histoire voulait que Brialy, éperdu d'amour, se trouvât soudain privé de ses moyens. Pour exprimer l'horreur de cette déroute soudaine, il prit une expression tragique.

« Tu n'as pas besoin de faire cette tête, dis-je à Brialy.

– Quelle tête dois-je faire ? me demanda-t-il.

– Vadim va te montrer », dit Jane.

Et elle éclata de rire.

Je me souvins alors de l'épisode de la chambre d'hôtel du Relais Bisson et me mis à rire avec elle. Personne ne comprit sur le plateau pourquoi cette situation nous amusait tellement.

J'avais toujours eu la fantaisie de visiter le pays de mes ancêtres, mais pour une raison ou pour une autre je remettais sans cesse ce voyage.

Jane me dit un jour qu'elle avait très envie de connaître la Russie et nous décidâmes de nous rendre à Moscou dès le film terminé.

Nous obtînmes les visas sans difficulté. L'U.R.S.S., sous l'impulsion de Khrouchtchev, était en pleine déstalinisation et je connaissais personnellement l'ambassadeur soviétique à Paris. Notre amie Monique Carone accepta de nous accompagner. Elle parlait le russe couramment, ce qui nous éviterait, espérions-nous, de dépendre d'un interprète imposé par l'Intourist.

Les Russes venaient de construire un Iliouchine gigantesque à turbo-hélice, permettant de joindre Moscou à Cuba sans escale. A l'aéroport du Bourget, nous montâmes dans cet étrange avion. On traversait d'abord une sorte de cabine de paquebot où étaient assis une douzaine d'hommes, tous vêtus du même complet bleu et parfaitement silencieux. Puis on longeait un couloir de train où se suivaient des compartiments à porte coulissante, genre Orient-Express. Passé un bar et une sorte de restaurant-cantine, venait ensuite un espace qui rappelait qu'on était dans un avion : les passagers étaient entassés sur des sièges aussi étroits qu'inconfortables. Pour finir, ce qui correspondait aux premières mais ressemblait à un pullman de luxe : tables individuelles, grands fauteuils, le tout très spacieux et très confortable.

« Ne me dis pas que ce truc va voler, s'inquiéta Jane.

– Nous allons par la route jusqu'à Moscou, lui dis-je. Pour éviter les radars. »

Contre toute logique l'énorme machine réussit à décoller et malgré les huit moteurs à turbo-hélice, assez bruyants, le vol fut agréable. Les hôtesses étaient tout à fait relax et n'assommaient pas les passagers avec des règles stupides d'inclinaison du dossier de siège. Elles laissèrent même sur la table, durant l'atterrissage, la bouteille de vodka et les verres. Je les félicitai chaudement.

Première surprise pour Jane : le passage de la douane à l'aéroport de Moscou fut dix fois plus rapide qu'à Los Angeles ou New York.

Le frère de Toto Mercanton, la monteuse de mes films, vivait avec sa famille à Moscou et possédait une voiture. Il nous attendait à l'aéroport.

Alors que nous passions un grand immeuble d'habitation dans la banlieue de la capitale, Jane remarqua un petit garçon qui tournait dans la cour sur un tricycle.

« Regarde... me dit-elle avec une expression d'intense étonnement.

– Quoi? demandai-je.

– Le petit garçon. Il a un tricycle. »

Elle croyait que les petits Soviétiques ne possédaient pas de jouets et cela me fit comprendre l'étendue du fossé créé entre les Etats-Unis et la Russie par les propagandes respectives des deux pays.

Pour ma part, je trouvais en Russie ce que je m'attendais d'y découvrir : peu de luxe mais pas de misère, un grave problème de logement, une bureaucratie lourde et exécrable, peu de policiers en uniforme (la police, dit-on, est surtout politique, donc invisible), des touristes se lamentant des lenteurs du service à l'hôtel et dans les restaurants, des magasins peu fournis, une nouvelle classe de privilégiés composée de dignitaires du Parti, de leur famille, de leurs amis, et aussi peu affectée par les problèmes matériels du Russe moyen que les rois et la cour, à Versailles autrefois, n'étaient concernés par la misère des paysans. Mais aussi un peuple chaleureux, aimant rire, s'amuser et boire, critiquant en privé son gouvernement et les bureaucrates mais ne se risquant pas – ou rarement – à protester en public; dans l'ensemble adapté à son mode de vie et convaincu que, malgré ses défauts, le socialisme valait mieux que le système capitaliste. Certains artistes, des intellectuels et quelques étudiants, moins vulnérables que la masse à la propagande du Parti, se montraient plus frondeurs et rêvaient de Paris, Rome ou New York.

Jane s'attendait à un peuple oppressé, terrifié par la police secrète et impatient d'être débarrassé du régime communiste. C'était vrai pour une partie de la population mais pas du Russe moyen. Ce qui l'étonna le plus, finalement, ce fut la bonne humeur des *babas* faisant trois heures de queue pour un produit rare et les joyeuses soirées que nous passâmes en famille dans des appartements un peu surpeuplés. Sans doute aussi l'étendue de la culture des étudiants. Ceux que nous rencontrâmes parlaient couramment le français ou l'anglais et connaissaient mieux que Jane l'histoire des Etats-Unis et sa littérature.

Je tiens à préciser que nous nous trouvions en Union soviétique durant une période exceptionnelle. Khrouchtchev avait permis un début de libéralisation, ce qui créait chez les Russes une certaine euphorie. Mais Khrouchtchev n'allait pas durer.

Nous jouissions aussi d'une situation particulière dans la mesure où nous n'avions pas besoin d'interprète officiel, ce qui mettait en confiance les gens que nous rencontrions. L'existence d'un touriste qui va d'un hôtel à l'autre et dépend uniquement des fonctionnaires de l'Intourist est tout à fait pitoyable. Dans ces conditions, je n'aurais pas tenu deux jours.

Nous couchâmes la première nuit dans une vaste chambre au troisième étage de l'hôtel National. Nos fenêtres donnaient sur la Perspective Gorki. Vers minuit, un bruit sourd, oppressant, assez proche du grondement produit par un tremblement de terre, nous réveilla. Nous allâmes à la fenêtre. Un cortège monstrueux descendait l'avenue. Derrière les tanks, d'immenses formes verdâtres se suivaient sur plus d'un kilomètre. De la taille d'une maison de trois étages, ces fantômes évoquaient des géants défunts, couverts d'un suaire et conduits vers quelque cimetière d'apocalypse. A côté d'eux, les tanks ressemblaient à des boîtes d'allumettes et les énormes pièces d'artillerie à des jouets d'enfant.

J'étais fasciné. Je me souvenais des Panzer divisions nazies envahissant le port de Toulon quand j'avais douze ans. Je me retournai mais Jane n'était plus à la fenêtre. Réfugiée sur le lit, la tête cachée dans les genoux, elle paraissait soudain très frêle, très petite et terrifiée.

Brusquement, elle était confrontée à l'image réelle de la guerre. Comme les Américains de sa génération, elle ne connaissait la guerre que par le cinéma, la télévision ou les magazines. Le choc l'avait bouleversée. Elle tremblait et fut incapable de parler pendant une heure.

« Demain, c'est le 1er Mai, lui expliquai-je, la fête du Travail. C'est aussi l'occasion pour les Russes de la grande parade militaire de l'année. »

Je gardai Jane dans mes bras et l'embrassai comme on embrasse un enfant qui a peur de l'orage. Plus jamais je ne la vis aussi vulnérable.

Le lendemain, nous assistâmes au défilé d'un balcon du deuxième étage. Khrouchtchev, à la tribune du gouvernement, nous faisait face de l'autre côté de la place Rouge.

Les géants camouflés que nous avions vu passer à hauteur de nos fenêtres étaient des fusées balistiques intercontinentales à tête nucléaire, présentées au public pour la première fois. Débarrassés de leurs suaires, ces monstres étaient toujours aussi impressionnants mais d'une grande beauté. La mort et l'art, souvent, se sont bien mariés.

Après la parade militaire, l'immense foule défila. Plus d'un million de Russes, de musulmans, d'Asiatiques, toute la richesse folklorique d'un pays allant de la Chine à l'Europe, des glaces arctiques aux Indes. Après l'image de la puissance et de la technologie au service de la mort, c'était le désordre coloré d'une humanité armée seulement de soie, de coton et de drap. Cette foule bigarrée coulait au rythme lent d'un fleuve, portant des bébés sur les épaules et brandissant des banderoles où l'on lisait : *Plus de guerres... Paix sur terre... Vingt-sept millions de Russes sont morts pour que vivent les enfants du monde*, etc.

La volonté de paix de ce peuple était évidente, mais comme Jane le fit remarquer :

« Dans ces vingt-sept millions de morts, est-ce qu'ils comptent les Russes assassinés par Staline ? »

Henry Fonda était sans doute l'acteur américain le plus connu en Russie (je ne compte pas Charlie Chaplin qui était anglais) et certainement le plus aimé. Sa fille fut partout chaleureusement reçue.

J'avais connu à Rome l'acteur-metteur en scène Bondartchouk et il nous invita au studio où il tournait depuis deux ans et demi une grande fresque cinématographique adaptée du roman de Léon Tolstoï, *Guerre et Paix.* Huit heures de film.

Jane admirait les somptueux décors construits sur un gigantesque plateau et remarqua :

« On se croirait à Hollywood. »

Bondartchouk était épuisé et au bord de la dépression nerveuse.

« Presque trois ans sur le même film, je n'en peux plus », nous avoua-t-il.

Il suggéra que je termine *Guerre et Paix* à sa place. Il trouva la force de sourire pour ajouter :

« Ne t'inquiète pas, je raccompagnerais Jane jusqu'à Paris. »

Les champions du puritanisme aux Etats-Unis devraient prendre des leçons de moralité en pays socialiste. En Russie, il n'était pas permis de coucher à l'hôtel dans la même chambre si l'on n'était pas marié (sauf les touristes étrangers). Problème pour les célibataires de tout âge : où faire l'amour? Dans les voitures? Peu de citoyens en possédaient. A la maison? La crise du logement l'interdisait.

Le train était la solution (les transports publics sont très bon marché en U.R.S.S.). Moscou-Leningrad et retour était le paradis des amateurs de sexe et des amants illégitimes. Jane et moi l'ignorions quand nous prîmes le wagon-lit pour l'ex-capitale des tsars. Notre compartiment ressemblait à une mini-chambre d'hôtel trois étoiles. Bois verni, lampe de cuivre sur la table en acajou, rideaux de velours, salle de bain de poupée avec douche et toilettes.

Nous passâmes une soirée très intime et passionnée. Tard dans la nuit, comme je ne trouvais pas le sommeil, je décidai de faire un tour dans les couloirs.

J'arrivai dans un wagon-couchettes. Le premier compartiment comprenait six couchettes et sur chacune des couchettes un couple : douze personnes faisaient l'amour. Le reste du wagon n'était pas aussi actif, il me parut néanmoins qu'on ne s'y ennuyait pas.

L'ex-ville d'eau de Pierre le Grand est restée charmante. Malgré les horreurs d'un siège qui dura deux années (on sait que la moitié de la population périt en 1942 et 1943), les habitants de Leningrad demeurent plus expansifs que les Moscovites.

J'obtins du conservateur du musée du Palais d'Hiver l'autorisation de visiter la salle des bijoux, en sous-sol, habituellement fermée au public.

Jane était très excitée à l'idée de cette visite. Nous fîmes monter dans notre chambre d'hôtel, avec le dîner, plusieurs bouteilles de vodka. Etait-ce l'air de la Baltique ou l'excès d'alcool blanc? Elle s'endormit si profondément qu'à huit heures du matin, quand la secrétaire du conservateur m'appela du hall, je ne pus la réveiller...

Je visitai avec Monique le sous-sol du Palais d'Hiver. Nous passâmes trois portes blindées qui se refermèrent derrière nous comme à Fort Knox. Je compris la nécessité de ces précautions : nous venions d'entrer dans la grotte d'Ali Baba et des quarante voleurs.

Je mentionnerai seulement les merveilleux bijoux hittites dont on ne pouvait apprécier la finesse du dessin qu'à l'aide d'une loupe. Et les Fabergé : boîte à cigarettes, animaux, poignards, et le revolver de nacre serti de rubis ayant appartenu à la Grande Catherine. Une ceinture de chasteté en or offerte par Ivan le Terrible à une future maîtresse encore vierge et portant ces mots gravés : *La femme est un désir. Le désir est un rêve.* L'épée d'Alexandre Nevski. Une bague de Pierre le Grand...

La secrétaire nous en fit l'historique. Elle était au doigt d'un souverain turc prisonnier. « Je la veux, dit Pierre. Contre cent de vos soldats que je libère. » Le Turc se coupa le doigt qu'il tendit avec la bague à son vainqueur.

« Pourquoi s'est-il coupé le doigt? demanda Monique.

– Je ne sais pas, dit la secrétaire.

– Ils n'avaient pas de savon à l'époque », expliquai-je à Monique.

Ce qui m'impressionna le plus, et me donna l'idée d'un cambriolage du siècle, était un cadeau offert par un sultan à Alexandre le Grand : l'équipement complet d'un cheval, tout en fils d'or tissés et en émeraudes – les mors, les rênes, la selle, les étriers et une couverture piquée de plusieurs centaines de ces pierres précieuses.

Rentré à l'hôtel, je racontai à Jane, en détail, ma visite au Palais d'Hiver. Aujourd'hui, encore, elle ne se pardonne pas sa cuite.

Le voyage en Russie ne fut certainement pas l'événement responsable du grand tournant dans l'existence de Jane : son engagement politique. Mais il eut un effet d'ordre psychologique. C'est à Moscou et à Leningrad qu'elle commença pour la première fois à remettre en cause les idées toutes faites acquises dans son pays.

Et le doute engendre la réflexion.

Annette partie vivre au Maroc, je pouvais reprendre Nathalie. Le studio de la rue Séguier était trop petit, il nous fallait trouver un appartement. Cela risquait de prendre du temps. Mon ami et mécène, le commandant Paul Louis Weiller, nous vint en aide.

Il avait transformé une de ses demeures, l'hôtel des ambassadeurs de Hollande construit au XVIᵉ siècle dans le Marais, en fondation pour artistes dans le besoin. Paul Louis avait des « artistes dans le besoin » une vue assez personnelle. Jane et moi correspondions à ses critères. Ainsi que Roland Petit, le directeur des célèbres Ballets de Paris, et sa femme Zizi Jeanmaire : ils occupaient l'étage au-dessus de celui qui nous fut réservé. Charlie Chaplin, Kirk Douglas ou Visconti, de passage à Paris, étaient parfois nos voisins. Artistes « dans le besoin », ils avaient le goût de préférer ce joyau architectural du Marais au Plaza Athénée ou au Ritz. Protecteur des arts, Paul Louis savait aussi apprécier la beauté et les chambres mansardées étaient occupées par de ravissantes danseuses ou des mannequins.

Notre appartement comprenait une pièce en ogives appelée « la salle des cartes » parce que les murs et le plafond, qui avaient été peints en 1560 par de grands artistes, représentaient toutes les parties du monde telles qu'on les connaissait ou les imaginait en ce temps. Pour une Américaine, même sortie de Vassar, c'était impressionnant.

Nathalie qui apprenait la géographie à l'école s'indignait des formes fantaisistes des mers et des continents peints sur nos murs. Jane la surprit un soir en train de rectifier les côtes d'Afrique à l'aide d'un pinceau. Par chance, Nathalie avait utilisé de la peinture à l'eau pour remettre à jour ces chefs-d'œuvre du XVIe.

Jane s'entendait très bien avec ma fille. Elle avait elle-même vécu avec deux belles-mères différentes, Susan et Afdera. Elle n'oubliait pas que Susan avait réussi à lui donner la tendresse et l'amour dont elle était alors assoiffée. Bien que ma fille ne souffrît pas de manque d'affection dans ses relations avec son père, Jane comprit le besoin de sécurité de Nathalie. Elle sut lui donner l'attention et la discipline nécessaires, sans imposer brutalement son autorité.

Aujourd'hui encore, à vingt-sept ans, Nathalie voue à Jane la plus sincère amitié et se confie à elle comme à une seconde mère.

Les Parapluies de Cherbourg avaient reçu un accueil triomphal à Cannes et deux mois plus tard obtenaient le prix Louis-Delluc. Coup sur coup, Catherine Deneuve tournait deux autres films : *La Vie de château* et *Un homme de compagnie*. Cette année-là, on vit plus souvent son nom et sa photo dans les magazines que ceux de Brigitte Bardot, qui s'était retirée dans sa villa de Saint-Tropez et refusait systématiquement tous les scénarios qui lui étaient proposés.

Catherine ne montra aucune amertume quand les journalistes lui posaient des questions sur notre rupture.

Jours de France (4 juillet 1964) : « Il n'est pas question de rupture morale entre Vadim et moi. Il est le père de mon fils. Je lui dois le plus grand bonheur de ma vie. Si nous sommes physiquement séparés, nous ne sommes pas pour autant désunis [...]. Vadim et moi ne nous oublierons jamais, quoi qu'il advienne. »

Question : « Souhaitez-vous tourner à nouveau sous la direction de Vadim? »

Catherine : « C'est mon plus cher désir. Nul plus que Vadim ne s'est réjoui de l'expérience positive qu'a été pour moi le film *Les Parapluies de Cherbourg*. Il ne s'est jamais montré jaloux du succès des gens qu'il aime. Il était ravi que je tourne avec Jacques Demy et m'a rassurée et encouragée dans les moments où je doutais. Je n'étais pas certaine d'être prête pour un rôle aussi important. Qu'un autre ait réussi là où il avait échoué n'a fait naître en lui aucune amertume [...]. Vadim m'a beaucoup trop appris pour que je renie son influence. Mon présent, mon avenir sont étroitement tributaires de mon passé. Et ce passé, de seize à vingt et un ans, c'est Vadim. »

Cet été-là, les journalistes nous cherchaient en vain, Jane et moi, à Saint-Tropez. Nous passions les vacances avec Nathalie et Christian à Claouey

(75 habitants) sur le bassin d'Arcachon, dans un modeste hôtel. Nos voisins étaient un brigadier de gendarmerie à la retraite, son chien aveugle, une ex-chanteuse d'opéra, concierge à la préfecture de Bordeaux, et un percepteur des impôts qui ressemblait à M. Hulot.

Nos fenêtres donnaient sur le parc à huîtres. Derrière l'hôtel, la forêt de pins s'étendait jusqu'aux immenses dunes de sable couvertes de joncs et d'œillets sauvages. Du haut des dunes, on découvrait une des plus belles et des plus longues plages de sable d'Europe, pratiquement déserte même au cœur de l'été. A marée basse, l'océan Atlantique se retirait sur plusieurs kilomètres pour charger soudain vers les dunes, à la vitesse d'un cheval au galop.

L'ex-élève de Vassar, habituée au luxe des demeures de Bel Air, avait quelques difficultés à s'adapter au confort précaire de notre hôtel – pas de service, douche commune sur le palier, téléphone dans le bureau du propriétaire. Pas exactement le style de vie qu'elle attendait d'un homme que les journalistes présentaient comme le pape de l'hédonisme. Pour une enfant choyée du capitalisme américain, ce fut une surprise. Mais l'une des qualités de Jane est sa faculté exceptionnelle de s'adapter aux situations nouvelles. Malgré sa peur des microbes (tout ce qui n'était pas aseptisé était pour elle sale et dangereux), elle se fit à ces vacances rustiques. Nul doute que l'expérience l'ait aidée, six ans plus tard, lors de son voyage au Viêt-nam.

Habitué par mon éducation – et du fait de la guerre – à passer des palaces aux auberges les plus modestes, et n'associant pas les plaisirs de la vie à la seule notion de luxe ou de confort, je ne réalisai pas le choc que Jane éprouva durant ces quelques semaines à Claouey. Elle ne m'en parla que des années plus tard.

J'appréciais pour ma part les petits déjeuners sur la terrasse transformée en radeau à marée haute, les dialogues avec les autres pensionnaires, dignes d'un film de Tati, les promenades sur les dunes et l'immense plage scintillant comme un miroir, à marée basse, les huîtres ouvertes à peine sorties de l'eau, la chasse aux coquillages dans le sable mouillé, et la paix royale : pas un être humain parlant de cinéma, pas un journaliste, pas un photographe. Les enfants étaient ravis. Et que Jane était charmante, jouant avec eux et chantant à tue-tête, durant nos balades en voiture, « Jeanneton prend sa faucille et s'en va cueillir du jonc » ou quelque chanson du folklore américain que Nathalie et moi reprenions avec elle, en hurlant de rire, tant notre accent était désastreux. Je la revois le visage penché en arrière, entre la tête de la petite fille et la tête du petit garçon, tous deux accrochés à ses épaules et elle, les pieds nus appuyés au pare-brise, battant la mesure orteil contre orteil. Et Nathalie disant :

« *I love your foot fingers*[1]. »

Jane riait et demandait :

« Qu'est-ce qu'ils ont mes *foot fingers*?

– Ils ressemblent aux pieds des hommes dans les musées.

– Musée... dit Christian.

– Il parle! s'écria Jane.

– Mais non. Il a le hoquet », précisait Nathalie.

C'était, pour moi, l'image du bonheur. Pour Jane ce n'était pas suffisant. Il lui manquait quelque chose. Elle devait déclarer un an après la naissance

---

1. *Foot finger*, littéralement, veut dire : « doigt de pied », mais ce n'est pas du bon anglais. Orteil se dit : *toe*.

de sa fille Vanessa : « J'ai atteint l'âge de trente-deux ans et découvert que j'avais perdu trente-deux ans de ma vie. » (Si elle avait été douée du don de la parole à la naissance, elle aurait probablement déclaré au docteur qui accouchait sa mère : « J'ai perdu neuf mois de ma vie »...)

Je ne me rendais pas compte à l'époque que Jane montrait déjà certains symptômes d'une variante évolutive du puritanisme américain. Un besoin profond de justifier son droit à exister en influençant ou déterminant pour leur bien le destin des autres. « Une vie sans cause est une vie perdue », pourrait être sa devise. Attitude philosophique très noble que je comprends et d'une certaine façon admire. Mais je ne peux me résoudre à l'idée de circonscrire la vie à une « cause ». Je donne au mot « vie » un sens plus étendu, qui n'exclut ni les plaisirs, ni le temps passé (perdu, dirait Jane) à profiter des douceurs mises à la disposition des créatures pensantes par l'Inventeur de cette jolie planète appelée Terre.

En un point, Jane s'éloignait radicalement du puritanisme traditionaliste hérité des protestants des XVIe et XVIIe siècles : elle n'associait en aucune façon l'idée de sexe avec la notion de péché. Dans ce domaine, elle était – et elle est restée – une femme libre de tout complexe de culpabilité.

Nous revenions de la plage. Jane portait Christian sur ses épaules. Nathalie griffonnait sur une feuille de papier tout en marchant : *Je fais un dessin sur-la-liste.* (Elle voulait dire « surréaliste ».)

Je chantais (faux) « *By the light of the silvery moon...* »

Une lettre m'attendait à l'hôtel. Une lettre de Catherine.

Mercredi 22 juillet.
Tu ne peux plus rien pour moi. Cependant ce soir tu es la seule personne à qui je peux parler comme à moi-même...

C'était une longue lettre. Un appel et un adieu. Une lettre qui mélangeait l'amertume à la douceur et à la mélancolie, les déclarations passionnées aux reproches. Catherine, qui jetait si rarement le masque, se montrait humaine et vulnérable.

Elle s'est convaincue, comme tant de gens frappés de célébrité, que s'ouvrir à la tendresse, au désarroi, c'est agir en victime – une forme de vulgarité. Accepter de montrer ses faiblesses, c'est au contraire le privilège des êtres forts et généreux. Elle avait ce jour-là, plus que jamais, acquis mon respect. Pas l'actrice, ni la compagne des jours passés, mais la femme capable d'écrire avec son cœur, sa misère, sa noblesse, ses larmes et son sourire.

Catherine serait certainement horrifiée si je lui montrais aujourd'hui cette lettre. Quel dommage que l'âme se réfugie toujours derrière l'armure de la peur dès qu'elle affronte la gloire. L'âme n'est pas faite pour se cacher. Par essence, l'âme s'épand et rayonne. L'âme n'a pas de honte.

Je relus plusieurs fois cette remarquable lettre. Je pensai à ma dernière rencontre avec Catherine, en Toscane, où elle tournait un film. J'étais venu chercher Christian pour l'emmener avec moi à Argentière, dans la vallée du mont Blanc, où j'avais loué un chalet. Quand Catherine était rentrée du tournage, il faisait déjà nuit. Les barrières du souvenir, de la mésentente, de l'amour, semblaient pour un instant s'être effacées. Cette nuit-là, j'avais cru que tout allait s'arranger, que l'aventure avec Jane n'était qu'un rêve, que Christian allait grandir entre un père et une mère qui s'aimaient.

Le matin suivant, nous prîmes la route avec le bébé. Et l'infernale mécanique se déclencha. Nous recommençâmes à nous disputer. C'était, à nouveau, la guerre des mots, les vieilles blessures qui s'ouvraient.

Arrivée à Argentière, Catherine ne voulut pas sortir de la voiture. Je posai ma valise et celle de Christian sur le bord du chemin et, tenant le bébé dans mes bras, marchai jusqu'au chalet. Jane sortit de la maison et m'embrassa. Je me retournai mais ne pus voir l'expression de Catherine. Elle avait fait demi-tour et repartait à toute vitesse sur la petite route en lacet.

De retour à Paris, Jane me dit :

« On me propose un film à Hollywood.

– Tu as lu le script?

– Oui, un western. Je vais refuser. »

Je lui demandai de me laisser lire le scénario dont le titre était *Cat Ballou*.

« Ce n'est pas un western classique, lui dis-je le lendemain, c'est une bonne comédie. »

Je savais qu'elle désirait retourner en Amérique et prouver à son père et à Hollywood que son départ pour la France avait été une décision intelligente. Fini les rôles d'étudiante ou de petite créature sensuelle. Elle voulait rentrer chez elle avec la réputation de vedette qu'elle s'était forgée en Europe. Mais un western?

« J'aime cette Cat Ballou, insistai-je. C'est une femme courageuse, dynamique, mais tendre, moderne, drôle. Tout à fait pour toi à ce stade de ta carrière. »

Elle hésita encore mais finit par répondre « oui »
à la Columbia.

Je devais rester à Paris près de Nathalie mais
promis d'aller la voir.

Dès sa descente d'avion, elle m'appela de Los
Angeles.

— Devine... me dit-elle.
— Moi aussi, lui dis-je.

25

La forêt, en ce mois d'octobre, éclatait de jaunes, de rouges, d'orange – un festin visuel.

J'avais loué une voiture à Denver et conduit jusqu'à Colorado Spring, où Jane tournait *Cat Ballou*.

Son partenaire, Lee Marvin, me répétait, quand il était ivre, qu'il détestait les Français.

« Mais, précisait-il, je t'aime parce que tu es à moitié russe, bien que je déteste aussi les Russes. »

En fait, Lee Marvin détestait tout ce qui n'était pas Américain. Nous passâmes cependant quelques agréables soirées avec ce farouche xénophobe.

Revenue dans son pays, Jane aurait pu changer à mon égard. Il n'en fut rien. Elle se montra tendre et particulièrement attentive, craignant peut-être que je me sente dépaysé au milieu d'une production étrangère. En cela elle se trompait. Rien ne ressemble davantage à une équipe de film qu'une autre équipe de film, en Europe, en Russie, aux Etats-Unis ou ailleurs. De plus, les Américains sont toujours ouverts et amicaux quand vous leur êtes sympathique.

Malgré tout, je me sens mal à mon aise sur un lieu de tournage où je n'ai rien à faire. Un peu comme un capitaine invité sur un navire dont il n'a pas le commandement. Je ne restai donc qu'une semaine à Colorado Spring.

En route pour Denver, je me fis arrêter deux fois sur l'autoroute pour excès de vitesse. Les Français considèrent que les lois sont faites pour être contournées et s'adaptent difficilement à la discipline américaine.

Je pris un avion pour New York où je devais rencontrer Raoul Lévy pour parler d'un projet de film.

Raoul vivait un de ses nouveaux rêves. Il voulait racheter la Metro Goldwyn Mayer (avec quel argent?) et s'était convaincu que Kirkorian (propriétaire d'hôtels à Las Vegas et P.-D.G. de la M.G.M.) payait le portier du Sherry Netherland pour le faire assassiner. Il m'obligeait à entrer et à sortir de l'hôtel par les cuisines, ce qui devint, à la longue, assommant. Je finis par le convaincre d'utiliser le hall, comme tout le monde. Cette nuit-là, malheureusement, un homme fut tué devant l'hôtel de trois balles dans la tête.

« Tu vois! me dit Raoul. Nous l'avons échappé belle... »

J'étais de nouveau condamné à l'itinéraire des cuisines.

Quand Jane me rejoignit à New York, nous allâmes habiter chez son père dans la 73e Rue, près de Lexington.

J'avais rencontré Henry Fonda à deux reprises, au cours de soirées, et nous avions agréablement bavardé. C'était un homme réservé, poli, et totalement allergique à toute allusion concernant sa vie privée. Lui demander, par exemple, s'il se levait de bonne heure ou faisait parfois des cauchemars, le mettait aussi mal à l'aise qu'une femme à qui l'on demande en public si elle crie quand elle fait l'amour.

Mes rapports avec lui étaient superficiels mais très plaisants. On peut dire que nous nous entendions bien. Je n'étais peut-être pas pour lui le gendre idéal mais, comparé aux ex-fiancés de sa fille, il me trouvait tout à fait rassurant. Il ne s'était, en particulier, jamais habitué à l'attachement de Jane pour Andreas Voutsinas. Grâce au souvenir laissé par ce dernier, je jouis dès les premiers jours d'un statut de faveur : j'étais pour Henry Fonda l'homme qui avait éliminé le pervers Andreas de la vie de Jane. C'était inexact, mais je ne cherchai pas à retirer à Henry ses illusions; j'acceptai la médaille de sauveur de Jane sans l'avoir méritée.

On a beaucoup parlé de crise dans les rapports entre Henry Fonda et ses enfants. Il me semble qu'il s'agissait plutôt d'un problème de sémantique.

Jane souffrait de la froideur apparente de son père qu'elle interprétait comme un manque d'amour. Elle m'avait raconté un jour : « A l'âge de seize ans, j'avais fait des photos de mode pendant tout un mois pour gagner l'argent de son cadeau d'anniversaire. Il avait dit merci, mais oublié d'ouvrir le paquet... Comme une idiote, j'ai pleuré toute la soirée dans ma chambre. »

Peter, son frère, avait des réactions plus dangereuses. A onze ans il s'était envoyé une balle dans le ventre en manipulant un fusil. On parla de tentative de suicide. « Ce n'était pas ça, m'expliqua Jane. Peut-être pas non plus un accident. Plutôt une façon romanesque d'attirer l'attention. Je ne sais pas... Peter est terriblement complexé. Il a besoin d'amour. »

Une chose est certaine, le père et les enfants avaient le plus grand mal à communiquer. Jane et

Peter transformèrent ce malentendu en drame. Mais le drame pour des acteurs, c'est comme la guerre pour le soldat : cela fait partie du quotidien de la vie. J'allais pour ma part aider à désamorcer une bombe qui n'aurait de toute façon jamais éclaté. Je fis ce que je pus durant des années, pour « dédramatiser » les rapports entre Jane et son père.

Henry Fonda venait de se séparer de sa dernière femme, Afdera. Une aristocrate italienne très brune, excessive dans son vocabulaire et ses actes, passionnée, snob... Un personnage haut en couleur, l'antithèse absolue de son mari. Et il ne vivait pas encore avec Shirlee Adams qui allait être la dernière Mrs. Fonda.

J'étais assis dans le salon, jouant machinalement avec le velours qui recouvrait le fauteuil et s'était déchiré sur un côté. Je remarquai quatre couches superposées de différents tissus. Cela me parut bizarre. Quand je me retrouvai seul avec Jane, je lui en demandai la raison.

« A chaque nouveau mariage, me dit-elle, au lieu de changer l'ameublement, ses femmes recouvrent les fauteuils et les divans d'un nouveau tissu. Elles choisissent leur couleur préférée. »

Cette coupe géologique matrimoniale m'avait empli d'admiration. On pouvait compter les mariages d'Henry Fonda comme on apprend l'histoire des ères terrestres : par les couches superposées du terrain.

Ma mère aimait beaucoup Jane.
Elles parlaient ensemble du rôle de la femme

dans la société moderne et se lamentaient sur mon manque de rigueur dans le choix de mes sujets de films.

« C'est une femme unique, exceptionnelle, me disait-elle de Jane. Elle sera plus célèbre que toi, que Brigitte ou que Catherine. Elle aimera les grandes causes et les hommes qui lui permettront de se créer une image publique. Etre actrice ne lui suffira bientôt plus, un jour, elle voudra davantage. »

Je comprenais que Jane se cherchait une identité mais je pensais qu'un amour heureux, la réussite dans son métier et peut-être un enfant, apporteraient une réponse positive à sa quête. Ma mère voyait plus loin que moi.

J'avais une excuse à mon manque de perspicacité. Jane se révéla une maîtresse de maison si parfaite et si consciencieuse que je ne pouvais me douter qu'elle assumait en fait un nouveau rôle. C'est un de ses traits de caractère dominants que de se montrer perfectionniste (j'allais dire professionnelle), au-delà de toute limite raisonnable.

Contrairement à ce qu'elle devait déclarer publiquement dix ans plus tard, je n'ai jamais voulu transformer Jane en esclave du foyer. Je ne l'avais jamais fait pour mes autres femmes et n'allais certainement pas commencer avec elle. Je croyais sincèrement que Jane aimait ses activités de maîtresse de maison. Et c'était sans doute le cas. Plus tard, pour des raisons politiques, elle parla de cette période de sa vie comme d'un purgatoire domestique. Je la soupçonne de s'en être elle-même persuadée.

Quand Jane se mit en tête d'acheter une maison en France et qu'elle tomba amoureuse d'une ferme du XVIIIᵉ siècle, près de Houdan, je sus qu'elle avait réellement décidé de vivre avec moi.

Nous n'avions jamais parlé de mariage, sinon pour nous accorder à dire que c'était une formalité passée de mode, dont nous n'avions nul besoin pour être heureux ensemble.

26

Los Angeles est une ville horizontale. Un paradoxe urbain. On peut définir un Parisien, un New-Yorkais, un Londonien ou un Romain, moins facilement un habitant de L.A. Comment les appelle-t-on d'ailleurs? Los Angelois? La mégalopole est composée d'un ensemble de petites villes où les habitudes de vie diffèrent radicalement.

Parlons des plus riches. Les propriétaires de Beverly Hills, de Bel Air ou de Coldwater, Benedict et Laurel Canyons ne font pas tous du cinéma mais leur style de vie est identique. On ne se rencontre qu'à l'occasion de *parties* ou au restaurant. On prend sa Rolls, sa Mercedes ou sa Jaguar pour acheter un paquet de cigarettes ou un quart de litre de lait écrémé. Au programme obligatoire des réjouissances, les innombrables *fund-raising dinners*[1].

« Votre gouvernement ne s'occupe donc ni des pauvres, ni des vieux, ni des handicapés, ni des recherches médicales, ni des drogués, ni des orphelins? » demandais-je à Jane.

En bonne Américaine, elle reconnaissait avec fair-play ses propres défauts et ceux de ses compa-

---

1. Dîner de charité où l'on paie très cher sa place.

triotes, mais supportait mal les sarcasmes venant d'un étranger. Je ne résistais cependant jamais au plaisir de la taquiner. Par exemple, ahuri du nombre incroyable de prix décernés chaque année, je disais : « Vous avez transformé Hollywood en stade olympique. Tout le monde ici court après sa médaille. »

Pour des raisons d'ordre professionnel, Jane et moi avions décidé de passer quelques mois à Los Angeles, au Bel Air Hotel. Elle savait que ce genre d'existence – aussi *glamorous* qu'elle soit – allait vite me lasser. Elle proposa de louer une maison sur la plage.

Malibu – plus précisément la plage appelée Colony – n'était pas un endroit aussi couru qu'aujourd'hui. On y rencontrait des écrivains, des artistes, des chanteurs, des gens de cinéma : beaucoup d'entre eux n'étaient pas encore célèbres. Tels Jack Nicholson, Larry Hagman, John Philips des « Mamas et Papas », Mia Farrow, Jacqueline Bisset, Bob Towne qui, parmi bien d'autres, faisaient partie de nos amis et voisins.

J'aimais cette ambiance détendue. Je passais des semaines en blue-jean et espadrilles. Les amis arrivaient à la maison sans avoir pris rendez-vous huit jours à l'avance. J'allais à pied au marché, pêchais de la plage des perches ou, avec un peu de chance, un genre de turbot, pour la bourride provençale que je servais au repas de midi ou le soir. Nathalie et le petit Christian (il arrivait de France pour les vacances) adoraient cette vie.

Jusqu'en 1970, nous passâmes chaque année plusieurs mois à Malibu. En 1965, nous avions loué la maison du metteur en scène William Wyler. Jane décida de donner pour moi une grande partie.

Les soirées de Hollywood étaient à l'époque très compartimentées sur le plan social. Les présidents de studio et les stars se retrouvaient chez les uns ou les autres, ceux qui n'appartenaient pas encore au gratin s'amusaient de leur côté. Nous décidâmes que notre nuit serait plus démocratique.

Une jeune mère hippie donnait le sein à son bébé, assise entre Darryl Zanuck, Paul Newman et Jack Lemmon. Andy Warhol et deux de ses acteurs de films underground néopornos buvaient en compagnie de Lauren Bacall, George Cukor, Marlon Brando et Sam Spiegel. Dany Kaye donnait à un artiste pop (c'était le temps du Pop Art) la recette des spaghettis *alla carbonara*. Warren Beatty, entouré de jeunes actrices, expliquait que, devenu soudain mystique, il avait décidé de renoncer à l'amour. (Une plaisanterie, comme l'on s'en doute.)

Il y avait un groupe particulièrement joyeux : Jack Nicholson, Peter Fonda, Denis Hopper, Bobby Walker, Terry Southern, qui allaient faire encore plus de bruit dans quelques années avec leur film *Easy Rider*. Sydney Poitier, Gene Kelly et Natalie Wood donnaient une leçon de claquettes à ma fille et à deux copains de son âge qu'elle avait récupérés au bord de la mer.

Au fil de la nuit, toute la plage vint se joindre à la fête.

Nous avions installé sur le sable une piste de danse et une grande tente. Les Byrds (un des groupes rock les plus célèbres de l'époque) jouèrent et chantèrent jusqu'à l'aube. Il y eut aussi un grand feu d'artifice.

Jane fut mieux qu'une parfaite hôtesse. En une nuit elle avait remis Hollywood à l'heure.

Quand le jour se leva, comme dans les films d'Antonioni ou de Fellini, les ouvriers démontaient la tente et la piste de danse, tandis que quelques milliardaires et des stars, surpris par le sommeil, dormaient sur les matelas de la terrasse et les divans du salon.

Le soleil était haut dans le ciel. J'étais assis à la limite du sable mouillé, mon bras passé sur les épaules de Jane. Nous regardions un petit phoque qui jouait dans les rouleaux.

Je l'embrassai. Le baiser avait le goût délicieux de la réussite, de la folie, du soleil de Californie assaisonné de la brise capricieuse du Pacifique. Il avait le goût de Jane et du bonheur partagé.

L'avenir était tendre.

Jane se levait à six heures du matin pour se rendre au studio. Quand elle rentrait, vers dix-neuf heures, elle me trouvait à la cuisine, supervisant Roberto, notre Cubain chauffeur, valet de chambre, cuisinier, ou au bar du salon avec quelques amis, pour le whisky du soir. Après le dîner, elle se retirait dans un coin tranquille pour répéter son rôle.

Parfois, elle me demandait des conseils. J'agissais dans ce cas avec précaution. Chaque metteur en scène a sa propre conception de son film et rien n'est plus odieux qu'un acteur ou une actrice qui arrive sur le plateau avec des idées imposées par quelqu'un d'étranger au tournage.

Quand Jane n'allait pas au studio, elle faisait des listes... C'est une championne incontestée de la liste – achats, notes à régler, rendez-vous, lettres à écrire, etc. Mais elle savait encore, à l'époque, se détendre. Quelques heures de farniente n'étaient pas péché mortel. Elle aimait la musique rock, Bob Dylan et Joan Baez. Elle faisait des collages et préparait dès l'été des boules en papier mâché pour l'arbre de Noël.

Larry Hagman (*Dallas*) organisait toutes les

semaines des défilés sur la plage. Une sorte de carnaval où chacun se défoulait. On se déguisait en gorille, en soldat sudiste, en touriste texan, en putain romaine, en soi-même, et l'on suivait le drapeau américain brandi par Larry. On se retrouvait ensuite dans le *jacuzzi* de son accueillante maison, toujours envahie d'enfants. (Le méchant J.R. est l'un des hommes les plus amicaux et les plus charmants que j'aie rencontrés en Amérique.)

On nous voyait rarement, Jane et moi, dans les restaurants à la mode et les parties de Beverly Hills. Durant la journée mais surtout la nuit – je suis un écrivain nocturne –, je travaillais à mes projets de films.

Henry Fonda venait quelquefois nous rendre visite. Je fis à cette occasion connaissance de Shirlee Adams.

Ravissante – elle l'est restée –, toujours de bonne humeur et totalement dévouée à Henry dont elle était visiblement très amoureuse, Shirlee organisait avec beaucoup de finesse et d'adresse la vie du grand acteur, sans lui donner l'impression qu'il subissait son autorité. Elle n'était ni son esclave, ni son maître et ne désirait que son bonheur. Pris en main, choyé, bousculé gentiment mais fermement quand il le fallait, Henry avait trouvé avec l'âge la femme qui lui convenait.

Shirlee souffrait d'une habitude commune à beaucoup d'Américains : elle ne pouvait résister à donner le prix de chaque objet ou de chaque vêtement qu'elle venait d'acheter. Je la taquinais souvent à ce sujet. Quand elle portait à la bouche un morceau de son « New York steak », je disais :

« *Fifty-five cents : seven twenty a half-pound at the Farmers market.* »

Shirlee eut une heureuse influence sur les relations entre Jane et son père. Elle me dit un jour :

« Jane croit que je vis avec son père pour son nom et son argent. Des hommes plus jeunes qu'Henry et cent fois plus riches m'ont proposé le mariage. J'aime cet homme, Vadim. Je l'aime vraiment. »

Quand Jane fut convaincue que Shirlee aimait vraiment Henry, elle céda, et peu à peu accepta la cinquième femme de son père.

Je me souviens d'une conversation. Jane disait à son père :

« Elle est trop jeune pour toi. Elle va te laisser tomber.

– On ne laisse jamais tomber un Fonda », dit Henry.

Jane regarda son père et sourit.

« On ne laisse jamais tomber un Fonda... » Cette phrase, elle n'allait pas l'oublier.

La Ronde était une comédie bien écrite, bien jouée, un peu subtile peut-être car elle ne s'adressait pas aux intellectuels du cinéma et manquait de la simplicité qui pouvait plaire au grand public. Une œuvre un peu trop parisienne. Bien qu'on n'y parlât que d'amour et de sexe, ce n'était pas un film érotique; Jane n'y dévoilait que ses épaules.

Cela n'empêcha pas les distributeurs américains (la compagnie de Joe Levine) de faire peindre un poster géant de Jane, entièrement nue, sur Time Square à New York. Elle prit mal la chose. Ce qui me choqua personnellement, c'est que l'affiche était d'une grande laideur. Jane entama un procès et l'on couvrit les six mètres carrés de ses fesses d'un rectangle noir qui ajoutait la pornographie au mauvais goût.

J'étais encore une fois victime de l'idée préconçue que mes films devaient faire scandale. Contrairement à ce que croit la majorité des distributeurs, on ne leurre pas le public. Rien de plus mauvais que de vendre un produit sous une fausse étiquette.

Jane n'était toujours pas une star en Amérique, malgré le succès commercial de *Cat Ballou*. Il faut dire que la vedette du film fut le cheval de Lee Marvin, qui s'endormait quand son cavalier cuvait son vin. Comme on ne récompensait pas encore les herbivores, c'est Lee qui obtint l'Oscar du meilleur second rôle pour *Cat Ballou*.

Sam Spiegel proposa à Jane le principal rôle féminin d'un film ambitieux, *The Chase*. Le générique promettait les plus grands espoirs : Marlon Brando, Robert Redford, E.G. Marshall, Angie Dickinson. Lillian Hellman avait collaboré au scénario. Le metteur en scène s'appelait Arthur Penn.

Mais Jane – avec juste raison – s'inquiétait de l'avenir du film. Elle savait que Marlon Brando s'y ennuyait et me fit un soir une imitation géniale de Marlon dans son rôle de shérif mettant deux minutes avant de répondre « oui » à une simple question. Elle devint Marlon assis à son bureau : il soupirait, se grattait le nez, fixait son regard sur un avenir très proche de l'objectif de la caméra, ne trouvait pas de réponse philosophique digne d'un shérif californien, se renversait sur le dossier de son fauteuil, rotait sans bruit, tournait la tête comme pour suivre des yeux un chat qui ne traversait pas la pièce, regardait par la fenêtre le soleil, essayant de se souvenir de la distance exacte Terre-Soleil, se touchait le lobe de l'oreille, réfléchissait à la question qu'on venait de lui poser, fermait les yeux, les ouvrait, renversait la tête comme s'il allait rire, ne riait pas, attrapait une pièce de cinq *cents* sur le bureau et l'observait intensément, comme si la réponse à la question fondamentale : « Qui a créé Dieu ? » était gravée sur la pièce de monnaie; finalement il se tournait vers son interlocuteur et disait « *Yes.* »

L'imitation de Jane, en un sens, valait la performance de Marlon quand il avait joué sur les Champs-Elysées, à lui seul, tous les rôles d'*Un tramway nommé Désir.*

En 1965, la majorité des Américains n'était pas consciente que leur gouvernement avait mis en place au Viêt-nam une machine infernale chaque jour plus difficile à désamorcer. Quand je disais à Jane que le processus déclenché en Indochine se répétait une seconde fois, elle ne me croyait pas.

« Votre guerre était une guerre colonialiste, répondait-elle.

– Et la différence avec une guerre capitaliste ?

– Nous ne défendons pas, comme le faisaient les Français, nos intérêts matériels. Nous sommes là-bas pour signifier aux communistes : stop, ça suffit.

– Tu as raison, disais-je. Il n'y a qu'un bon communiste, c'est un communiste mort. J'espère qu'il restera plus de Viêtnamiens au Viêt-nam que de Peaux-Rouges en Amérique. »

Ce n'était qu'une pique mais elle prenait ma remarque au sérieux.

« Je déteste ce que nous avons fait aux Indiens, disait-elle. Mais ce génocide n'a rien à voir avec le Viêt-nam. »

Je ne pouvais deviner à quel point elle était déjà tourmentée à ce sujet.

J'avais invité ma mère à passer quelques semaines avec nous à Malibu. Elle m'apporta des journaux et des magazines français. On y parlait du film *Viva Maria* que Brigitte tournait au Mexique avec Jeanne Moreau sous la direction de Louis Malle, et de la romance de Catherine Deneuve avec David Bayley, photographe star des mannequins de mode, qui venait de rompre pour elle avec la célèbre et ravissante Jean Shrimpton.

Rien ne justifia, apparemment, la décision que nous prîmes soudain, Jane et moi, de nous marier.

Des biographes de Jane Fonda ont écrit : « Vadim insistait pour qu'elle l'épouse. Elle finit par dire oui. » Je n'avais ni insisté, ni même suggéré que nous légalisions notre union mais, surtout, c'est bien mal connaître Jane que d'imaginer qu'elle soit capable de prendre une telle décision par faiblesse, lassitude ou simple gentillesse. Elle n'a jamais laissé personne décider à sa place des options importantes de sa vie.

On a spéculé aussi sur le fait que je recherchais un coup publicitaire. Dans ce cas pourquoi un mariage secret, improvisé au dernier moment et dont la presse, informée trop tard, ne parla pratiquement pas? (Le seul journaliste présent, notre amie Oriana Fallacci, était là à titre strictement privé et n'écrivit pas une ligne sur le mariage.) Si Jane ou moi avions désiré de la publicité à l'occasion de notre mariage, rien de plus facile.

En fait, nous fîmes tout pour l'éviter. Seuls quelques intimes furent mis dans la confidence – et trois jours seulement avant la cérémonie. Nous affrétâmes un avion privé. A Las Vegas, Jane ne m'accompagna pas au City Hall pour acheter la licence et signer les papiers : pas de risque ainsi qu'un journaliste puisse deviner la raison de notre séjour dans cette ville.

La cérémonie eut lieu dans notre chambre de l'hôtel Dunes en présence de huit témoins qui n'avaient soufflé mot de l'événement. La plupart de nos amis et ma famille restée en France ne furent mis au courant que le lendemain.

Firent partie du voyage : Oriana que j'ai déjà citée, ma mère, Christian Marquand et sa femme Tina (fille de l'acteur Jean-Pierre Aumont), Peter Fonda et sa femme Susan, Dennis Hopper et sa femme Brook Hayward, la meilleure amie de Jane.

Le juge qui nous maria était si grand qu'il passait à peine sous la porte. Il fut peiné de découvrir que les futurs époux n'avaient pas songé aux alliances. « La meilleure partie de mon discours... » se plaignit-il.

Pour ne pas décevoir cet excellent homme, Christian me passa son alliance et Tina prêta la sienne à Jane. Malheureusement elle était trop large et Jane dut tenir son doigt en l'air pendant toute la cérémonie. (Cela ressemblait au classique *fuck you* et nous eûmes tous le plus grand mal à garder notre sérieux.) Malgré cet incident comique, l'émotion submergea Jane qui se mit à pleurer.

Elle fut la première surprise de cette réaction inattendue. Ces larmes signifiaient qu'elle accordait plus d'importance qu'elle ne voulait l'admettre à la valeur symbolique du mariage.

Nous passâmes la soirée et une partie de la nuit mêlés aux autres touristes de l'hôtel. Nous étions heureux. Nous n'osions pas prononcer le mot « toujours » mais nous espérions sincèrement que la vie nous accorderait de vieillir ensemble.

Je gagnai deux mille dollars à une table de baccara et le lendemain, le même petit avion nous

déposa à Burbank. La vie de Mr. et Mrs. Plémiannikov reprit son cours, sans changement apparent.

La question demeure : pourquoi nous étions-nous
mariés?

Jane désirait peut-être déjà être mère et pensait
qu'il valait mieux pour un enfant avoir des parents
mariés. Elle était irritée de l'image du Vadim-
Svengali ajoutant à la liste de ses victimes une naïve
Américaine. En m'épousant, elle donnait à notre
liaison une dimension morale. Une façon de dire :
nous nous aimons comme tout le monde. Nous
voulons être heureux comme tout le monde. Nous
voulons être une famille.

Il y a aussi chez Jane ce désir fondamental de
faire les choses jusqu'au bout. Le mariage affirmait
sa conviction du moment qu'elle serait une épouse
et une mère idéales. Je dois rappeler enfin que Jane
a toujours été plus sensible à l'opinion publique
qu'elle ne le laisse entendre dans ses déclarations à
la presse, souvent provocantes.

Pour ma part, l'idée d'épouser Jane me faisait
plaisir. Bien que je n'y attachasse pas d'importance
excessive, je me sentais plus à mon aise, aux Etats-
Unis, dans la position de mari que d'amant faisant
partie des bagages d'une actrice célèbre.

Pour la majorité des gens, le mariage est un but
en soi, un contrat social nécessaire au bonheur du
couple. Il fut pour nous, au contraire, une entorse à
nos principes. Mais refuser toute règle, n'est-ce pas
déjà en établir une?

Nous avions, sans le savoir, déclenché une épidémie...

Cinq jours après Las Vegas, le 19 août, Catherine
Deneuve épousait à Londres David Bayley; en
décembre, Shirlee Adams devenait la cinquième
Mme Henry Fonda.

Je m'attendais au mariage de Shirlee et d'Henry, celui de Catherine me surprit. Elle avait déclaré cent fois à des journalistes qu'elle était contre cette formalité archaïque, que le véritable amour n'avait que faire d'un contrat légal et qu'elle avait d'ailleurs toujours refusé de m'épouser (!).

Peut-être y eut-il de sa part une sorte de besoin de revanche sur le destin : ce qu'elle avait raté avec moi, elle le réussirait avec un autre. Le parallèle avec ma propre vie était évident. J'étais tombé amoureux d'une actrice américaine célèbre, elle tomba amoureuse d'un photographe anglais célèbre. Je passais une partie de mon temps aux Etats-Unis, elle s'installa à Londres. J'épousai mon Américaine, elle épousa son Anglais.

Coïncidences?

27

LA ferme achetée par Jane à Saint-Ouen Marchefroy (cent deux habitants), à soixante kilomètres de Paris et cinq de la petite ville de Houdan, était située en pleine campagne. Un bois de hêtres et de chênes, dont un hectare nous appartenait, couvrait à l'est les basses collines de l'Ile-de-France. A l'ouest et au nord, s'étendaient à perte de vue des champs où couraient le lièvre, le sanglier et la perdrix, coupés çà et là de rangées de hauts peupliers. Au sud, quelques rares maisons, dissimulées par de grands bouquets d'arbres. Un paysage doux, reposant, éclatant de couleurs le printemps et l'été, habillé de brumes à l'automne, silencieux et blanc les mois d'hiver.

En France, Jane était la plupart du temps libre de toute obligation professionnelle – elle n'y tourna que deux films en cinq ans après son sketch dans *La Ronde*. Elle s'employa avec l'énergie et l'efficacité qu'on lui connaît à rénover la maison, dessiner, fleurir et planter le grand jardin. Pour couvrir le sol boueux de la cour, nous achetâmes aux châteaux des environs des pavés du XVIIᵉ siècle, encore marqués des roues de calèches des princes de l'époque. Une serre d'hiver, un poulailler, un court de badmington, des balançoires, un toboggan et un circuit

311

automobile pour les enfants furent construits dans le jardin. Le poney offert à Jane par la Columbia à l'occasion de la sortie de *Cat Ballou* avait son écurie personnelle. Nathalie le montait pour se rendre à l'école et pour aller chercher le lait et le fromage frais à la ferme voisine. Des travaux furent entrepris pour transformer les dépendances en salle de montage et chambres d'amis, et la grange en piscine d'hiver et salle de projection.

Je partageais avec Jane, en fonction de mes moyens, les frais considérables engagés par ces réfections. Nous n'eûmes jamais de problèmes d'argent entre nous. Je gagnais bien ma vie mais il est connu que les acteurs ont des salaires plus élevés que ceux des metteurs en scène et qu'ils peuvent tourner beaucoup plus de films. Entre le choix d'un sujet, le travail au scénario, la préparation, la réalisation et la post-production, je tournais rarement plus d'un film tous les deux ans.

Jane me consultait mais je m'efforçais de ne pas trop l'influencer dans l'agencement et la décoration de son nouvel univers. J'apportai cependant quelques idées personnelles. Monique Carone nous avait vendu sa voiture, une Panhard Levassor de 1937, une pièce de collection qui n'avait qu'un défaut : elle ne roulait plus. Je la fis couper en deux, au chalumeau, dans le sens de la longueur, et ressouder autour d'un bouleau, au milieu du jardin – personne ne comprenait comment l'arbre avait réussi à pousser à travers la voiture. La sculpture, avec le temps, prit de la valeur. (Les nouveaux propriétaires la font admirer aujourd'hui à leurs amis.) Une autre idée était d'ordre plus intime. Je fis remplacer le mur entre la chambre à coucher et la salle de bain par une grande vitre qu'on pouvait occulter par un rideau télécommandé de la baignoire.

312

Jane fit venir des arbres par camions pour les planter dans le jardin. Cette habitude prit au fil des mois, puis des ans, des proportions inquiétantes, au point de devenir une obsession. Le jardin (plusieurs hectares) s'emplissait de pins, de bouleaux, de bougainvilliers, de hêtres; nous avions même acquis un cèdre du Liban. Elle achetait des arbres de plus en plus grands. Cette forêt qui poussait à moins de cent mètres de la forêt réelle coûta des sommes astronomiques. Je remarquai un jour : « Si Dieu possédait un compte un banque, il aurait créé ce jardin... » Jane souffrait sans doute d'être éloignée de son pays et se créait (inconsciemment) des racines françaises.

Une famille italienne – père, mère, fille et fils – s'installa avec nous à Saint-Ouen Marchefroy. (Nous cherchions toujours un nom pour la maison et n'en trouvions pas; elle restait simplement « la maison » ou « la ferme » ou « Houdan ».) Les Italiens se partageaient les charges du ménage et de la cuisine, entretenaient le jardin et nourrissaient les animaux. Quatre personnes pour s'occuper d'un couple et d'une enfant (Nathalie avait huit ans), c'était très confortable. Jane était peut-être transformée en chef d'entreprise mais certainement pas en ménagère attachée à ses fourneaux et passant l'aspirateur sur les moquettes.

Elle faisait de plus en plus de listes, se battait avec le plombier, le menuisier, les maçons et les peintres, donnait des instructions au personnel, se rendait deux fois par semaine à Paris pour prendre des cours de danse classique et lisait les scénarios que son agent lui envoyait de Hollywood. Parfois, elle s'enfermait dans la cuisine pour nous faire un de ses plats favoris, jambon style Nouvelle-Orléans ou dinde aux ananas.

Nous recevions beaucoup d'amis et elle se montrait toujours parfaite hôtesse. J'aurais préféré pour ma part que cette épouse idéale s'accordât un peu plus de temps libre. En vacances seulement, elle se permettait de paresser.

Nous avions planté dans la cour, le long de la maison, des tournesols qui étaient devenus fous. Tel le haricot géant de Jacques, ils ne cessaient de pousser et leurs somptueuses corolles jaunes dépassèrent bientôt le toit de la ferme.

« Qu'est-ce que tu leur as fait? demandai-je à Jane.

– Je connais la formule magique qui fait tout pousser », répondit-elle.

Christian nous écoutait. Il n'avait que trois ans mais s'intéressait déjà beaucoup à l'argent – ce n'était certainement pas moi qui, dans ce domaine, pouvait l'avoir influencé! Il présenta à Jane un pot à fleurs dans lequel il avait enterré un billet de dix francs.

« Dis la formule pour faire pousser, lui demanda-t-il.

– Break-abbrak-badabbrak! » dit Jane.

Pendant la nuit, je plantai dans le pot une branche à laquelle j'attachai cinq ou six billets de dix francs. A son réveil, Christian courut vers le pot. Il regardait, émerveillé, sa « plante à sous ». Rentré à Londres, auprès de sa mère, il lui annonça qu'il avait découvert le moyen de devenir « très, très, très riche ».

Jane me reprocha ce jeu qu'elle trouvait immoral et qui allait contre ses principes éducatifs.

« On laisse les enfants croire au Père Noël, dis-je. Pourquoi pas au Père Dollar? »

Ma femme restait fermée à ce genre d'humour.

The Chase ne fut pas un succès, comme Jane le pressentait. Elle avait tourné ensuite avec Jason Robards et Dean Jones *Any wednesday*, une charmante comédie qui fut assez bien reçue par la critique et le public.

Au début de l'année 1966, je terminai le scénario de *La Curée.* Une transposition moderne du célèbre roman d'Emile Zola sur la bourgeoisie et le milieu de la finance parisien, à la fin du XIXᵉ siècle.

Jane avait joué des personnages graves ou légers, mais tous monolithiques. Je veux dire par là des personnages qui n'évoluaient pas réellement au fil de l'histoire. Avec *La Curée*, je lui offrais un rôle de femme qui se transformait entre le début et la fin du film. Renée, jeune fille de bonne famille élevée au couvent, épouse très jeune un homme riche et puissant, un « requin de la finance ». Il a vingt ans de plus qu'elle mais il est très séduisant. (Ce personnage, Saccard, fut interprété par Michel Piccoli.)

La jeune femme, traitée par son mari en poupée de luxe, mondaine, superficielle, frustrée sans le savoir du véritable amour qu'elle n'a jamais connu, va découvrir la grande passion lorsque le fils d'un premier mariage de Saccard (joué par Peter McEnnery) retourne vivre chez son père, ses études terminées.

L'amour métamorphose Renée. Elle s'épanouit. Elle demande le divorce pour pouvoir vivre avec son jeune amant. Mais Saccard ne supporte pas cette atteinte à son orgueil. Il a d'autre part décidé de marier son fils à une jeune héritière, espérant sauver par cette alliance son empire financier qui menace de s'écrouler. Par des manœuvres subtiles et diaboliques, il pousse lentement sa femme vers la folie.

A la fin du film, Renée, qui a coupé ses longs cheveux pour satisfaire un caprice de son amant, perd définitivement la raison au cours d'un bal costumé donné pour les fiançailles de Saccard junior avec l'héritière. Je ne suis pas le seul à avoir trouvé Jane sublime durant cette dernière séquence.

Quelques critiques me reprochèrent mon manque de fidélité au roman de Zola. Mais dans l'ensemble le film fut, en France, en Europe et dans beaucoup d'autres pays, un succès d'estime, un succès commercial et un triomphe pour Jane. Elle avait gagné son pari : prouver qu'elle pouvait être une star sans attendre la consécration de Hollywood (l'Oscar viendrait quelques années plus tard), ce fut un pas décisif dans sa carrière. Elle devenait, en Europe, numéro un au box-office et faisait la preuve de l'éventail très étendu de son talent.

Ce qui me surprend néanmoins, c'est l'obsession des journalistes et d'une partie du public concernant l'érotisme et la nudité dans mes films. Sur les cent dix minutes de *La Curée*, j'ai compté trois minutes et demie où l'on découvre Jane en partie dénudée (elle n'est jamais entièrement nue). On parla de ces quelques scènes comme si Jane se promenait sans vêtements pendant tout le film. La plupart des gens, d'ailleurs, ne s'en plaignaient pas. Au contraire. Mais il faut le reconnaître, le symbole biblique d'Eve et du serpent est plus profondément enraciné qu'on ne le croit : la femme nue doit rester innocente. En découvrant le plaisir, elle précipite sur le monde tous les malheurs dont souffre la race humaine.

Dans *Coming home*, il y a des scènes d'amour beaucoup plus graphiques que dans *La Curée*, personne ne parut s'en formaliser. Pourquoi? L'héroïne jouée par Jane avait une excuse. Elle se faisait embrasser le sexe et enfourchait vaillamment son partenaire pour lui prouver qu'il restait un homme malgré sa paralysie des jambes. Une bonne œuvre en somme... (Une partie de cette scène a été tournée avec un double.)

Pour se laver du plaisir d'aimer le plaisir pour le plaisir, il faut s'offusquer, critiquer ou rire, comme si ces choses-là n'étaient pas pour nous. En venant au monde, j'ai dû me tromper de civilisation...

Peu après la sortie de *La Curée* à Paris, nous fûmes invités à dîner, à l'île Saint-Louis, chez Georges Pompidou, alors premier ministre. Celui-ci était un homme de grande culture et un amateur d'art. Sa femme Claude partageait son amour pour la peinture, la sculpture et les objets rares.

Nous n'étions qu'une dizaine à table. Parmi les invités, l'académicien Maurice Druon, Yves Saint-Laurent, le peintre Balthus... Un seul politicien (le maître de maison excepté), l'écrivain André Malraux, ministre de la Culture. La conversation, très éclectique, était évidemment brillante. Les problèmes de politique étrangère, discutés un instant, donnaient à Jane une optique des affaires du monde très différente de celle qu'elle connaissait autour d'elle, à l'époque, à Hollywood ou à New York. (Peu de temps après son arrivée en France, elle avait déjeuné avec Georges Pompidou. Son français était encore hésitant et elle n'avait pas très bien compris quelle était la situation exacte de ce M. Pompidou. « C'est l'homme le plus important du gouvernement », lui dit-on. Durant le repas, elle se tourna vers lui et demanda : « C'est vous la grosse huile? » Jane ne faisait pas encore la différence entre l'argot et le bon français. Mais cette gaffe avait beaucoup amusé Pompidou.)

Vers minuit, les invités étaient partis. Deux heures plus tard, le premier ministre, sa femme, Jane et moi parlions toujours dans le salon. Plus exactement, je parlais avec Claude dans le salon. Jane et le maître de maison admiraient un Chagall dans le bureau adjacent.

Les plus grands hommes politiques français ont toujours été amateurs de jolies femmes et Pompidou ne faisait pas exception à la règle. Quand Jane revint dans le salon, elle semblait ravie mais surprise qu'un aussi haut personnage se conduisît en admirateur empressé. Je déchiffrai son langage muet et rappelai à nos hôtes que nous devions travailler tôt le lendemain.

« Moi aussi », soupira Pompidou.

Si notre départ le désappointa, il n'en laissa rien paraître. Quand nous le revîmes, il était président de la République et se montra toujours aussi aimable à l'égard de Jane.

Je présentai à Jane un grand ami, un homme tout à fait exceptionnel. Roger Vailland avait appartenu avant la Seconde Guerre mondiale aux mouvements surréaliste et dadaïste. Héros de la Résistance dans un réseau communiste, il rompit avec le Parti après la guerre, écœuré par la soumission des dirigeants français aux staliniens de Moscou.

Rendu célèbre par son best-seller *Drôle de jeu*, il obtint quelques années plus tard le prix Goncourt pour *La Loi*. Libertin et moraliste, il appliquait avec rigueur dans sa vie ses théories intellectuelles. C'était un homme de qualité.

Un très beau visage ascétique marqué cependant des rides du plaisir. Un amoureux de la vie, fidèle en amitié, sans concessions pour les hypocrites et les snobs, baisant princesses et putains, toujours respectueux des femmes et de leur sexe.

Cet écrivain célèbre vivait dans une agréable et modeste maison campagnarde. Il ne se rendait à Paris que pour assumer ses responsabilités professionnelles ou, quelquefois l'année, pour faire la fête. Nous étions devenus très proches durant notre collaboration au scénario des *Liaisons dangereuses*.

Politiquement, il aida Jane à comprendre que le monde n'était pas blanc et noir : d'un côté les bons, les pays démocratiques, de l'autre les mauvais, les pays socialistes. Son anticommunisme n'était pas, comme l'anticommunisme américain, basé sur la peur et la méconnaissance de l'adversaire idéologique. Il connaissait parfaitement la mécanique qui menait de la philosophie marxiste au totalitarisme, et tout aussi bien les excès du capitalisme et leur conséquence logique : la dictature de l'argent.

C'était aussi un théoricien de la liberté au niveau de l'individu. Il rejetait avec la même rigueur le puritanisme judéo-chrétien et l'hypocrisie communiste, en ce qui concernait le sexe et le droit de l'homme au plaisir : « Le seul droit qui ne soit pas inscrit dans la Déclaration des droits de l'homme ou la Constitution américaine, disait-il. Le droit au bonheur sans le droit au plaisir est un mensonge. » Cette profession de foi venant d'un homme aussi intègre, qui n'avait jamais hésité à risquer sa vie pour assumer ses idées, ne pouvait manquer d'impressionner Jane.

Quand j'arrivai avec elle pour la première fois dans le jardin de Roger Vailland, le soleil perçait entre de lourds nuages. Nous prîmes le thé sur une table en fer, près d'une statue de Giacometti entourée de roses trémières. (Vailland ne s'accordait son premier whisky qu'après la tombée de la nuit.)

Elisabeth, sa femme depuis quinze ans, était étrange. Mince comme un roseau, forte comme un chêne, cheveux noirs, yeux noirs, lumineuse de l'amour qu'elle portait à son mari, toujours attentive aux joies comme aux faiblesses des êtres humains. Un visage mariant la force du paysan à la finesse de traits qu'on attend d'une aristocrate. On ne pensait pas d'Elisabeth : elle est belle ou elle est laide, elle était Elisabeth.

Elisabeth qui caressait le visage de Jane et disait :

« J'aime ton troisième œil... »

Ce qu'elle appelait le « troisième œil », c'était la vision de l'univers. Une dimension supérieure. La faculté de se dépasser. La grâce.

Roger Vailland disait qu'il ne pouvait y avoir d'amour réel dans le couple sans se libérer du sens de la propriété. Et avant tout de la jalousie sexuelle. Non seulement Elisabeth acceptait ses aventures extraconjugales mais elle lui présentait souvent des jeunes filles ou des femmes qui sauraient lui plaire. Ils ne se mentaient jamais.

« Et si ta femme faisait l'amour avec un autre homme, demanda un jour Jane à Vailland, tu serais jaloux ?

— C'est totalement interdit, lui dit Roger.

— Pourquoi ?

— Parce qu'elle cesserait de m'aimer.

— C'est vrai ? demanda Jane à Elisabeth.

— Oui, répondit-elle. Je perdrais mon respect pour lui s'il me laissait jouir dans les bras d'un autre homme.

— Ce n'est pas juste, s'indigna Jane. Je n'appelle pas ça liberté.

— Peut-être. Mais la liberté n'est pas toujours une équation mathématique. Roger et moi avons trouvé notre liberté. Et nous sommes heureux. »

Un jour, à sa façon, Jane irait jusqu'au bout de la liberté.

Cette nuit-là, dans le lit un peu étroit de la chambre d'amis, après que nous eûmes fait l'amour, elle me demanda :

« Tu es d'accord avec la théorie de Roger?

– Non, lui dis-je.

– Pourquoi?

– Tu n'es pas Elisabeth. »

Je l'embrassai et nous nous endormîmes sur cette réponse qui n'en était pas une.

Aujourd'hui, peut-être saurais-je donner la réponse. Je ne la possédais pas cette nuit-là. J'avais vécu avec trois femmes et joué la règle du jeu. C'est-à-dire que je m'étais appliqué à la fidélité conjugale, avais parfois mérité un zéro de conduite, mais même pris la main dans le sac, j'avais effrontément nié l'évidence. Juste retour des choses, je n'appris mes infortunes – accidents dont je me doutais – que longtemps après le crime. J'en avais déduit que la routine sexuelle, corollaire de la monogamie, conduisait au mensonge ou, pour être plus précis, au cocufiage réciproque. Rien de dramatique à cela d'ailleurs; d'abord ça fait rire les copains, ensuite c'est moins douloureux qu'une rupture définitive. Néanmoins, je n'ai jamais remarqué que la monogamie assurât un contrat sur le bonheur – exception faite de ces couples que l'on cite en exemple, mais qui ne baisent plus depuis trente ans.

Alors je fis un rêve.

Après trois années de vie commune avec Jane, je me convainquis que la solution du couple tenait en une formule – ou une phrase – de six mots : liberté sexuelle réciproquement désirée et acceptée. Je cessai de mentir. Quand je faisais l'amour à une autre femme, je l'avouais à Jane. Avec le temps, je poussai plus loin mes pièces sur l'échiquier de la vie. J'invitais à la maison certaines de mes conquêtes, parfois dans notre lit. Je ne demandais pas à Jane de partager mes ébats, je n'attendais d'elle que la complicité. Cette complicité ne menaçait pas mon attachement pour ma femme; au contraire, elle l'exaltait.

En retour, j'accordais ce que Roger Vailland et la plupart des maris ou des amants qui se disent libertins refusent à leur femme : le droit de réciprocité. A ma grande surprise, Jane n'en usa pas. Je crus de mon devoir, par éthique morale et par chevalerie, de l'aider dans ce domaine.

Je ne compris pas à temps que Jane souffrait de cette situation. Elle allait, comme toujours, avec courage, entêtement et noblesse jusqu'au bout des choses, pensant qu'elle avait tort de s'accrocher aux règles d'une morale traditionaliste dont je lui disais qu'elle n'était plus de notre époque. La vérité, c'est qu'elle n'était pas faite pour cette forme de liberté. Elle m'a récemment confié qu'elle se sentait humiliée, diminuée et même coupable d'être femme. Perdant son respect pour elle-même, l'admiration qu'elle me portait se ternit.

Le fait que Jane refusait toute aventure extra-conjugale aurait dû m'alerter. Je m'étais engagé dans une voie à sens unique. Persuadé que j'avais découvert le code du bonheur, je ne voyais pas l'abîme sous mes pas.

Plus tard, Jane allait réagir. Assumer ses désirs dans d'autres bras que les miens. Comme elle ne me cachait rien, je ne compris pas qu'en acceptant sa liberté sexuelle, elle prenait ses distances à mon égard. Elle ne jouait pas le jeu, elle s'échappait.

J'avais, à mon aveuglement, des circonstances atténuantes : l'ambiance particulière de la fin des années 60, la mutation apparente de notre société occidentale, les nouvelles théories (nouvelles?) sur la liberté sexuelle et les droits de la femme, les règles de conduite ancestrales remises en question... Les vieilles murailles s'écroulaient, on ne songeait pas à les remplacer.

Jane et moi étions les cobayes d'une époque en pleine mutation, mais nous ne le savions pas.

28

J'ai dit que Jane était en fait plus attachée aux valeurs séculaires du couple – fidélité, sens traditionnel de la famille – qu'à la philosophie néolibertine que je m'efforçais de mettre en pratique. Mais comme tous les êtres d'exception, elle souffrait – ou jouissait – de contradictions internes profondes.

Il y avait en elle quelque chose de païen, une qualité quasi mythologique. Je tiens le mot « païen » d'une confidence que me fit un jour Romain Gary me parlant de Jane : « J'ai vu sur la plage, au lever du jour, une déesse païenne, glorieuse et nue. Elle était suivie d'une nymphe et de deux faunes. C'était une image du début du monde, c'était la jeunesse, l'insolence et la liberté... »

J'ai encore dans l'oreille ces mots du célèbre écrivain, le ton grave et mélancolique de sa voix. Il était pour le week-end à Saint-Tropez, à l'hôtel Tahiti, sur la plage de Pampelonne, où Jane et moi passions les vacances. Insomniaque, il attendait le lever du soleil, penché à sa fenêtre, quand il surprit une scène qui n'était pas censée avoir de témoins : Jane courait vers la mer en riant. Derrière elle, une femme et deux hommes, nus eux aussi. Tous quatre se jetèrent à l'eau et nagèrent jusqu'au Riva ancré à cinquante mètres du rivage « ... et s'éloignèrent vers la ligne d'horizon, conclut Romain Gary, comme si la Méditerranée était leur jardin, le plaisir leur droit, et la nudité leur tenue de mariage. »

La veille au soir, Jane et moi avions reçu la visite de deux amis. P... et sa jeune femme T... Lui avait l'âge de Jane. Trente ans, beau garçon intelligent, timide, un sens de l'humour très personnel – et très noir. T... avait les proportions d'une statue de Rodin et des yeux pétillants de vie. Le genre de beauté qui attire le regard des gens, même quand ils ont le dos tourné. En route pour Rome, ils avaient fait un détour par Saint-Tropez pour dîner avec nous.

Après le dîner aux bougies pris sur la terrasse de notre suite, face à la mer qui cette nuit-là était à peine frémissante, P... et T... décidèrent qu'il était trop tard pour reprendre la route.

« Vous pouvez coucher sur le divan-lit du salon », proposa Jane.

L'aube nous surprit, encore en train de rire et de parler. Nous aurions dû être épuisés mais l'envie nous prit de courir. Nous nous élançâmes de la chambre à la plage, qui était déserte, sans même songer à nous habiller. C'était la scène que Romain Gary avait surprise de sa fenêtre.

Une période de notre vie, en particulier, me semble appartenir davantage au domaine du rêve qu'à celui de la réalité. New York vers la fin des années 60 : le Pop'Art, Andy Warhol, le « Village », les hippies, le rejet de la morale traditionaliste sous toutes ses formes, la joie de vivre, et le mal de vivre aussi.

New York enfantait un style qui allait voler à Paris un très ancien monopole. New York célébrait le sexe sans culpabilité.

Cette minisociété ne représentait naturellement

pas la majorité des Américains, mais la recherche de frontières nouvelles au niveau de l'art, du plaisir, du sexe et de la morale était en soi un phénomène sociologique et culturel tout à fait américain. Les buts étaient inédits et surprenants dans un pays de tradition puritaine, mais la dynamique du phénomène, digne des légendaires pionniers.

Jane et moi avons passé pas mal de temps à New York durant cette période. Du fameux Max's Kansas City à l'extraordinaire atelier du peintre Lichenstein, de la « Factory » d'Andy Warhol à cet entrepôt de la 10e Rue qui servait de théâtre à une jeune troupe d'acteurs. Les spectateurs étaient assis sur des échafaudages, à différents niveaux, comme des hirondelles sur des fils télégraphiques. Il n'y avait pas de scène. Les acteurs, tous nus, jouaient au centre de l'entrepôt et parfois partaient se promener parmi les spectateurs. On avait ainsi la jeune première (une ravissante rousse) ou l'un des acteurs mâles suspendus au-dessus de soi et, en relevant la tête, on se retrouvait avec un sexe masculin ou féminin à quelques centimètres du visage. Ce n'était pas un spectacle à prétention érotique mais plutôt une œuvre philosophique au symbolisme assez obscur. Il s'agissait de la naissance et de la vie d'un tyran. On m'affirma que le contexte politique était évident – cet aspect du spectacle m'échappa complètement mais je passai une excellente soirée, en équilibre sur ma planche de bois.

C'est cette même nuit, dans une boîte très bruyante et agitée (dont j'ai oublié le nom), que Jane rencontra E... Ils dansèrent ensemble et il n'était pas besoin d'être devin pour s'apercevoir qu'ils se plaisaient. Quand ils revinrent s'asseoir à la table où je me trouvais en compagnie d'une amie d'E..., une très jolie brune, plutôt intelligente, Jane me dit :

« Il m'a proposé de me kidnapper. »

E... était de quelques années le cadet de Jane. Pas grand mais bien proportionné, très blond et beau à couper le souffle. Son visage avait la finesse de traits, l'innocence et la sublime pureté d'un visage d'archange. C'était pourtant un être parfaitement amoral.

Avec le temps, on décante les souvenirs et les situe dans la perspective d'une vie. Ces nuits de New York, ou plutôt ces fins de nuit et ces débuts de jour, furent des heures parmi les plus étonnantes que j'aie connues. Pourtant, nous ne passâmes jamais plus de quelques semaines d'affilée à New York. E... entrait et disparaissait de notre vie, tel un elfe pervers et charmant.

Oui, je me souviens de ce temps comme d'un rêve. Et certaines images me hantent encore, comme ces illustrations de contes de fées que l'on regarde, enfant, avant de savoir lire. La Jane d'aujourd'hui et la Jane de cette époque ont sans doute la même âme mais ne sont pas la même personne. L'une s'est réincarnée en l'autre sans passer par le processus de la mort et de la naissance.

29

Le billet – rédigé en italien – était ainsi libellé : *Si vou ne vené pa dimanche a midi au coin de la piaza Navona et de l'avenu, je croi bien que maman va tué papa. Jé 7 an. Je mapèle Stefania. Je vou reconètré.*

Comme tous les gens célèbres, je recevais pas mal de lettres de fous. Mais ce mot était visiblement écrit par un enfant. Je me rendis donc Piazza Navona, dimanche, à l'heure convenue.

Un gamin me tira par la manche.

« *Dottore*[1] Vadim ?

– Oui.

– C'est moi qui t'ai écrit.

– Tu t'appelles Stefania ? demandai-je, étonné.

– Non, répondit le gamin. Mais je pensais que tu ne te dérangerais peut-être pas pour un garçon. »

Il n'y a que les petits Romains pour avoir de pareilles idées.

« Comment t'appelles-tu, Stefania ? demandai-je, amusé.

– Franco.

– O.K., Franco. Qu'est-ce que tu veux ? de l'argent ? combien ?

---

1. On donne en Italie aux metteurs en scène le titre honorifique de *dottore.*

– De l'argent, j' dis pas non, remarqua Franco. Mais surtout j'aimerais que ma mère elle tue pas mon père.

– Qu'est-ce que j'ai à voir là-dedans?

– Toi rien, *dottore*... c'est ta femme. La Fonda. »

J'offris à Franco une glace achetée à l'un des marchands ambulants de la Piazza Navona. Nous nous assîmes sur le bord de la fameuse fontaine et j'écoutai son histoire.

L'objet du destin qui allait peut-être faire de Franco un orphelin était une lettre arrivée un an auparavant à ma maison de Malibu et adressée à Jane Fonda. Jane la lut, la froissa et la jeta au panier. Il n'était pas dans mes habitudes de poser à ma femme des questions à propos de son courrier mais une impulsion soudaine me poussa à demander :

« Qu'est-ce que c'était?

– Un producteur italien, Dino de Laurentis. Il me propose un rôle dans un film tiré d'une bande dessinée.

– Je peux lire?

– Bien sûr. »

Je sortis la lettre de la corbeille, la défroissai et lus. Il s'agissait d'une bande dessinée française que je connaissais bien et dont l'héroïne se nommait Barbarella. Le premier choix de Dino s'était porté sur Brigitte Bardot et Sophia Loren qui, toutes deux, avaient décliné l'offre. Elles avaient eu la même réaction que Jane : « Un personnage de bande dessinée? Pas sérieux! » La mode n'était pas encore à *La Guerre des étoiles*, à *Superman* ni aux *Aventuriers de l'arche perdue*. Mais depuis longtemps je rêvais de diriger un film basé sur un sujet de science-fiction ou une bande dessinée.

J'expliquai à Jane que le cinéma évoluait et que le temps approchait où la science-fiction et les comédies galactiques, style *Barbarella*, allaient prendre une place importante. Elle ne fut pas réellement convaincue mais comprit que j'étais passionné par ce projet et répondit à la lettre de Dino de Laurentis.

Dino me proposa la mise en scène de *Barbarella*, mais il était évident qu'après les refus de Bardot et de Loren, si Jane avait dit non à son tour, le film ne se serait jamais fait.

C'était la seconde fois que Jane prenait par amour une décision importante concernant sa carrière. Deux ans auparavant, les producteurs de *Docteur Jivago* lui avaient proposé le rôle que David Lean donna finalement à Julie Christie. Jane avait décliné l'offre car elle ne voulait pas rester sept mois en Espagne, loin de moi. Pourtant, elle mourait d'envie de tourner avec le célèbre metteur en scène anglais.

En août 67, je donnai le premier tour de manivelle de *Barbarella* dans les studios de Laurentis à Rome.

Le générique se déroulait sur des images montrant Barbarella qui se défaisait de son costume d'astronaute et finissait par flotter, entièrement nue, entre les murs capitonnés de fourrure de son vaisseau spatial. Ce strip-tease futuriste en état d'apesanteur est devenu un classique.

Le chef maquilleur qui, tous les matins, couvrait de fond de teint le corps de Jane, tomba malade. Son assistant le remplaça et un soir, après de sérieuses libations au bistrot, se vanta d'avoir caressé l'intérieur des cuisses, les fesses et les seins de la divine Fonda.

Les échos de cette affaire parvinrent aux oreilles de la femme de l'assistant maquilleur, une Calabraise jalouse comme une tigresse. Elle se procura un revolver et fit part à sa fille aînée de son intention de transformer l'infidèle en passoire. La fille, affolée, en parla à son frère, Franco, qui décida de m'écrire.

Je demandai au gamin ce que je pouvais faire pour l'aider.

« Parler à ma mère », dit-il.

Il m'entraîna devant une église du Trastevere et nous attendîmes la fin de la grand-messe assis sur les marches du parvis. Quand les fidèles sortirent, il me présenta à sa mère. C'était une maîtresse femme au regard intense et sévère, et je la crus quand elle m'affirma que si elle n'avait pas encore tué son mari, c'est parce qu'elle n'avait pas trouvé de munitions pour son arme. Elle ajouta que malgré le respect qu'elle devait à ma femme, toutes les actrices étaient des putains et les metteurs en scène des suppôts de Satan. Je promis que son mari serait, dès lundi, affecté au maquillage des figurants et elle accepta de remettre à plus tard son projet de vendetta familiale.

Quand nous nous séparâmes, elle me demanda mon autographe.

« Pour Maria », précisa-t-elle.

C'était son prénom.

Je ne parlai pas de cette histoire à Jane, qui en aurait été affectée. D'ailleurs, le lundi matin, le chef maquilleur était de retour.

Contrairement à Brigitte Bardot qui n'avait pas de problèmes avec la nudité, Jane était malheureuse de se déshabiller sur un plateau. Pas pour des raisons d'ordre moral, ni même politique – ses déclarations incendiaires sur l'utilisation commerciale du corps de la femme par les médias viendront plus tard. Tout simplement, elle ne se trouvait pas assez bien faite... Les spectateurs qui ont eu l'occasion d'admirer la perfection de son corps dans *Barbarella* auront du mal à me croire.

Ce tournage fut, pour des raisons physiques, très pénible pour Jane. Elle était prise dans un corset d'acier et suspendue à dix mètres du sol au bout d'un bras métallique; elle était attaquée dans une cage par des centaines d'oiseaux affolés; elle glissait dans des tubes; elle était mordue par des poupées cannibales, enfermée dans une machine à plaisir... Les costumes étaient souvent plus qu'inconfortables : les seins et la taille pris dans un moule en plastique transparent, elle se montra d'un courage et d'une patience au-delà de tout éloge. Grâce à elle, l'ambiance sur le plateau resta jusqu'à la fin exceptionnellement sympathique. Ce qui est rare dans un film où l'on doit affronter chaque jour d'innombrables problèmes techniques.

Nous avions loué une maison sur la via Appia Antica : une route qui avait vu passer les légions romaines et mourir des milliers de chrétiens en croix. Cette maison était la plus ancienne demeure habitée de Rome. La tour dans laquelle se trouvait notre chambre à coucher datait du second siècle *avant* Jésus-Christ; le mur ouest du salon, du second siècle *après* Jésus-Christ. Le reste de la maison avait été construit au Quattrocento. Dans le parc baroque, abandonné aux mauvaises herbes, la tombe d'un patricien contemporain de Néron voisinait avec le bassin ovale creusé en 1939 par un cousin de Mussolini, amateur de nénuphars et de poissons rouges.

Quand nous étions au lit, nous entendions derrière les murs et au-dessus de nos têtes d'étranges bruits, des coups sourds, régulièrement espacés et parfois des gémissements. La première nuit, Jane crut qu'on séquestrait une femme dans le grenier et que de sadiques malfaiteurs la martyrisaient et la violaient.

Elle décida que nous devions courir à son secours. Nous n'avions pas d'armes et je proposai d'appeler la police.

« Ils arriveront trop tard », me dit Jane.

Nous montâmes en haut de la tour mais ne trouvâmes aucune porte. Toutes les issues menant au grenier étaient murées depuis des siècles. Les bruits et les gémissements provenaient donc de fantômes errants ou autres entités protoplasmiques qui n'avaient pas besoin de passer par une porte pour se réfugier dans les combles.

Revenu dans notre chambre, j'enlevai la chemise de nuit de Jane sous le prétexte de vérifier si elle était ou non un fantôme. Nous tombâmes sur le lit en riant. Bientôt nos soupirs couvrirent les lamentations des âmes errantes.

Quelques semaines plus tard, nous recevions à dîner des amis quand une boule grise se posa sur l'assiette de Gore Vidal. C'était un bébé hibou.

« Pourrais-je avoir la recette? » demanda Gore à Jane sans broncher.

Trois petits hiboux, sortis d'un trou dans le mur qui jouxtait la vieille tour, voletaient dans le salon. Nous eûmes ainsi l'explication des hurlements lugubres et du charivari qui nous réveillaient parfois la nuit : une famille de rapaces nocturnes particulièrement névrosés habitait le grenier.

Un dimanche matin, Jane et moi fûmes réveillés par l'écho d'une voix d'une pureté inouïe.

Nous nous levâmes, suivîmes le couloir, descendîmes l'escalier de pierres millénaires, usées par les semelles comme les rochers par la vague, et entrâmes dans la cuisine où nous trouvâmes Joan Baez qui chantait en préparant des œufs au bacon pour John Philip Law.

Dans le film, John était un ange aveugle qui retrouvait la force de vivre après avoir fait l'amour avec Barbarella. Dans la vie, c'était un excellent ami – rien de plus. Il n'aimait pas l'hôtel et habitait avec nous via Appia Antica. Il avait invité Joan Baez pour le week-end...

J'assistai dans la cuisine à la rencontre de Joan et Jane. Elles sympathisèrent, mais ni l'une ni l'autre n'imaginait que deux ans plus tard, elles se retrouveraient en tête d'une croisade qui, en un certain sens, allait modifier le cours de l'histoire.

Les futures héroïnes politiques parlèrent du temps à Rome, de musique et de films. John Philip nous rejoignit et nous nous jetâmes sur les œufs au bacon de Joan Baez, qui étaient délicieux.

Un soir, en rentrant du studio, Jane me passa le téléphone.

« Quelqu'un que tu connais bien », me dit-elle.

Je pris le récepteur et reconnus aussitôt la voix sensuelle aux intonations enfantines.

« Vava? C'est ton ex-femme. On est voisins, tu sais. Je viens de louer la villa de Lollobrigida sur la via Appia. Devine quelle connerie j'ai encore faite...

– Tu t'es remariée.

– Je suis Mme Gunther Sachs depuis un an.

– Difficile de ne pas être au courant... »

Je ne l'avais pas revue depuis son mariage avec le célèbre milliardaire allemand. Ce mariage m'avait surpris. Brigitte était allergique à la célébrité et à la puissance. Elle détestait les corollaires du succès : l'arrivisme, la vanité, le mensonge, souvent la cruauté. Elle n'en voulait pas pour elle-même, s'en méfiait chez les autres et, comme je l'ai dit, elle était toujours tombée amoureuse d'inconnus.

L'exception à la règle fut Gunther. Play-boy de luxe pour les uns, dernier des grands seigneurs pour les autres, je mettrai tout le monde d'accord en disant qu'il avait du style. Ce n'était cependant pas un style destiné à épater Brigitte. Il me semblait l'antithèse absolue du mari que j'imaginais pour mon ex-femme. Mais il était généreux, romantique à sa façon, et Brigitte, fatiguée des scènes de jalousie et de l'égoïsme de ses jeunes amants, éprouva sans doute le besoin qu'un homme la prenne en charge et la protège. Un mariage extravagant fut célébré le 14 juillet 1966. « ... Pas que mon Teuton s'intéresse à la prise de la Bastille, me dit Brigitte, mais parce que le 14 est son numéro porte-chance. »

Avec Gunther, pour la première et la dernière fois de sa vie, Brigitte vécut une existence de star : voyages en Boeing privé, Las Vegas, Monaco... Le *jet-set*, partout, était au rendez-vous. Gunther jouait, jouait gros et gagnait avec insolence. Toujours sur le 14. Un jour, Brigitte lui dit :

« Joue le 28, ma date de naissance. Tu gagneras le double. »

Gunther suivit son conseil et perdit, cette nuit-là, plus de cent mille dollars. Pour montrer qu'il ne lui en tenait pas rigueur, il offrit le lendemain à sa femme un bijou dont le prix était égal à la somme qu'il avait perdue.

Les journaux parlaient de mariage idéal. Je soupçonnais que, derrière l'écran du bonheur, les choses ne devaient pas être aussi simples qu'on le pensait.

Gunther et Brigitte m'avaient, chacun de leur côté, demandé de passer les voir. Très pris par le tournage de *Barbarella*, je trouvai le temps de me

rendre via Appia un dimanche après-midi. La villa
que Lollobrigida avait louée pour deux mois à M. et
Mme Sachs était grande et luxueuse. Le maître
d'hôtel me dit que Monsieur faisait visiter le parc à
ses invités mais que Madame était au salon du
rez-de-chaussée. Il me montra le chemin.

Brigitte était au milieu de l'immense pièce, en
blue-jean et tee-shirt, petite silhouette perdue sur le
sol en marbre, parmi les meubles d'époque qui ne
semblaient pas construits à son échelle. Elle se
tenait debout près du bar et aspirait à l'aide d'une
paille un liquide rouge dans un verre à cocktail. Elle
me parut désemparée et surtout très seule. Quand
elle se tourna vers moi je vis des larmes couler sur
ses joues. Il y avait un siècle que je ne l'avais pas
vue pleurer.

Elle me sourit :

« Mon Vava, je suis un peu triste. »

Elle essuya ses larmes d'un revers de main et
m'embrassa. Elle resta longtemps dans mes bras.
Quand elle se sépara de moi, elle avait retrouvé le
contrôle d'elle-même et son sens de l'humour.

« J'ai un maître d'hôtel, me dit-elle, trois femmes
de chambre, six bonnes, quatre jardiniers, un chauffeur, deux duchesses, un ex-roi de Grèce ou d'Espagne, je ne sais plus, le sous-parrain de la mafia du
Nevada, des copains, Serge Marquand, le prince de
Savoie, Paul Newman, Visconti, Ava Gardner, un
mari qui me gâte... et je m'emmerde, je m'emmerde,
comme de ma vie je ne me suis jamais emmerdée. »

Ensuite elle se plaignit qu'avec Gunther il fallait
toujours bouger, voyager. Elle ne pouvait plus supporter les casinos.

A cet instant, Gunther et ses invités entrèrent
dans le salon. Il me donna chaleureusement l'acco-
lade. Il aperçut sa femme en blue-jean et tee-shirt.

« Tu ne t'es pas encore changée ? »

Il lui jeta un regard de reproche. Brigitte s'éloigna vers l'escalier qui menait aux chambres. Avant de quitter le salon, elle se retourna et me lança :

« Viens m'aider à choisir une robe, Vava. Toi, tu sais habiller les femmes.

– Et les déshabiller », ajouta Gunther pour faire rire ses invités et détendre l'atmosphère.

Je suivis Brigitte dans sa chambre à coucher. Elle était encore furieuse et lança ses chaussures, son pantalon et son tee-shirt à travers la pièce, accompagnant de jurons ses tirs désordonnés.

Elle finit par se calmer et se dirigea vers la penderie dont elle ouvrit une porte. Elle se vit alors en reflet dans la glace.

« Tu as déjà vu des femmes à poil, j'imagine ? dit-elle en souriant. De toute façon, nous finirons ensemble quand nous serons vieux. »

Elle avait passé la trentaine mais son corps gardait la souplesse, la fermeté et la jeunesse de ses vingt ans. « Gunther est-il vraiment amoureux d'elle, pensais-je, ou bien fasciné par son image ? » Je savais que, très sensible à l'effet qu'il produisait sur les gens, il avait cru trouver en Brigitte une star au sens propre du mot. C'est-à-dire un objet scintillant, inaccessible, admiré du monde entier. Mais cette étoile n'aspirait en fait qu'à la tranquillité d'une petite maison, tiède et amicale, où elle pourrait avoir ses habitudes et se sentir protégée du reste du monde. Pas tout à fait le style de Gunther.

Brigitte sortit de la penderie une robe en jersey, simple mais très moulante. Malgré l'insistance de Gunther, elle s'habillait rarement chez les grands couturiers.

« Tu crois que ça ira ? me demanda-t-elle.

– Je te répondrai quand tu l'auras passée. »

Elle enfila la robe qui était très sexy et tout à fait dans son style.

« Superbe, lui dis-je. Et très mignon. Dommage que je doive attendre d'avoir des cheveux blancs pour tenter à nouveau ma chance. »

Brigitte rit.

« Tu n'as pas à te plaindre. Ta bonne femme actuelle n'est pas mal du tout. »

Elle se regarda à nouveau dans la glace et soupira.

Avant la fin de l'année, Brigitte décida de divorcer. Elle refusa l'argent que Gunther proposait et rendit presque tous ses bijoux. Ils restèrent cependant en bons termes. Brigitte raconta plus tard que Gunther lui avait dit : « Tu es comme un superbe voilier au milieu d'une baie, dont les voiles vacillent. S'il n'y a personne pour souffler, il restera là sans bouger. » Et elle ajouta : « Ce vent, il faut bien qu'il vienne de quelque part... Le drame de ma vie, c'est que je ne peux pas me souffler dessus. »

Jane reçut une lettre d'Andreas Voutsinas qui sembla la préoccuper. Je ne connaissais Voutsinas que de réputation. Je ne l'avais encore jamais rencontré.

D'après Jane, tout allait mal pour lui depuis qu'il avait quitté le tournage des *Félins* pour rentrer aux U.S.A. Il ne trouvait pas de travail, il était fauché et au bord de la dépression. Jane me demanda si cela me gênerait de le faire venir à Rome et de lui donner du travail sur mon film. Le casting de *Barbarella* comprenait des acteurs de différentes nationalités : Italiens, Français, Allemands, et j'avais besoin d'un « coach » pour leur faire apprendre le texte en anglais. Je trouvais sympathique de la part de Jane de s'inquiéter du sort de son ex-compagnon; j'aime les gens fidèles dans leurs amitiés. J'acceptai de faire venir Andreas à la condition expresse qu'il ne se mêlât pas de lui faire répéter son rôle ou d'entreprendre l'analyse de son personnage. Barbarella revue par Freud et Strasberg, ça ne me semblait pas évident.

Et un beau matin d'août, Andreas Voutsinas débarqua chez nous, via Appia Antica, avec armes et bagages. Avec sa barbe méticuleusement taillée en pointe et ses yeux noirs et brillants, il me fit penser à une sorte de Méphisto d'opéra-comique.

Andreas était intelligent et ne manquait pas d'humour. Je finis par m'habituer à sa présence et lui porter une certaine amitié. Il me déclara que je lui avais sauvé la vie, que j'étais pour toujours son ami et qu'il espérait pouvoir me prouver un jour que la reconnaissance d'un Grec, même américain, n'est pas un vain mot.

Durant le tournage de *Barbarella*, il se montra efficace sur le plateau et relativement discret à la maison. Je ne décelais rien d'équivoque dans les relations entre Jane et Andreas et m'étonnais de la réputation de Svengali qu'il s'était faite auprès des amis et parents de ma femme.

Pour pouvoir mettre en scène *Barbarella*, j'avais dû reporter la date de tournage d'un autre film : *Histoires extraordinaires*. Nous savions donc, en signant notre contrat avec Dino de Laurentis, qu'il nous faudrait quitter Rome précipitamment dès la dernière scène de *Barbarella* tournée. Le producteur avait promis de mettre à notre disposition un jet privé. Ce qui n'était pas prévu, c'est que nous avions adopté quatre chats et deux chiens perdus durant notre séjour via Appia Antica. Bagages et animaux ne tenaient pas avec nous dans un seul avion. Il fallut, au dernier instant, affréter un second Lear Jet pour notre ménagerie. On n'avait jamais encore entendu parler de chats et de chiens pelés des faubourgs de Rome, disposant d'un avion privé de luxe pour se rendre à Paris...

Nous ne passâmes que vingt-quatre heures dans notre maison de Houdan avant de repartir pour Roscoff, en Bretagne, où nous attendait l'équipe d'*Histoires extraordinaires*.

Ce film était en fait un triptyque. Trois contes d'Edgar Allan Poe portés à l'écran par trois metteurs en scène : Louis Malle – avec Brigitte Bardot et Alain Delon –, Fellini – avec Terence Stamp – et moi-même. Mes deux acteurs principaux portaient le même nom : Fonda. L'un était Peter, l'autre Jane. C'était la première fois (et jusqu'à aujourd'hui la seule) que le frère et la sœur tournaient ensemble. Le film, intéressant à mon avis, passe encore souvent à la télévision et dans les salles de cinéma d'art du monde entier. Je n'y songeai pas sur le moment, mais il dut sembler bizarre à Jane de passer sans transition de ses costumes d'un lointain futur aux robes moyenâgeuses d'un lointain passé. En effet, mon épisode d'*Histoires extraordinaires* était adapté d'un conte gothique, *Metzengerstein*.

Peter était un spécimen presque parfait du jeune Américain « nouvelle vague » des années 60. Il aimait la musique rock et les chanteurs engagés style Bob Dylan, l'herbe et le champignon, et connaissait tous les termes d'argot hippie. Son respect du dollar et son grand sens pratique des affaires se mariaient à une philosophie pacifiste et spiritualiste de la vie, vaguement teintée d'hindouisme. Peter fut l'instigateur et le catalyseur qui permit à *Easy Rider* d'être réalisé. Il travaillait au scénario de ce film sur mon plateau, entre deux prises, avec Terry Southern, auteur du best-seller érotique

Candy et co-scénariste de *Docteur Folamour* et de *Barbarella* : les soirées à Roscoff, pendant le tournage d'*Histoires extraordinaires*, étaient trop joyeuses pour être gâchées par le travail. Peter aimait jouer de la guitare. Avec son air de grand adolescent un peu perdu et son sourire désarmant, il charmait tout le monde : les techniciens du film et surtout les jolies filles qui interprétaient les demoiselles de la cour.

Andreas Voutsinas avait suivi la famille. Il conservait sa situation de « coach » et je lui donnai aussi un rôle dans la distribution de mon film. Il jouait le traître. Avec beaucoup de talent, je dois le reconnaître.

Le paysage breton est sévère et dramatiquement beau. La lande plantée de bruyère et de lavande s'arrête au bord des falaises de granite noir. L'une des plus meurtrières mers du monde se déchire rageusement sur les rochers. C'est un paysage de fin de monde, un paysage de légendes. Surtout l'hiver quand les nuages sombres et tourmentés s'étirent et se reforment à cent mètres du sol, comme s'ils servaient de toile de fond à quelque opéra fou, et que le vent souffle en tempête.

Un dimanche, j'avais emmené Jane se promener dans la lande près de la baie des Trépassés. Elle frissonnait. Non du froid et du vent – elle était chaudement couverte – mais parce que la force d'évocation et la beauté mystérieuse de l'endroit ouvraient les portes du subconscient aux terreurs de l'enfance qu'elle croyait depuis longtemps enterrées.

Cette promenade, qui l'avait confrontée un instant avec les forces brutes de la nature, la laissa songeuse. Elle demeura près d'une heure silencieuse. Quand la pluie commença à tomber nous nous réfugiâmes dans une petite crêperie. Là, devant un bol de vin chaud à la cannelle et une crêpe de froment, Jane sembla revenir à la réalité. Elle me dit qu'elle avait beaucoup songé à sa mère, ces derniers temps.

« Peut-être parce que je pense de plus en plus souvent à avoir un enfant », ajouta-t-elle.

Jane était encore très jeune quand sa mère se mit à souffrir de fortes dépressions nerveuses. Son état empirait et il fallut l'hospitaliser. Avec la cruauté naturelle des enfants, Jane, au lieu d'essayer de comprendre, en voulait à sa mère de ce qu'elle considérait comme une trahison à son égard – une défection.

« Je devais avoir douze ans, ma mère était à l'hôpital et je ne l'avais pas vue depuis des semaines. Je regardais par la fenêtre et je vis une voiture se ranger dans la cour et ma mère en sortir. Elle était accompagnée de deux infirmiers. Je ne voulais pas la voir, je ne voulais pas lui parler. Je lui en voulais... Sans doute, parce que je la voyais si peu. Les enfants pardonnent mal l'absence. En même temps, je savais que je l'aimais. J'étais au premier étage avec Peter et je lui ai interdit de quitter la chambre. Pendant une heure, j'ai entendu ma mère nous appeler, mais je n'ai pas bougé. J'étais pétrifiée. Finalement, un des infirmiers dit à ma mère qu'il fallait repartir. « Oh! non! pas encore, dit-elle. Il faut que je lui parle. » Et elle cria encore mon nom. Elle parut alors de résigner et suivit les infirmiers. Je sortis de ma cachette et regardai par la fenêtre la voiture faire demi-tour et disparaître. Peu de temps après, le jour de son anniversaire, ma mère se suicida dans sa chambre, à l'hôpital. On me dit le lendemain qu'elle était morte. Ce ne fut que des années plus tard que j'appris la vérité : elle s'était tranché la gorge. »

Jane avait naturellement culpabilisé au souvenir de cette dernière rencontre manquée avec sa mère. Que voulait-elle lui dire? Etait-ce un appel au secours? Avait-elle déjà décidé de mourir? Si Jane lui avait parlé, cela aurait-il changé quelque chose? Autant de questions pour toujours sans réponses.

Après avoir avalé sa seconde crêpe, Jane me confia :

« J'observe depuis plusieurs années ton comportement avec tes enfants. Et tu m'as donné confiance. Je n'ai plus peur, je crois, d'avoir un bébé. »

Comme on le sait, Nathalie vivait avec Jane et moi. Elle rendait visite à sa mère, parfois, pendant les vacances. Catherine Deneuve, en revanche, avait gardé Christian. Mais il passait beaucoup de temps avec nous. Il était très jeune et les problèmes d'école ne se posaient pas encore.

« Tu aimerais que nous ayons un enfant? demanda Jane.

– Je serais fou de joie.

– Ça ferait trois gosses à la maison. Peut-être un peu beaucoup? s'inquiéta-t-elle.

– Nous avons cinq chats, six chiens, quatre Italiens, on peut bien avoir trois enfants », fis-je remarquer.

Après le tournage d'*Histoires extraordinaires*, nous décidâmes de passer les vacances de Noël à Megève. Jane n'aimait pas particulièrement le ski mais savait que c'était mon sport favori, un sport que je pratiquais depuis l'âge de sept ans. Aussi, chaque hiver, prenait-elle des leçons. Elle n'était pas spécialement douée pour le ski mais, à force de volonté et d'application, faisait d'honorables progrès.

La nuit du réveillon de Noël, je tombai malade. Fièvre, mal à la gorge, le lit... J'étais furieux. Jane partait le matin avec son professeur de ski. Au retour elle me racontait ses exploits sportifs. Elle n'aimait pas les jeux de cartes et n'arrivait pas à comprendre les différents mouvements des pièces aux échecs. La télévision était pratiquement inexistante en France à cette époque, ce qui limitait l'éventail des distractions possibles dans une chambre d'hôtel. Il nous restait le choix entre la lecture et le sexe. Et lire me donnait mal à la tête.

C'était, je crois, trois jours après Noël. Dehors, il neigeait et Jane était entrée dans notre chambre avec son bonnet norvégien en laine sur la tête. Ses joues et son nez étaient rouges de froid. Elle m'embrassa et se déshabilla sans me parler. Elle était toute nue et je souriais parce qu'elle avait oublié d'enlever son bonnet de laine. Nous fîmes l'amour sur la moquette, ensuite sur le canapé et plus tard encore, au milieu de la nuit, dans le lit. Jane était très tendre, intense... langoureuse et sérieuse à la fois.

Je sais que ce jour-là, ou cette nuit-là, Vanessa fut conçue.

30

Le mariage de Catherine Deneuve avec David Bailey fut, comme celui de Brigitte et de Gunther, éphémère. Il passa mal le cap des douze mois. Les deux actrices ne se ressemblaient pas mais elles avaient en commun de ne pas sombrer dans la mélancolie quand leur vis-à-vis tombait en disgrâce. L'une comme l'autre – chacune suivant son style – ne supportait pas la contradiction. Elles avaient pris l'habitude de voir chacun de leurs désirs ou de leurs caprices satisfait sur le plateau, pourquoi n'en serait-il pas de même à la maison?

A l'époque où je vivais avec ces créatures de rêve, ni Brigitte ni Catherine n'étaient vraiment des vedettes et elles étaient encore très jeunes. Malgré cela, je vis se développer leur tendance à l'autoritarisme domestique, leur besoin de commander et de s'entourer de *yes-men* et de *yes-women*.

Jane était différente sur ce point. Sévère avec elle-même, elle savait se montrer attentive à l'égard des autres. A la maison, personne n'exerçait de pouvoir dictatorial. J'étais un peu plus capricieux qu'elle, elle était plus nerveuse que moi, dans l'ensemble l'autorité était partagée. Cela ne voulait pas dire que Jane montrait moins de force de caractère ou de personnalité que les autres – bien au contraire, comme l'avenir allait le montrer.

Mais pour Catherine, comme pour Brigitte, le succès était arrivé sans efforts et alors qu'elles étaient très jeunes. Elles semblaient avoir oublié le facteur chance et pensaient que tout leur était dû. Et comme tout leur avait facilement réussi, elles en déduisaient qu'elles ne pouvaient qu'avoir raison.

Je n'entends pas par là qu'elles ne souffraient point. Brigitte ainsi que Catherine eurent leurs moments de grand désarroi, leurs peines d'amour, leurs drames personnels. Durant l'été 67, un épouvantable malheur frappa Catherine. Sa sœur Françoise qui était, avec Christian, la personne qu'elle aimait le plus au monde se tua en voiture de façon atroce. Françoise quitta un matin Catherine, avec qui elle passait des vacances à Saint-Tropez, pour prendre l'avion à Nice. Avant d'arriver à l'aéroport, elle perdit le contrôle de sa voiture qui dérapa, fit un tonneau, s'immobilisa dans un champ et soudain prit feu.

Je n'étais pas en France quand j'appris la tragique nouvelle, mais je n'avais pas besoin de parler à Catherine pour imaginer la profondeur de sa peine et de sa douleur. Aujourd'hui encore, la plaie n'est pas cicatrisée. Elle ne le sera jamais.

Cette même année allait en revanche apporter à Catherine une nouvelle consécration dans sa carrière d'actrice : elle donnait ses traits à l'héroïne du chef-d'œuvre de Luis Buñuel, *Belle de jour*. Le vieux maître ne s'était pas trompé en la choisissant pour interpréter le personnage de Séverine, bourgeoise au visage pur et froid, qui vit en pensée ses obsessions érotiques. Chaque star est identifiée – à tort ou à raison – avec un film, un personnage. Pour Catherine, ce sera *Belle de jour*. Le film fut un succès mondial et demeure un classique, mais lors de sa sortie à Paris, les critiques français se montrèrent sévères et injustes. Un journaliste plus clairvoyant écrivit à ce sujet dans *Positif* : « Les brillants cerveaux de nos critiques exprimèrent en chœur la déception que leur avait causée *Belle de jour*... démontrant ainsi la mollesse de leur propre cortex. »

Je me souviens d'une Catherine ébranlée, me montrant les critiques qu'elle avait découpées dans la presse. Pourtant, les spectateurs faisaient la queue à l'entrée des cinémas où était projeté *Belle de jour*. J'avais proposé, ce soir-là, de garder Christian, la bonne et la nanny étant de sortie. Après le départ de Catherine qui avait rendez-vous avec un ami dont j'ai oublié le nom, je demandai à mon fils, qui avait quatre ans, s'il voulait regarder la télévision, jouer aux cartes ou dîner.

« Les trois », me répondit-il.

Ce que nous fîmes. Nous mangeâmes devant la télévision en jouant à la bataille.

« Que des choses défendues! s'extasia Christian.

– Qu'est-ce que tu veux dire?

– D'habitude, tout est toujours défendu. On mange pas au salon, d'abord. On mange pas en regardant la télévision, d'abord. On joue pas aux cartes en mangeant, d'abord. »

Après le dîner, furieux que je gagne aux cartes, Christian me proposa une partie de cache-cache. L'idée ne m'enchantait pas, mais comme je n'avais pas vu mon fils de plusieurs semaines, je fis contre mauvaise fortune bon cœur. Je passe sur la seconde d'angoisse dans la cuisine quand je rattrapai Christian aux deux tiers disparu dans le vide-ordures automatique!

Il était près de minuit et Christian refusait de s'endormir. J'ai mis au point quelques trucs pour dormeurs récalcitrants. Ce soir-là, je décidai d'employer la méthode dite de « l'hypnotiseur hypno-tisé ». Je prévins Christian que j'allais l'hypnotiser et, comme prévu, passes magnétiques, compte à rebours, etc., n'eurent sur lui aucun effet.

« Je n'y arrive pas, dis-je. Mais toi, tu pourras peut-être m'endormir.

Il me passa les mains devant les yeux, compta jusqu'à dix et fut enchanté de voir qu'il m'avait, effectivement, hypnotisé. Il voulut m'éveiller pour m'annoncer son succès mais je gardai les yeux fermés. N'ayant personne à qui parler, il s'allongea, posa la tête sur l'oreiller et s'endormit aussitôt.

Catherine rentra vers deux heures du matin.

« A quelle heure s'est-il endormi? demanda-t-elle.

– Vers dix heures, mentis-je. Comment était ta soirée?

– Très bien », dit Catherine.

Elle me faisait rarement des confidences sur sa vie privée. Elle enleva ses chaussures.

« C'est vrai que Jane est enceinte? dit-elle sou-dain.

– Oui. »

Elle ne fit pas de commentaire.

Nous nous embrassâmes et elle referma la porte de l'appartement derrière moi.

J'avais rangé la Ferrari dans la rue. Je me mis au volant et démarrai en direction du pont de Saint-Cloud.

A cette heure avancée de la nuit, l'autoroute de l'Ouest était pratiquement désertée. Je roulai jus-qu'à Mantes-la-Jolie à plus de deux cents à l'heure. Je quittai l'autoroute et pris la départementale 311 dont je connaissais chaque virage par cœur. Moins d'une demi-heure après avoir quitté Catherine, j'ar-rivais à la maison de Houdan. Jane s'était endormie. Je me déshabillai et me glissai dans le lit. Elle s'éveilla, je l'embrassai et la pris dans mes bras. Elle était maintenant enceinte de quatre mois et son ventre commençait à s'arrondir. Je n'arrivais pas à trouver le sommeil. Je pensais à ce que m'avait dit Louis Schwartz un mois plus tôt.

Schwartz était notre docteur. Il savait que Jane avait eu les oreillons quelques semaines après le début de sa grossesse.

« Si la mère contracte les oreillons peu de temps après avoir conçu, nous dit-il, le risque d'accoucher d'un enfant mongolien existe. Il est faible, mais il existe.

– Faible... Pouvez-vous être plus précis ?

– Pas plus d'une chance sur cinq cents », dit le docteur Schwartz.

Une chance sur cinq cents... Qu'est-ce que cela représentait exactement ? Combien de chances a-t-on de recevoir une brique ou un pot de fleurs sur la tête, de se faire écraser en traversant la rue, d'attraper une maladie mortelle, de se noyer, d'être poussé sous le métro par un fou, de mourir en voiture, en ascenseur, à bicyclette ? En réfléchissant, on découvre que le principe même de la vie est une loterie. Vivre, c'est prendre des chances. Je finis par décider qu'une chance sur cinq cents était un risque acceptable.

Louis Schwartz pensait qu'un avortement serait plus raisonnable, légal et médicalement justifié. Jane refusa. Sans nous consulter, nous étions arrivés à la même décision. Pourtant, souvent le doute m'assaillait : avions-nous pris la bonne décision ?

L'étrange révolution qui éclata au printemps de 1968 à Paris, et qu'on appelle pudiquement aujourd'hui les « événements de mai », surprit tout le monde par sa soudaineté et l'ampleur atteinte en quelques jours par un mouvement initialement inorganique et improvisé.

Jane, enceinte de près de cinq mois, aurait pu rester tranquillement à la campagne et ne connaître des événements que ce qu'en disait la radio. Mais une circonstance tout à fait imprévue m'avait investi durant cette période de responsabilités que je n'avais pas prévu d'assumer.

J'avais formé sur mes plateaux plusieurs assistants metteurs en scène, considérés comme les numéros un de la profession. Ces jeunes turcs – avec à leur tête Jean-Michel Lacor – décidèrent de briser le joug politique imposé au syndicat des techniciens du cinéma par la vieille garde stalinienne qui sévissait depuis la fin de la guerre. Ils me demandèrent de présenter ma candidature aux prochaines élections pour la présidence. J'avais les meilleures chances d'être élu contre les communistes en place, n'étant pas marqué politiquement mais connu pour avoir toujours défendu les intérêts syndicaux des techniciens et des ouvriers. Le pouvoir politique ne m'intéressait absolument pas et je rejetai fermement cette idée...

J'en parlai imprudemment à Jane qui déclara que j'étais un lâche. Mon devoir était de faire ce que je considérais « positif » pour les intérêts de la profession en général. Je commençais à développer une allergie chronique au mot « positif » mais reconnus que les jeunes turcs avaient raison. Il était grand temps de secouer les rouages grippés de la machine syndicale.

« Alors n'hésite pas », dit Jane.

Pris entre les feux croisés du studio et de la chambre à coucher, je décidai finalement d'accepter.

« Mais, précisai-je à Jean-Michel, dès que le bureau exécutif – c'est-à-dire vous – sera solidement en place, je donnerai ma démission. Je ne resterai pas président plus de trois ou quatre semaines. »

Je conservais néanmoins l'espoir hypocrite que je ne serais pas élu.

Le vote eut lieu en assemblée générale. Je fus élu avec 90 p. 100 des voix. J'étais piégé.

Trois jours plus tard, éclatait la tempête de mai 68. Pendant quelques semaines historiques, j'allais donc présider un important syndicat C.G.T. Le soir, je rapportais les événements à Jane qui, passionnée, posait mille questions.

Dans les jours qui suivirent, comme l'on sait, les événements prirent une tournure plus violente. Partout l'on dressait des barricades. Les arbres étaient abattus, les pavés arrachés, les voitures brûlaient, les vitrines éclataient. On entendait les sirènes des forces de l'ordre, des ambulances et des pompiers, l'éclatement des grenades lacrymogènes et parfois des coups de feu. Paris était envahi de la fumée noirâtre des incendies et des fumées blanches des gaz lacrymogènes. La nuit, le reflet des flammes éclairait les nuages de cendres au ras des toits. Jane aimait m'accompagner aux réunions syndicales et intersyndicales. J'étais en général au courant des points chauds et je la conduisais en suivant des itinéraires détournés. Malgré tout, à plusieurs reprises, elle eut l'occasion de voir les Parisiens se battre sur leurs barricades.

J'avais fait ma propre analyse politique de la situation et en parlais avec Jane que le manque de logique apparente des événements rendait perplexe.

« Les communistes ont mobilisé leurs troupes et rejoint le camp des étudiants pour prendre en main la situation et étouffer le mouvement dans l'œuf. Ils ne peuvent pas accepter une révolution qui les déborde sur la gauche. Le parti communiste ne va pas l'avouer, évidemment, mais il est le meilleur allié en puissance du gouvernement. »

Peu de gens faisaient à l'époque le même calcul politique que moi. Même le président de la République, croyant la bataille perdue par son gouvernement, avait quitté Paris en hélicoptère et rejoint l'armée française d'occupation en Allemagne.

Jane, durant cette période, évolua de façon radicale. C'est du moins l'impression qu'elle en garde aujourd'hui. Elle m'a dit, il n'y a pas longtemps : « J'avais toujours refusé d'associer la guerre d'Indochine avec l'aventure américaine au Viêt-nam. Mais j'ai rencontré en mai, à Paris, beaucoup d'écrivains, d'hommes politiques, de syndicalistes et d'étudiants engagés – de gauche, de droite, d'extrême gauche – et mêmes des communistes irréductibles. J'ai fini par réaliser qu'il s'agissait de la même guerre, même si le vocabulaire et les justifications variaient entre la France et les U.S.A. C'est vraiment pendant ces quelques semaines que j'ai compris l'essence du mouvement pour la paix au Viêt-nam, qui prenait tant d'importance dans mon pays. »

Curieusement, cette nouvelle conscience politique de Jane ne nous rapprocha pas. Elle s'était engagée sur une route très différente de celle que je suivais depuis l'adolescence. J'en avais trop vu durant l'Occupation et les années d'après la Libération. Dès l'âge de seize ans, je m'étais imposé une règle : pour éviter de tomber dans le cynisme et, pire, l'amertume, j'allais profiter de tout ce que la vie m'offrait de mieux. La mer, la nature, le sport, les Ferrarri, les amis et les copains, l'art, les nuits d'ivresse, la beauté des femmes, l'irrévérence et les pieds de nez à la société. Je conservais mes convictions politiques (je suis un libéral allergique aux mots « fanatisme » et « intolérance »), mais je refusais l'engagement sous toutes ses formes. Je croyais aux qualités de l'individu, mais j'avais perdu tout respect pour la race humaine.

Jane, au contraire, avait foi dans le destin de l'homme, dans l'engagement politique et se cherchait de nobles causes auxquelles dédier sa vie.

Le printemps et l'été 1968 changèrent aussi l'idée qu'elle avait d'elle-même en tant que femme – pas pour des raisons politiques, mais parce qu'elle portait un enfant pour la première fois de sa vie. Elle avait toujours eu peur d'assumer sa féminité. Elle associait tout ce qui était intrinsèquement féminin à la faiblesse. Entre sa mère, détruite, menée aux frontières de la folie par un processus qui lui avait échappé, et l'idéal femme-sexe-objet dominant dans son pays et à Hollywood en particulier, Jane avait souffert d'une vision déformée de son image de femme. Raison pour laquelle elle avait toujours craint d'être mère, alors qu'elle souhaitait désespérément un enfant. Elle m'a dit quelques jours avant que j'écrive ces lignes : « Avec ce bébé qui grandissait en moi, mon ventre qui devenait chaque jour plus rond et qui s'imposait aux yeux du monde, j'étais brusquement devenue fière d'être femme. Mes peurs, mes complexes ont disparu d'un coup. »

Avant même de voir le jour, cet enfant donnait naissance à une femme.

Au cours de quelques soirées passées en compagnie de quelques-uns des enfants Kennedy, j'avais fait la connaissance de Sargent Shriver, ambassadeur des Etats-Unis en France. Nous nous prîmes de sympathie et il accepta d'être le parrain de mon futur bébé franco-américain.

La nuit du vote de la convention démocrate qui devait décider du candidat à opposer à Richard Nixon, Jane et moi nous trouvions dans les salons de l'ambassade, avenue Gabriel. Nous suivions avec l'ambassadeur, sa famille et quelques-uns de ses proches, cet événement qui se révéla lourd de conséquences. Les deux finalistes étaient Eugene McCarthy, champion de la paix au Viêt-nam, et Hubert Humphrey, politicien formé aux normes de son vénérable parti. Quand on annonça qu'Humphrey l'avait emporté sur McCarthy, Sargent Shriver se tourna vers nous, assez pâle.

« Ils viennent de porter Nixon à la Maison Blanche », dit-il.

Cette soirée devait être riche en messages. Un autre événement se déroulait en contrepoint de l'élection du candidat démocrate. Par moments, les caméras montraient ce qui se passait devant le bâtiment où siégeaient les délégués. Une foule agitée – des jeunes surtout – hurlait des slogans en faveur de McCarthy. Usant de matraques et de crosses de fusil, la police de Chicago chargeait les manifestants avec une brutalité choquante. Coups, cris de douleur, sang sur les visages, corps désarticulés, c'était la vision courante et traditionnelle de la répression. Au premier rang des manifestants, on remarquait un jeune homme qui faisait courageusement face à la police.

Jane ne savait pas qu'elle regardait avec une mélange de crainte et d'admiration l'homme qui, cinq années plus tard, serait son mari. Les reporters de télévision, qui ne le connaissaient pas davantage, n'avaient pas cité son nom : Tom Hayden.

Mais revenons quelques semaines en arrière. Comme je l'avais suspecté, la classe ouvrière influencée par le parti communiste lâcha les étudiants. Avec la fin de la grève générale, la révolution s'éteignit aussi vite qu'elle avait pris feu. De Gaulle revint à Paris. L'ordre fut rétabli.

La politique de modération que j'avais conseillée au sein du syndicat se trouva justifiée. Certains avantages depuis longtemps réclamés furent finalement acquis. Jean-Michel Lacor et ses amis étaient maintenant solidement installés au bureau exécutif et je pus donner ma démission.

Courant juin, je partis avec Jane pour Saint-Tropez. Nous avions loué une villa dont la grande terrasse donnait sur la mer. Nathalie et Christian étaient avec nous. Le ventre de Jane s'arrondissait chaque jour davantage. Après l'agitation du printemps, nous pouvions réellement apprécier deux mois de calme et de détente au paradis.

31

Si l'on excepte l'épisode malheureux des oreillons, les neuf mois de la grossesse de Jane se passèrent aussi bien qu'il est possible. Elle resta active jusqu'au bout, prit grand soin de son corps. Je l'aidais à appliquer des produits naturels à base d'hormones qui devaient garder sa souplesse à la peau et éviter les vergetures.

Elle était perduadée que son bébé serait un garçon mais nous avions tout de même prévu un nom de fille pour le cas où son instinct la tromperait. Vanessa me plaisait car c'était un des seuls prénoms qui pouvait se prononcer de la même façon en français, en anglais, en russe et dans la plupart des langues. Il plaisait aussi à Jane qui à l'époque était très proche de l'actrice Vanessa Redgrave.

Une nuit, assez tard, Jane fut prise de douleurs abdominales. Je proposai de la conduire à l'hôpital mais elle prétendit qu'il s'agissait de crampes dues à une digestion difficile. Son insistance m'étonna. Je décidai cependant de ne pas prendre de risque, l'hôpital étant à une heure de voiture. (Il n'était pas question d'emmener en Ferrari une femme sur le point d'accoucher. J'allais utiliser notre seconde voiture, un D.S. à la suspension souple et confortable.) En route, Jane décida qu'il ne s'agissait pas, en effet, de crampes d'estomac.

« Je crois que je vais accoucher dans la voiture », dit-elle.

J'étais préparé à cette éventualité mais souhaitais vivement ne pas avoir à jouer le rôle de sage-femme sur le bas-côté d'une autoroute. Nous arrivâmes sans incident à la clinique spécialisée du Belvédère vers quatre heures du matin. Susan, la troisième femme d'Henry Fonda, nous y attendait. Nous lui avions téléphoné avant de quitter la maison.

Jane était encore une teenager quand son père lui présenta une ravissante jeune femme, Susan Blanchard, de dix ans plus âgée qu'elle. Susan apporta beaucoup à Jane : complicité, tendresse, conseils... Elle sut comprendre les problèmes qui existaient entre sa belle-fille et son mari, et le vide laissé par le suicide de Frances Fonda. Après le divorce – le mariage ne dura que trois ans au grand désespoir de Jane –, les deux femmes restèrent très proches. J'avais rencontré Susan à New York. Sa tendresse, son charme, son optimisme naturel tempéré par un sens de l'humour assez caustique, m'avaient immédiatement séduit. Susan s'était arrangée pour se trouver à Paris au moment où Jane devait accoucher. Je lui en étais reconnaissant. Dans ce moment important de sa vie, Jane ne serait pas totalement coupée de son pays natal et de sa famille.

Finalement, c'est surtout moi que Susan eut à soutenir et à réconforter. Les douleurs revenaient toutes les vingt minutes environ et, entre deux spasmes, Jane bavardait ave son ex-belle-mère et même riait. Elle avait suivi des exercices pour l'accouchement sans douleur.

« Ça n'a pas l'air de tellement bien marcher, remarqua-t-elle. Je n'ai pas dû m'exercer assez sérieusement. »

Il fut nécessaire, finalement, de l'endormir.

Le gynécologue arriva vers cinq heures du matin. Jane partit vers la salle de travail avec, apparemment, beaucoup de calme. Après l'avoir examinée, le docteur nous fit dire qu'il ne se passerait rien avant plusieurs heures. Il la gardait cependant en observation dans la salle d'accouchement. Susan et moi décidâmes de sortir et de marcher pour dissiper la tension de l'attente. Elle comprit que quelque chose me tourmentait et m'amena adroitement aux confidences. Je lui parlai des oreillons et de ce que m'avait dit le docteur Schwartz.

Le jour s'était levé. Porte de Saint-Cloud, un bistrot ouvrait ses portes. Les habitués du premier métro, qui se rendaient à leur travail, s'accoudaient au zinc et commandaient le traditionnel café crème-croissant. Certains s'en tenaient au café noir arrosé d'un cognac. Pour Susan et moi, ce fut le bol de chocolat au lait et la demi-baguette beurrée. Je remarquai le calendrier des P.T.T. accroché au mur. La serveuse, son torchon sous le bras, en arrachait une page pour le mettre à jour : mercredi 28 septembre.

« Tiens, fis-je remarquer à Susan, c'est le jour anniversaire de Brigitte Bardot. »

A six heures, j'appelai la clinique. On me passa le docteur qui désirait me parler.

« Je vais être franc, me dit-il. Je suis ennuyé. Votre femme a perdu les eaux il y a un moment. Il y avait du sang.

– Qu'est-ce que ça veut dire?

– Je ne sais pas encore. Peut-être simplement l'éclatement d'un vaisseau intra-utérin. Dans ce cas, rien d'anormal. Je vous tiendrai au courant. Mais je ne saurai rien avant au moins deux heures. »

Le gynécologue ne cherchait pas à m'alarmer inutilement. Je compris qu'il voulait m'éviter un choc psychologique trop violent dans le cas d'une malformation de l'enfant. Si une décision rapide devait être prise, il était préférable que je sois en état de réfléchir. Quand je rejoignis Susan à la table, j'étais très pâle.

« Quelque chose ne va pas? » demanda-t-elle, inquiète.

Les mots ne sortaient pas de ma bouche. Finalement, je dis :

« Le docteur nous attend à la clinique dans deux heures. Tout va bien. »

Mais moins d'une heure plus tard nous étions de retour au Belvédère. Rien n'est pire que l'attente quand on se sait impuissant, inutile. Je compris le sens des lieux communs de la littérature genre : « chaque minute me paraissait un siècle », « secondes d'agonie... » etc. A sept heures quarante-cinq, une infirmière s'approcha de nous dans la salle d'attente.

« Le bébé et la mère se portent bien. C'est une fille », dit-elle.

Plus tard le gynécologue me confia :

« Tout s'est bien passé. Mais j'ai été réellement inquiet. »

Nous rejoignîmes Jane dans sa chambre. Elle était pâle et ses yeux cernés brillaient d'un éclat intense. J'avais déjà vu ce sourire illuminé de l'intérieur de la maman qui tient son nouveau-né dans les bras.

De petits coups tapés sur le carreau de la fenêtre me firent tourner la tête. La chambre était au rez-de-chaussée et donnait sur le parc. Nathalie, montée sur une chaise, se tenait derrière la vitre. Elle regardait Jane et la petite chose chiffonnée qui était sa sœur. Elle comprenait le bonheur de Jane, ma propre joie, et savait que quelque chose allait changer pour elle. Les enfants n'étaient pas autorisés à entrer dans la chambre quand un nouveau-né s'y trouvait. Je rejoignis ma fille aînée dans le parc.

« Vous n'allez plus m'aimer, dit-elle.

– Ne sois pas idiote, chérie, lui dis-je. Est-ce que je t'ai moins aimée après la naissance de Christian?

– Cette fois, c'est différent. »

Je la pris dans mes bras. Elle resta longtemps la tête sur mon épaule, sans parler.

32

JANE donnait le sein à Vanessa. La maternité lui allait bien. Jamais elle n'avait été plus belle. J'avais davantage d'expérience qu'elle avec les bébés et je lui appris pas mal de choses qu'en général seules les mamans connaissent. Jane appréciait que je sache changer Vanessa, que je sois au courant des doses et de la température idéale du biberon et que, tel un ornithologue, je fasse la différence entre les pleurs, cris ou piaillements variés du nouveau-né : « Elle a mal au ventre. » « Elle est de mauvaise humeur. » « Elle doit être irritée, il faut la changer. » « Elle a fait un cauchemar... » Oui, il y a un langage des bébés que Jane ne savait pas encore déchiffrer. Chaque pleur, pour elle, était un signal d'alarme. Elle lisait tous les livres imaginables sur l'éducation des enfants, leur psychologie, les secrets de la pédiatrie moderne... etc. Jane ne faisait rien à moitié. Elle était pour la théorie, moi plutôt pour les méthodes empiriques; nous nous complétions parfaitement.

En novembre, *Barbarella* sortit dans les cinémas parisiens et passa presque inaperçu. Ni le public, ni les critiques français n'étaient encore habitués à ce genre de fantaisie futuriste. Il fallut attendre quelques mois la sortie à l'étranger pour connaître le succès. Malgré, ou grâce aux critiques, souvent divisés, le film fut un événement. *Barbarella* était en avance de plusieurs années sur son époque mais faisait partie des films qui ne disparaissent pas des écrans après quelques mois. Quinze ans après sa sortie, *Barbarella* est encore projeté dans beaucoup de pays et passe régulièrement sur les télévisions de langue anglaise, espagnole ou japonaise.

Dino de Laurentis et la Paramount présentèrent le film comme un produit uniquement érotique, ce qui était une erreur. Cela créa pour un temps une sorte de malentendu dans le public et, certainement, encouragea Jane à fulminer contre son personnage et ce film qui, devait-elle dire plus tard à la presse, « m'avait présentée comme un objet érotique ». C'était durant son époque féministe « dure » et elle faisait feu de tout bois pour affirmer sa position politique. Aujourd'hui, elle est revenue sur cette attitude un peu sectaire; elle reconnaît que je m'étais amusé à créer le premier héros galactique de sexe féminin. Après tout, les costumes de Superman, de Buck Rogers, de Guy l'Eclair et de bien d'autres personnages masculins de la mythologie futuriste étaient très sexys. Pourquoi désavantager les femmes sur ce point? Il demeure que Jane Fonda est dans *Barbarella* d'une beauté saisissante et cette image qui n'a rien de sexiste ni d'infamant nous restera, je l'espère, longtemps.

Quelques semaines avant Noël, Jane reçut une offre des producteurs Irwing Winkler et Charles Chartoff pour le rôle de Gloria dans une adaptation du roman de Horace Mc Coy, *On achève bien les chevaux*. Curieusement, en 1953, alors que je n'étais encore qu'un scénariste débutant, j'avais écrit une adaptation du roman de Mc Coy pour Brigitte Bardot. Mais les producteurs eurent peur, finalement, de cette histoire qu'ils trouvaient trop pessimiste. Des metteurs en scène célèbres, dont Charlie Chaplin, furent ensuite tentés par ce même projet mais tous l'abandonnèrent.

Jane accepta – sous réserve de son accord sur le scénario final – et nous décidâmes de quitter Houdan pour la Californie vers la fin du mois de janvier. Je compris au changement d'humeur de Jane que, malgré ses efforts pour s'adapter au mode de vie français, elle ne pouvait se passer de son pays natal. Elle demeurait américaine avant tout.

Elle suggéra de trouver une école en Suisse pour Nathalie, le temps du tournage de *On achève bien les chevaux*. Je n'aimais pas vraiment l'idée de laisser la petite seule après la naissance du bébé. Mais la plupart des parents sont obsédés par le problème de l'école, qu'ils font passer avant tout. Jane ne manquait pas à la règle.

« Je ne veux pas qu'elle perde son année scolaire », me dit-elle.

Théoriquement, elle avait raison. Nous partîmes donc en voiture pour la Suisse à la recherche de la meilleure école existante.

Nous descendions la route en lacet du col de la Combes, quand j'arrêtai soudain la Ferrari sur le côté de la route. Le ciel avait ce bleu tendre et pur, propre aux paysages alpins. Au loin scintillait le lac Léman où se miraient les hautes montagnes aux sommets couverts de neige. Tout était beau, vaste, noble et calme. La lutte pour le succès, la soif d'argent et de pouvoir de ces petites fourmis, les hommes, que l'on apercevait dans la vallée dix kilomètres plus bas, semblaient dérisoires à cette échelle. Non, pas dérisoires, plutôt lointaines, abstraites. Nous sortîmes de la voiture. Jane posa sa tête sur mon épaule et entoura ma taille de ses bras. Des larmes coulaient sur ses joues. On ne peut reprocher à Jane de manquer de caractère mais elle a la larme facile, l'émotion agit toujours sur ses glandes lacrymales. Je me demandais pourquoi elle pleurait. La beauté d'un paysage ne l'avait jamais particulièrement bouleversée. Aujourd'hui je sais qu'elle pleurait la fin de quelque chose. Ce n'était pas encore clair dans son esprit, mais elle devinait que l'avenir ne serait pas celui que nous avions imaginé ensemble. Sans doute avait-elle un peu peur.

Les pélicans que la pollution n'avait pas encore décimés plongeaient dans la houle, tels des stukas, cernés par les mouettes piaillantes et toujours affamées. Un couple courait sur le sable mouillé. Près des rochers, au nord de la plage, trois surfeurs en combinaison de caoutchouc attendaient la septième vague. Dominant le grondement de l'océan, on entendait *Monday, monday* des Mamas et Papas. Quelqu'un donnait une fête et les haut-parleurs étaient branchés au maximum de leur puissance en décibels.

Malibu n'avait pas changé.

La maison que nous venions de louer avait une terrasse donnant sur la plage, un grand bar dans le salon principal, une vaste cuisine, une *guest-house* dans le jardin et une chambre à coucher au premier étage, avec un lit plus large que long duquel on avait une vue superbe sur l'océan quand les volets étaient ouverts. Deux ou trois fois par an, quand l'air était exceptionnellement clair, on pouvait faire l'amour en regardant l'île de Catalina. La décoration et le mobilier étaient simples, agréables et de bon goût. Beaucoup de lumière, beaucoup de soleil; une maison faite pour le bonheur.

Nous avions transformé une des chambres en nurserie pour Vanessa qui avait quatre mois. Sa nanny, Dot, une charmante vieille Anglaise, parlait avec un accent cockney qui m'enchantait. Elle ressemblait à un personnage sorti d'une pièce de Bernard Shaw. Avant de s'occuper d'enfants, elle avait été pendant quarante ans l'habilleuse de nombreuses stars du théâtre. Deux levrettes italiennes, Mao et Lilliput, complétaient la famille. Ces chiens qui ressemblent à des lévriers miniatures sont les plus rapides du monde à la course. Mao faisait des bonds dépassant dix mètres. Très joueurs, vifs comme l'éclair, ils donnaient des complexes aux autres chiens de la plage qui pensaient qu'une nouvelle race canine extraterrestre venait d'envahir Malibu.

Nathalie était donc en pension en Suisse, dans une de ces institutions qui ressemblent davantage à des hôtels trois étoiles qu'à des écoles. Quelques jours après notre arrivée, je promenais Mao et Lilliput au bord de l'eau, quand je vis un homme à genoux sur le sable qui observait fixement quelque chose. En m'approchant, je reconnus Jack Nicholson. Il portait une barbe de vingt-quatre heures et je me demandai depuis combien de temps il n'avait pas dormi. Il tenait au creux de ses mains une orange rejetée par l'océan et souillée de plaques de goudron, qui faisait vaguement penser à une mappemonde. Il posa un doigt sur l'une des taches de goudron.

« Voilà l'Europe », dit-il. Il désigna une autre tache : « Voilà l'Asie... Voilà l'Afrique... »

Quelque chose semblait le tourmenter.

« Il manque le continent américain », dit-il.

Il réfléchit une minute et reprit :

« Si le continent américain n'existe plus, c'est que nous n'existons pas non plus. Si nous n'existons plus, que faisons-nous ici?

– J'arrive de Paris, lui répondis-je. Je ne m'étais pas aperçu que les Etats-Unis n'existaient plus.

– Le décalage horaire », m'expliqua-t-il.

Et après un long silence :

« L'état de non-existence permet de comprendre beaucoup de choses. Par exemple que l'univers est une orange couverte de goudron... Ça, Einstein ne l'avait pas prévu. »

Il me regarda avec ce sourire à la fois provocateur et désarmant, un peu diabolique, semblant se moquer de lui-même ou des autres – sans doute de lui-même *et* des autres.

Je lui suggérai de passer de la non-existence de la plage à la non-existence du lit et il accepta de me suivre jusqu'à la maison. Je l'installai dans une chambre et il s'éveilla vingt heures plus tard, plus barbu et plus ébouriffé que jamais, mais d'excellente humeur. Il remercia Jane d'avoir construit une maison autour de lui.

« Quand je me suis endormi, il n'y avait que du sable partout et des étoiles au-dessus de ma tête. On vous a appris les bonnes manières en France », ajouta-t-il admiratif.

Jane rit. Jack demanda :

« Quelle année sommes-nous ?

– 1969, dit Jane.

– *Shit!* je suis en retard », dit Jack.

Il demanda s'il pouvait emprunter une tranche de pain et un morceau de gruyère et nous quitta.

Dot entra dans la pièce avec Vanessa.

« *Suppertime* », dit-elle.

Jane alla s'asseoir sur l'un des fauteuils de la terrasse et déboutonna son chemisier. Elle prit Vanessa dans ses bras pour lui donner le sein. Mais la petite jouait avec le téton au lieu de boire. Elle le pinçait entre ses doigts et riait aux éclats, montrant ses gencives où perçaient les premières dents.

366

« Elle a hérité des mauvaises habitudes de son père », dit Jane à Dot en souriant.

Dans *La Curée*, Renée, le personnage interprété par Jane, coupait ses cheveux pour plaire à son amant. J'avais filmé les mèches qui tombaient sous le ciseau comme un symbole de l'amour détruit, mais j'avais utilisé une perruque. Pour *On achève bien les chevaux*, Jane coupa ses vrais cheveux. Coïncidence ? Ce jour-là, pour la première fois, j'eus la vision de Jane vivant sa propre vie, de son côté, et moi la mienne, de mon côté. Il y a les moments de doute, les disputes, les menaces de divorce... cela fait partie de la vie d'un couple. Les choses s'arrangent en quelques minutes, quelques heures, au pire en quelques jours. Mais je savais maintenant qu'un processus de décomposition de l'amour était en route. Et le processus était irréversible.

Rien de dramatique pourtant ne s'était produit. L'acharnement de Jane à son travail et son manque de chaleur dans les rapports quotidiens m'inquiétaient sans doute, mais c'est le symbolisme des cheveux coupés – désir d'un nouveau visage, désir de changement – qui joua le rôle de révélateur. J'ouvris les yeux sur une réalité qu'inconsciemment je refusais d'accepter.

J'étais moi-même moins épris de Jane. Son besoin perpétuel d'agir et de tout prendre au sérieux commençait à me lasser. J'étais tombé amoureux d'une femme ambitieuse, dynamique, douée d'un grand sens pratique mais aussi vulnérable, capable d'élans spontanés et déraisonnables, capable de jouer, capable de faire des bêtises. Je me retrouvais avec un monstre d'efficacité qui parfois me faisait penser à un robot. J'exagère, d'accord, c'est pour essayer de me faire mieux comprendre.

Je n'ai jamais tenu de journal mais j'en ai commencé plusieurs. J'ai retrouvé les premières lignes d'un de ces essais qui ne dépassèrent jamais deux pages. La date : 20 mai 1969.

Elle est rentrée à huit heures du studio. Elle m'a embrassé, a demandé comment s'était passée la journée pour Vanessa. Parlé d'une solution alcoolisée pour les gencives de la petite qui perce une nouvelle dent. Quinze jours avant le début du tournage, Jane a cessé de donner le sein à Vanessa. Elle n'avait plus de lait. Jane a parlé à Dot dans la cuisine en avalant trois feuilles de laitue et un morceau de gruyère. Elle a rédigé une longue liste. Elle est maintenant dans sa chambre, travaillant son texte pour demain. Elle est parfaite. Elle est sublime. De quoi a-t-elle peur pour se jeter ainsi dans le travail ? Il y a une limite à l'efficacité ! Je pense qu'il est temps pour moi d'apprendre à désaimer...

J'avais inventé pour la circonstance le verbe « désaimer ». Je me préparais sagement à l'inévitable, ne pouvant, ni ne voulant changer. Je ne pourrais dire que Jane était une *autre* Jane parce qu'une partie de sa personnalité prenait le pas sur l'autre partie et la submergeait. Elle évoluait, elle basculait dans le futur, mais moi, c'était justement la partie immergée que j'aimais. Vivre avec la nouvelle Jane m'intéressait moins. Je savais cependant que la séparation serait longue et douloureuse malgré mes exercices d'anesthésie amoureuse.

« Désaimer »... J'appelais aussi ce processus : le yoga du pessimiste.

Quelque chose dans cette affaire était inhabituel : nous nous entendions toujours bien sexuellement. (Je ne pense pas que Jane faisait semblant, même par gentillesse ; ce n'est pas une hypocrite.)

Elle aurait sans doute aimé que je puisse changer. Avec le recul, considérant que l'homme idéal, l'homme de sa vie, allait être personnifié par Tom Hayden, son mari actuel, il est évident que je n'avais aucune chance d'opérer en moi une pareille métamorphose. Je n'éprouve donc aucun regret rétrospectif.

James Poe avait écrit l'adaptation de *On achève bien les chevaux* et convaincu Winkler et Chartoff de produire le film dont il voulait faire la mise en scène. C'est lui aussi qui eut l'idée de proposer le rôle de Gloria à Jane Fonda. C'était un homme réservé, presque timide. Il vivait avec la reine des films d'horreur de l'époque, l'étonnante Barbara Steele. Il semblait bien s'entendre avec Jane. Pourtant, au moment de commencer le tournage, il fut renvoyé et remplacé par Sydney Pollack, Jane ayant donné le feu vert aux producteurs.

L'avenir a montré que ce choix n'était pas une erreur, mais par principe, renvoyer un homme qui a été à l'origine d'un projet, lui arracher en quelque sorte son enfant pour le donner à quelqu'un d'autre, me paraissait immoral et barbare. Je ne fus pas réellement surpris par la décision des producteurs mais par le fait que Jane se montrât d'accord avec eux. Je comprenais mal cette attitude venant d'une femme tellement sensible aux injustices sociales, au pouvoir corrupteur de l'argent et au manque d'humanité des maîtres de Hollywood. En France, jamais un metteur en scène ne remplacerait un confrère, à moins que ce dernier ne le lui demandât personnellement. Mais chaque pays a ses critères moraux et ses habitudes. Je m'abstins de critiquer Jane ou même de la juger. Cet incident, cependant, me dévoila ou plutôt mit en lumière un aspect du caractère de ma femme : sa faculté d'oublier la compassion pour arriver à un meilleur résultat. Efficacité avant tout.

Jane et Sydney Pollack se rencontraient chaque jour pour parler des changements à apporter au scénario. Sydney était un homme déterminé et de rapports agréables. Son énergie et son temps étaient mobilisés au service de son travail. En cela il s'entendait bien avec Jane.

L'action du film, située pendant la dépression, se déroulait au cours d'un de ces marathons de danse, courants à l'époque. Pour quelques dollars, Gloria, l'héroïne de l'histoire, allait aller jusqu'au bout d'elle-même, jusqu'à l'extrême limite de ses forces et finalement en mourir. Quand le tournage commença, Jane devint totalement absorbée, je peux même dire « possédée » par son personnage. Elle couchait souvent dans sa loge, au studio, et gardait son maquillage de la veille pour donner plus de réalisme à l'épuisement progressif de Gloria.

Parfois, je prenais Vanessa avec moi et nous allions rendre visite à Jane aux studios de la Warner Brothers où se tournait le film.

Durant cette période, les relations entre Jane et son père semblèrent se stabiliser au beau fixe. Jane était mariée, avait un enfant et orientait définitivement sa carrière vers Hollywood; elle n'avait pas encore fait parler d'elle à propos du Viêt-nam; Henry était satisfait.

Après la fin du tournage la vie sembla reprendre un rythme plus normal.

Au cours d'une soirée donnée dans sa maison de Benedict Canyon par Roman Polanski, Jane disparut plus d'une demi-heure en compagnie d'un scénariste très séduisant. Appelons-le J... Quand elle réapparut, elle était décoiffée et sa jupe quelque peu chiffonnée.

370

« J'étais dans la salle de bain quand J... m'a rejointe, me raconta-t-elle. Il m'a demandé s'il pouvait m'aider. »

J... avait fermé la porte de la salle de bain au verrou et s'était employé à « aider » Jane au mieux de ses moyens. Quelques minutes plus tard, la gouvernante de la maison se mit à tambouriner à la porte.

« Qu'est-ce qui se passe là-dedans? cria-t-elle. Ouvrez! »

Cette femme, catholique fervente, s'était investie du rôle de gardienne des mœurs dans la maison de Polanski. Interrompus en plein flirt, Jane et J... durent, à regret, obtempérer.

Après avoir terminé son récit, Jane ajouta :

« Je déteste les choses à moitié faites! »

Il est en effet dans sa nature de ne pas abandonner un ouvrage sans l'avoir mené à son terme.

Jane était particulièrement belle cette nuit-là. Radieuse. Très sûre d'elle-même. Le papillon quittait la chrysalide et déployait ses ailes. Elle ne m'avait pas caché son aventure prématurément interrompue, mais je compris que je n'étais plus son complice.

Fin juin, nous fîmes nos valises et déposâmes dans le garage de la villa d'Henry Fonda, à Bel Air, quelques cartons et mes cannes à pêche. La maison de Malibu fut rendue à son propriétaire.

Nous prîmes l'avion pour New York avec Vanessa, Dot et les deux levrettes italiennes. Une semaine après, nous embarquions sur le *France* en direction du Havre.

Andy Warhol était venu nous dire au revoir dans l'appartement que nous avions réservé pour la traversée de l'Atlantique. Ce ne fut pas le Dom Pérignon, ni le caviar, ni le luxe extraordinaire des cabines qui l'impressionnèrent mais le fait que le stewart nous apporta du Coca-Cola dans les anciennes bouteilles en verre. Warhol collectionnait ces bouteilles qui n'existaient plus qu'en Europe. Il nous fit promettre de lui en rapporter plusieurs douzaines.

Le commandant du *France* nous invita, Jane et moi, à le rejoindre sur le pont. Une merveilleuse façon de quitter les Etats-Unis. Au passage, je fis un signe de main amical à la statue de la Liberté qui avait fait le même voyage, mais dans l'autre sens, quatre-vingt-trois ans plus tôt.

33

L'AMBIANCE dans notre maison de Houdan était à la fois rustique et moderne. L'ameublement campagnard se mariait avec les confortables divans et l'installation stéréo dernier cri. Jane avait réussi un heureux mélange.

Quelques jours après notre retour des Etats-Unis, elle décida de remettre en chantier un projet dont nous avions souvent parlé : la transformation de la grange en piscine d'hiver et salle de projection. Voulait-elle conjurer le sort en entreprenant des travaux au moment où l'avenir de notre mariage semblait incertain?

Le 16 juillet 1969, la télévision allait diffuser l'arrivée des astronautes américains sur la Lune. L'événement était prévu pour quatre heures du matin, heure française. Ces premiers pas de l'homme sur un autre corps céleste n'étaient pas seulement un miracle de l'intelligence et de la technologie mais aussi un symbole poétique et philosophique. Je pensais que rien d'aussi passionnant n'était arrivé à la race humaine depuis qu'un bipède vivant dans une caverne avait eu l'idée d'utiliser un tibia pour en faire une arme. Je n'ai jamais compris pourquoi Jane ne se réveilla pas pour vivre par l'image, avec les astronautes, une des plus exaltantes aventures de l'histoire de l'humanité. Pourtant, quinze ans plus tard, elle allait faire le voyage de Los Angeles à Cap Canaveral pour assister au départ de la première femme américaine cosmonaute. Dans ce cas, Jane participait à l'événement. Les journaux allaient publier sa photo et commenter sa présence. C'était un geste politique.

Vanessa (dix mois) s'était réveillée et pleurait dans sa chambre. J'allai la chercher et je l'assis contre le mur, à côté du poste de télévision, avec quelques-uns de ses jouets. Fasciné par ce que je regardais, j'avais oublié ma fille. Armstrong descendait l'échelle du module et posait un pied sur la poussière lunaire. Une seconde après, il posa le second pied. Puis, titubant à la façon d'un enfant qui fait ses premiers pas, il commença de marcher. A cet instant j'eus l'impression de voir double. Il y avait deux Armstrong... Je réalisai que le second astronaute était Vanessa, dressée sur ses jambes. Elle avait choisi l'instant précis où Armstrong marchait dans le ciel, 353 680 km plus haut, pour risquer ses premiers pas. Engoncée dans sa barboteuse, sa silhouette ressemblait à celle du héros américain. Après quatre pas, elle tomba sur son derrière. Armstrong, lui, poursuivit sa route.

Si l'on compare la fin d'un amour à une maladie dans sa phase terminale on peut, en poussant l'analogie, parler de rémission. Je me souviens des deux semaines que nous passâmes fin septembre à Saint-Tropez, comme des derniers jours vraiment heureux de notre mariage.

Nous habitions un hôtel sur la plage. Le temps était exceptionnellement beau. J'ai filmé ces instants privilégiés. Promenade en Riva dans les criques désertes, l'eau si pure et transparente, le sable si blanc, Jane nue au soleil, Vanessa riant dans son petit canot pneumatique. Le 28 septembre sur la terrasse de l'hôtel, le gâteau avec une bougie... Vanessa fêtait son premier anniversaire. Jane prenait des photos et elle éclatait de rire quand sa fille, après s'être barbouillée jusqu'aux yeux de crème au chocolat, décidait de manger la bougie. Le film est muet mais l'on peut deviner les mots au mouvement des lèvres de Jane : « On voit qu'elle a du sang russe. » Je me souviens avoir répondu : « Les Russes ne mangent pas les bougies. » « Mais si, répondait Jane, c'est connu!... »

Dès notre retour à Paris, je découvris qu'Andreas Voutsinas ne se conduisait pas en fidèle ami. Il mettait de l'huile sur le feu. Je respectai d'autant plus Jane qu'elle ne se laissa pas influencer. Si elle avait décidé de me quitter, elle savait pourquoi. J'étais malgré tout ahuri en me remémorant les serments de reconnaissance éternelle dont Andreas m'avait abreuvé à Rome au temps de *Barbarella*. Je ne lui en voulus pas longtemps. L'homme est fragile et survit de savoir forger ses faiblesses en épée. Et puis, sait-on jamais le mal qu'on a fait soi-même aux autres?

Les problèmes d'ordre existentiel, qui avaient pour quelque temps laissé Jane en paix, déclenchèrent une nouvelle offensive. Elle ne trouvait toujours pas de réponse à cette question : « Que me manque-t-il dans la vie pour me permettre de me réaliser? » Elle cherchait. Cherchait...

L'Inde et ses promesses spirituelles avaient été mises à l'ordre du jour par le mouvement hippie. Un pot-pourri, mêlant les hallucinations psychédéliques, la non-violence prêchée par Gandhi, la méditation et la recherche de la vérité par les mystiques orientales, avait créé ce nouveau mirage : l'Inde, terre promise de l'humanité. Pour qui cherchait, la réponse se trouvait au pays des sages et des gourous.

Une amie de collège de Jane qui faisait escale à Paris sur la route de Bombay joua le rôle de catalyseur. Jane décida de l'accompagner : elle trouverait peut-être là-bas la réponse à son problème d'identité. Je pense aussi qu'elle désirait quelques semaines de solitude, loin de moi et loin de Hollywood, pour réfléchir.

Dot, Vanessa et moi attendîmes sagement à Paris le retour de l'explorateur. Je reçus quelques brefs comptes rendus de voyage qui ne me donnèrent pas de réelles indications sur son état d'esprit. Mais, un mois après son départ, arriva une très longue lettre. Une lettre d'amour. Jane me disait qu'elle m'aimait, que ce voyage lui avait ouvert les yeux : ce qu'elle désirait vraiment, c'était rester pour toujours près de moi et de Vanessa. Elle ne nous quitterait plus. Elle ne tenait plus d'impatience à l'idée de nous retrouver bientôt. Cette lettre aurait dû me faire plaisir, elle m'inquiéta. Ce genre de déclaration d'amour n'était pas dans le style de Jane. Il me semblait qu'elle essayait de se convaincre elle-même. La poste est longue entre l'Inde et la France; Jane était de retour trois jours après que j'eus reçu sa lettre.

Elle avait un peu maigri et ne paraissait pas avoir trouvé la paix et la sagesse. Si l'Inde l'avait fascinée, c'était par son hallucinante misère, ses enfants squelettiques trop faibles parfois pour mendier leur nourriture, ses morts ramassés sur les trottoirs chaque matin et par le contraste entre les castes, plus que par la beauté sereine de l'Annapurna, par ses fakirs ou ses gourous. La beauté du palais des Mille et une Nuits du roi du Sikkim où elle fut reçue chaleureusement (la reine était américaine de naissance et contemporaine de Jane) lui fit d'autant plus vivement ressentir l'effroyable dénuement de dizaines de millions d'Indiens. Ce voyage n'apporta pas à Jane de réponse à ses inquiétudes personnelles mais lui permit de faire un grand pas vers la conscience politique. Elle comprit que la lutte contre les injustices sociales ne passait pas par le salut de son âme ou la méditation. Encore troublée, elle était cependant beaucoup plus près de son heure de vérité qu'elle ne l'imaginait.

Je désirais que la romancière irlandaise Edna O'Brien écrive le scénario de mon prochain film, l'histoire de l'éducation sentimentale et politique d'une femme de trente-cinq ans par sa belle-fille âgée de dix-sept ans. Edna accepta, et Jane et moi partîmes à Londres pour la rencontrer.

Jane s'entendit très bien avec Edna O'Brien. Ce grand écrivain était la démonstration vivante qu'une femme pouvait être indépendante dans tous les domaines et rester tendre, romantique, chaleureuse et – au meilleur sens du mot – féminine. Sa crise de croissance et d'indépendance avait conduit Jane à s'intéresser de plus en plus aux problèmes rencontrés par les femmes dans une société dirigée par les hommes. Edna fut l'une des pièces du puzzle qui achevait de se mettre en place dans la tête de ma femme.

Nous ne restâmes que deux semaines à Londres et partîmes pour la Californie. Détail sans doute significatif, cette fois nous ne louâmes pas de maison. J'avais retenu une suite au Beverly Wilshire Hotel pour Jane et moi. Vanessa et Dot furent installées chez Henry et Shirlee Fonda.

Sachant que notre séparation n'était plus qu'une question de temps, j'aurais pu faire moi-même le pas décisif et assumer la rupture. Je ne m'y décidai pas pour plusieurs raisons. Avant tout afin de ne pas heurter l'ego de Jane. Il est toujours plus difficile d'être celui qu'on quitte que celui qui décide de partir. Je ne voulais pas provoquer d'amertume ou de rancœur à mon égard. En particulier à cause de Vanessa. J'avais toujours présente en mémoire la phrase d'Henry que m'avait un jour répétée Jane : « On ne quitte pas un Fonda. » Et l'expression de son visage quand elle avait prononcé ces mots. Une autre raison, plus frivole, c'est qu'en dernière analyse, la situation ne me déplaisait pas. Je ne suis nullement masochiste, mais il est dans ma nature de me complaire aux situations équivoques, troubles, compliquées. Cela changeait de la routine de l'amour. Ce n'était pas si désagréable.

De plus, j'étais convaincu qu'elle ne recherchait pas une nouvelle aventure amoureuse. Elle ne me quittait pas pour un autre homme, mais pour elle-même. Elle déclara plus tard à un journaliste : « Vadim est un homme intelligent, il respecte les gens, mais il n'était pas préparé à ce qui est arrivé. Il aurait mieux compris une femme qui le quitte pour un autre homme, qu'une femme qui le quitte pour elle-même. » Si c'est réellement ce qu'elle pensait, elle se trompait. J'aimais mieux la voir s'échapper sur le char de la politique qu'atterrir dans le lit d'un homme qu'elle m'aurait préféré. Solution qui avait l'avantage de ménager mon orgueil.

Jane avait trouvé sa voie. Le moment était arrivé de rejeter sa vieille peau. De muer. C'est dans la chambre du Beverly Wilshire qu'elle prononça finalement les mots que j'attendais depuis des mois :

« Vadim, il faut nous séparer. Je t'aime toujours beaucoup mais j'ai besoin de mon temps, de ma vie, de ma liberté. »

Je restai silencieux un moment puis je demandai :

« Et Vanessa? »

Aussitôt, elle fut sur la défensive. L'enfant était un
point sensible qui la touchait autant que moi. Son
ton devint agressif.

« C'est un problème, je sais. Mais je n'y peux rien.
Nous déciderons plus tard des modalités. »

Ce n'était pas le moment de déclencher un état
de crise. Encore moins d'ouvrir les hostilités. Je
répondis que j'avais espéré vivre toute ma vie avec
elle, que j'avais vraiment cru à ce rêve et que j'étais
un peu triste.

« Un peu triste? c'est tout ce que tu trouves à
dire? »

Elle me regarda comme si j'arrivais de la lune ou
d'un coin éloigné de la Voie lactée. En fait, je
souffrais beaucoup mais je ne pouvais me résoudre
à le dire. Je n'ai jamais pu parler à mes amis, ni à
mes femmes, ni à ma mère, de mes peines profondes. De même des douleurs physiques : je me
plaindrai d'un mal de tête ou d'une brûlure au doigt
mais pas d'une cheville brisée.

Il n'y eut pas de séparation chirurgicale. Nous
quittâmes le Beverly Wilshire pour le pavillon
d'amis de la maison d'Henry Fonda à Bel Air.

Un soir, dans notre petit salon, je repassais pour
la septième fois une chanson des Rolling Stones.
Jane cria de sa chambre :

« Ça suffit! Change le disque, je ne peux plus
travailler. »

J'arrêtai la stéréo et entrai dans la chambre à
coucher que Jane avait transformée en tanière
hippie : tissus indiens sur le lit et les murs, lumière
tamisée, des bougies, des ampoules électriques rouges et bleues et de l'encens brûlant sur une table
basse. Elle posa le crayon à l'aide duquel elle

soulignait quelques phrases d'un article concernant le Viêt-nam et me dit :

« Ecouter sans cesse le même passage musical est un des symptômes de la dépression nerveuse. »

J'ignorais ce détail. Pendant plus d'un an, pour éviter la dépression nerveuse, je m'interdis d'écouter deux fois de suite la même chanson.

QUATRIÈME PARTIE

DIALOGUE AVEC LES STARS

34

Je venais de passer un mois avec mes enfants dans ma maison de la plage de Malibu.

Nous avions pêché, fait du bateau, dîné au Magic-Palace, visité le musée de cire et Marineland. Nous nous étions perdus à Disneyland. Et surtout, nous avions religieusement rendu hommage au monde moderne en absorbant des centaines d'heures de *junk TV* sans jamais nous plaindre de mal aux fesses. Pour les sept ans de Christian, j'avais donné une grande fête avec un éléphanteau, trois poneys, mille ballons multicolores, deux clowns et un fakir. Nous étions satisfaits les uns des autres et d'accord sur un point : si Dieu existait, il ne devrait pas permettre que ce genre de vie eût une fin.

Mais le jour arriva où je dus renvoyer chacun de mes enfants à sa mère respective. Nathalie devait rejoindre à Rome Annette Stroyberg – fiancée depuis deux ans à un milliardaire américain d'origine grecque. Christian devait retrouver Catherine Deneuve à Paris. Vanessa était attendue par Jane Fonda à Londres.

Au début de 1970, à Los Angeles, tous les vols pour l'Europe partaient du même building. Vanessa fut confiée à une hôtesse. Christian, habitué à voyager seul, m'embrassa et fila entre les jambes des passagers. Nathalie, plus sentimentale, faillit manquer son appel. Les départs se situaient pratiquement à la même heure. Je me retrouvai « orphelin d'enfants » comme disait Christian et marchai vers la sortie. J'allais quitter l'aéroport quand j'entendis mon nom :

« M. Roger Vadim est prié de se présenter au bureau d'Air France. »

On devine la suite...

Les billets Air France portaient chacun le nom *Enfant Vadim*, suivi d'une initiale. Deux d'entre eux avaient été endossés par Pan Am et T.W.A. Un peu distrait, à mon habitude, j'avais expédié le mauvais enfant à la mauvaise mère.

Nathalie, qui devait retrouver sa maman à Rome, était en route pour Londres où Jane Fonda attendait Vanessa.

Vanessa volait vers Paris où Catherine attendait Christian.

Christian allait atterrir à Rome à la surprise d'Annette Stroyberg.

Je passai ma soirée et la nuit à téléphoner dans les trois capitales pour annoncer aux mamans qu'elles n'allaient pas recevoir le bon enfant.

J'ai essayé d'éclairer le lecteur sur les raisons qui déterminèrent la vocation politique de Jane Fonda. Mon intention n'est pas de parler de ses activités dans ce domaine; c'est une chose qui la regarde et qui concerne les Américains.

J'ai pu donner l'impression que notre divorce était uniquement dû à cette métamorphose. Ce n'est peut-être pas tout à fait juste. J'ai mes faiblesses et mes défauts, qui y contribuèrent certainement. Mais je n'ai pas envie d'en parler. J'ai livré au lecteur tous les indices nécessaires pour éclairer le jury.

La vie en commun avec mon « ex-femme » chez Henry Fonda n'était pas désagréable, mais quand un couple décide de se séparer c'est, en principe, pour ne plus vivre ensemble. Je louai donc une maison sur la plage de Malibu et m'y installai avec Vanessa et Dot. Jane, très prise par ses nouvelles activités, voyageait beaucoup. Elle était contente que je puisse m'occuper de notre fille. Nathalie, qui détestait son école en Suisse, vint aussi habiter avec nous.

Mon projet de film avec Edna O'Brien n'aboutissait toujours pas et j'acceptai de tourner *Si tu crois fillette...* pour la M.G.M. L'histoire se situait dans un lycée mixte de Beverly Hills. Rock Hudson, Angie Dickinson, Telly Savalas et quinze des plus jolies (très) jeunes comédiennes de Hollywood faisaient partie de la distribution de mon film. Les soirées à Malibu étaient toujours joyeuses et je me découvris soudain un grand nombre d'amis. Il me restait peu de temps pour penser à mon mariage détruit.

J'avais passé plusieurs heures avec Jane en compagnie d'Angela Davis qui me parut être une femme intelligente et réservée. Je fus surpris d'apprendre, quelques semaines plus tard, que toutes les polices des Etats-Unis la recherchaient. Deux agents du F.B.I. vinrent me trouver sur le plateau de la M.G.M. Ils me demandèrent si je savais où elle se trouvait. Je l'ignorais. Ils me demandèrent si Jane Fonda savait où elle se cachait. Je l'ignorais. Ils me posèrent beaucoup de questions concernant les activités politiques de ma femme. (Nous n'étions pas officiellement séparés.) Je répondis qu'ils en savaient certainement beaucoup plus que moi à ce sujet. C'était la vérité. Naturellement, si j'avais su quelque chose qui risquât de nuire à Jane, je n'aurais rien dit.

Jane se mit à voyager sans cesse. Une habitude qui lui est restée. Women's Lib, Indiens d'Amérique,

Black Panthers, minorités opprimées et surtout, à l'époque, le mouvement de résistance à la guerre du Viêt-nam prenaient tout son temps. Elle débarquait parfois à Malibu pour quelques heures, embrassait sa fille et partait sur la plage donner une interview télévisée. Vanessa s'asseyait quelques mètres plus loin sur le sable et écoutait sa mère parler du destin du monde. Elle aurait préféré être sur ses genoux.

Ayant terminé le travail que la M.G.M. attendait de moi pour la finition de *Si tu crois fillette...*, je décidai de rentrer à Paris. Je venais de passer plusieurs mois particulièrement distrayants pour un nouveau divorcé mais la blessure profonde causée par le départ de Jane restait ouverte. Je pensais que la France serait un bon endroit pour cicatriser. Dans les moments de la vie où l'on se sent fragile, l'instinct est de retourner à ses racines.

Jane n'avait pas abandonné son métier pour ses nouvelles activités politiques. Loin de là. Elle préparait le tournage de *Klute* qui allait marquer l'apogée de sa carrière d'actrice : son premier Oscar. Le nouvel homme dans sa vie était son partenaire au cinéma et son camarade de combat, Donald Sutherland.

Il fut décidé que Vanessa me suivrait à Paris. Cette décision fut prise pour des raisons d'ordre pratique – Jane avait trop peu de temps à consacrer à sa fille – mais aussi, je tiens à le préciser, parce qu'elle respectait mon attachement pour Vanessa et savait que la petite m'adorait. Alors qu'elle était en pleine fureur politique, dénonçant l'oppression de la femme par les hommes disposant de tous les pouvoirs, elle n'abusa jamais des droits que la société lui reconnaissait sur son enfant en tant que mère. Elle se montra toujours concernée *avant tout* par les réalités affectives dans les problèmes concernant la garde de l'enfant. On ne peut en dire autant de la majorité des parents divorcés.

Dans son désir frénétique de rompre avec tout ce qui pouvait rappeler matériellement sa vie de femme au foyer – de quoi avait-elle peur? – Jane décida de vendre la maison de Houdan. Elle envoya ses instructions de Los Angeles. Dans ce processus de vente à distance, une grande partie de mes affaires personnelles furent égarées ou volées. Je regrettai mon jeu d'échecs du XVIIᵉ siècle et ma collection des premières revues de science-fiction, très recherchées aujourd'hui; mais surtout j'étais désolé d'avoir perdu mes souvenirs d'enfant, des lettres, des dessins, des photos, mes premières œuvres manuscrites – sans parler des papiers officiels. Pendant des années, j'eus des problèmes avec le fisc, ne pouvant plus rien justifier rétroactivement. Et l'on sait ce que cela peut coûter.

Que Jane ait décidé d'effacer brutalement toute une période de sa vie, c'était son droit, mais qu'elle rayât du même coup mon propre passé me semblait un peu dur. Sur le plan financier, nous n'eûmes aucun problème. Je reçus les sommes que j'avais investies dans l'achat et l'aménagement de la maison. Elle aurait pu tout garder.

Je dus trouver un nouvel endroit où habiter à Paris. Je louai un appartement au rez-de-chaussée, avec jardin, avenue Foch. Vanessa adorait sa nouvelle maison qui se trouvait à quelques pas des tas de sable, du lac du bois de Boulogne où nageaient les canards, des petites voitures à pédales en location et d'une galerie souterraine connue de tous les gosses du quartier pour ses magasins de jouets et pour un cinéma où l'on projetait à longueur d'année *Les Aristochats* de Walt Disney.

Dot était retournée à Londres reprendre son métier d'habilleuse au théâtre, qui lui manquait. J'avais hérité d'une nouvelle nanny engagée par Jane. Suzy était très grande, très rousse, très nerveuse et toujours persuadée qu'on allait la violer. Suzy et Vanessa rentraient souvent à la maison hors d'haleine, ayant couru pour échapper aux obsédés sexuels qui à Paris, comme l'on sait, attendent au coin de chaque rue les malheureuses touristes américaines sans défense. Une façon comme une autre de faire du jogging. Suzy n'était pourtant pas très jolie – pas du tout le genre à affoler le cochon qui sommeille chez tous les hommes.

Je décidai de passer quelques jours de vacances à Venise. Vanessa se souvient en particulier des pigeons de la place Saint-Marc qui prenaient son bonnet de laine pour des latrines. Je donnai deux jours de liberté à Suzy qui partit chasser – ou se faire chasser – dans le labyrinthe des canaux et des petites ruelles. Le même soir je la retrouvai à l'hôtel, en larmes. Elle avait rencontré un Italien sur le vaporetto. Trente-cinq ans, petit mais bel homme. Ils découvrirent qu'ils aimaient l'art et les beaux objets et l'homme proposa à Suzy de l'accompagner chez lui pour admirer sa collection d'estampes japonaises. Elle accepta, se réservant de décider au dernier moment, quand il lui sauterait dessus, de se laisser faire ou de crier au viol par la fenêtre. Mais rien ne se passa. L'homme voulait *réellement* faire admirer ses estampes japonaises. Après un verre de porto, il raccompagna poliment Suzy jusqu'à l'hôtel.

N'ayant finalement jamais réussi à être violée – soit qu'elle courût trop vite, soit qu'elle fût tombée sur le seul véritable amateur d'estampes japonaises au monde – Suzy décida de rentrer aux Etats-Unis. Jane m'envoya une autre nanny. Elisabeth était plus âgée que Suzy. Trente ans environ, un visage d'une beauté assez classique, un comportement calme. Elle me fit une excellente impression.

Je tournais un film dans les Alpes, près de Megève. A son habitude, Elisabeth s'était endormie dans un champ après le repas. Vanessa attendait patiemment qu'elle s'éveille en observant les insectes à ses pieds, dans l'herbe. Je vis de loin Elisabeth qui se relevait et marchait en titubant. « Elle est mal réveillée », pensai-je. Vanessa lui prit la main et l'obligea à s'arrêter au bord de la route. Après le passage d'un camion, la petite vérifia que la voie était libre. Gardant toujours dans sa main la main de sa nanny, elle lui fit traverser la route.

Je pensai qu'Elisabeth appliquait une méthode personnelle pour apprendre à Vanessa à traverser les routes. Quand j'en parlai à ma fille qui avait maintenant trois ans, elle me répondit :

« Quand je la laisse traverser toute seule, elle nous fait écraser. »

Je découvris ainsi qu'Elisabeth était complètement alcoolique. J'en parlai à Jane au téléphone. Elle m'accusa de chauvinisme.

Quelques jours plus tard, Jean-Michel Lacor, mon assistant, découvrit qu'Elisabeth mettait du whisky dans le biberon du soir de Vanessa pour l'aider à dormir. Cette fois, je passai outre au veto de Jane et renvoyai Elisabeth aux U.S.A. Jane ne me croyait toujours pas. Six mois plus tard, elle découvrit finalement la vérité.

« Tu avais raison », reconnut-elle.

Une des grandes qualités de Jane, c'est de savoir reconnaître ses torts.

Vers la fin de mon tournage dans les Alpes, Jane

arriva en France pour discuter d'un film avec Jean-Luc Godard. Sa première visite fut pour Vanessa.

Ayant appris que Jane faisait de sérieuses réserves sur le script – elle n'était pas d'accord avec la signification politique de l'histoire – Jean-Luc lui envoya son associé Jean-Pierre Gorin. Deux heures après l'arrivée de Jane à Megève, Gorin était dans le salon de la maison que j'avais louée pour l'été et submergeait mon ex-femme d'explications politico-artistiques sur la profondeur et la signification historique de *Tout va bien*. Jane venait d'atterrir à Genève, elle n'avait pas dormi depuis vingt-quatre heures et souffrait du décalage horaire. Elle fut surprise et un peu irritée de l'insistance de l'émissaire de Godard.

« Si vous permettez, je vais aller coucher ma fille que je n'ai pas vue depuis deux mois », dit-elle.

Après qu'elle eut embrassé Vanessa et chanté une berceuse pour l'endormir, Jane descendit à la cuisine, espérant grignoter en paix une branche de céleri et un morceau de reblochon. Mais Gorin l'attendait, fermement planté devant le frigidaire.

Pendant trois heures il essaya de la convaincre. Jane, épuisée, avait à peine la force de répondre. Il répétait qu'elle allait ruiner son image politique si elle refusait de tourner *Tout va bien*.

« Vous n'aurez plus, nulle part, aucun crédit politique. En refusant de tourner ce film, vous commettriez une erreur que vous pourriez regretter longtemps. »

Il parlait si haut que j'entendis une bonne partie de la conversation. Vers deux heures du matin, je décidai de me mêler de ce qui ne me regardait pas. J'entrai dans le salon.

« Pas de troisième degré chez moi, dis-je à Gorin. Pour ce genre de séance, cherchez-vous un autre local. »

Il accepta de croire que je plaisantais. Jane me jeta un regard reconnaissant et partit se coucher.

Craignant de décevoir Jean-Luc Godard, elle accepta finalement de tourner *Tout va bien*. Mais comme elle l'avait prévu, le film ne fut pas un succès commercial et irrita les « purs ».

Je cite cette anecdote parce que j'en ai été le témoin. Beaucoup de gens allaient chercher à utiliser à des fins personnelles l'image politique de Jane et son extraordinaire impact sur les médias.

Je n'aurais jamais imaginé qu'un an après ma séparation d'avec Jane, j'allais à nouveau tomber amoureux.

Catherine Schneider avait vingt-huit ans. Grande. Elégante. Beaucoup de charme. Des yeux bleus irrésistibles. Un humour très cruel. Réputée pour sa beauté et sa façon de jouer avec le cœur des hommes, héritière d'une des familles les plus fortunées de France, elle n'avait aucun lien avec le cinéma. Elle aimait les films en spectatrice, c'était tout. Elle n'avait aucune intention de devenir actrice. L'idée même la faisait hurler de rire. Notre liaison surprit beaucoup mais nous nous entendions très bien.

Au début de l'hiver 72-73, je me rendis avec Catherine à Roeros, en Norvège, où Jane Fonda tournait *Maison de poupée* sous la direction de Joseph Losey. Nous y passâmes une semaine avant de rentrer à Paris avec Vanessa qui était restée près de sa mère pendant le tournage du film.

Le jour de notre arrivée, il faisait beau. La campagne et les rues de la petite ville étaient couvertes de neige. Jane accueillit amicalement Catherine.

« Vadim m'a dit que vous vous entendiez très bien avec ma fille.

– Elle est unique, répondit Catherine. Je l'adore. A dix-neuf ans, j'avais déjà deux bébés, mais c'étaient des garçons. »

Je connaissais Joseph Losey et lui rendis visite.

« Vous avez vécu six années avec Jane Fonda? me demanda-t-il.

– Oui.

– Vous avez pourtant l'air en forme. »

Ce commentaire quelque peu sarcastique était d'une certaine façon justifié. L'atrice Delphine Seyrig qui faisait aussi partie de la distribution – très active politiquement et championne du M.L.F. – était en quelque sorte une réplique française de Jane Fonda. Losey aurait peut-être survécu à l'une ou l'autre, mais l'alliance de ces deux superféministes, c'était trop pour lui.

« Elles discutent chaque plan, se plaignit-il. L'autre jour, Delphine m'a dit que la façon dont je lui demandais de boire sa tasse de thé était sexiste. Parfois l'envie me prend de quitter le plateau et de marcher dans la neige jusqu'à l'épuisement et l'oubli total... »

Il rit à cette idée et se servit un grand verre d'aquavit.

Le même soir, Jane s'arrangea pour se retrouver seule avec moi.

« Je suis enceinte », me dit-elle.

Je ne savais s'il fallait la féliciter ou prendre l'air étonné.

« J'ai décidé de me marier, ajouta-t-elle.

– Excellente chose.

– Seulement je ne peux pas.

– Pourquoi?

– Nous ne sommes pas divorcés. »

J'avais oublié ce détail. Comme il n'y avait jamais eu entre nous de problèmes financiers ou de désaccord au sujet de la garde de Vanessa, nous avions négligé d'entreprendre les formalités nécessaires au divorce.

« Qui est le père? » demandai-je,

Je n'ai jamais su résister à l'envie de taquiner Jane. Même dans les moments les plus délicats ou les plus dramatiques. Elle m'a toujours pardonné. On se demande pourquoi.

Je savais, bien sûr, que Tom Hayden était le père. Depuis plusieurs mois, la presse américaine parlait du couple Fonda-Hayden.

On imagine la première rencontre de ces deux leaders activistes agitée, tumultueuse... César et Cléopâtre, Jeanne d'Arc et de Gaulle, enfin quelque chose de ce genre. Il n'en fut rien. Ils se sont connus à la lumière d'un projecteur de six watts.

Tom avait appris que Jane montrait en public les photos de son voyage au Viêt-nam. Il l'invita à visionner chez lui son propre diaporama sur l'histoire de la culture vietnamienne. Cette méthode de séduction, bien supérieure à la tactique des estampes japonaises, est à recommander. La preuve : quatorze ans après Jane et Tom vivent toujours ensemble.

« Pourquoi l'épouser? demandai-je à Jane.

– Est-ce que je me suis jamais montrée spécialement allergique au mariage? » me répondit-elle en souriant.

Elle reprit son air sérieux et ajouta :

« Une des raisons pour lesquelles j'ai décidé d'épouser Tom, c'est pour ne pas heurter sa mère. Elle ne pourrait jamais comprendre que les parents de son petit-fils ou de sa petite-fille ne soient pas mariés. »

Je ne pouvais m'inscrire en faux. Je m'étais moi-même marié pour de plus futiles motifs. Et je devinai aussi d'autres ombres derrière cette décision, les ombres de la politique.

« Bien, dis-je, divorçons. Tu me diras ce qu'il faut faire. »

Peu de temps après, je me trouvais avec Catherine Schneider au Beverly Wilshire Hotel. Elle m'avait accompagné à Los Angeles où je devais régler les formalités de mon divorce.

L'avocat de Jane et le mien étaient au bord de la dépression nerveuse. Il y avait de quoi : nous étions d'accord sur tout. Après que nous eûmes signé les papiers, mon avocat remarqua sur un ton lugubre :

« C'est le premier divorce de ce genre dans toute ma carrière. Si Jane et vous lancez cette mode, c'est notre fin, c'est la ruine! »

Trois semaines plus tard, Jane épousait Tom Hayden.

Sans m'en rendre compte, j'avais suivi un cycle aussi régulier que les révolutions saisonnières : tous les cinq ans, j'étais père d'un enfant né d'une mère différente. Fille, garçon, fille... En 1974, c'était le tour d'un garçon.

Deux mois après la naissance de Troy (le fils de Jane et Tom), Catherine Schneider mit au monde un bébé de sexe masculin que nous appelâmes Vania. Avant la fin de la même année, elle devint la quatrième Mme Plémiannikov.

Nous achetâmes au 6, avenue Le-Play, un appartement qui donnait sur le Champ de Mars.

Quand Jane passait par Paris, elle habitait chez nous. Dans cet appartement de grand luxe elle recevait des leaders d'extrême gauche, tel par exemple Régis Debray. Au même instant, dans un autre salon, le président de la République, Valéry Giscard d'Estaing, prenait le thé avec ma nouvelle femme. Il connaissait Catherine depuis plus de dix ans et lui portait toujours la plus grande affection.

« Qui Jane Fonda reçoit-elle? demandait Giscard.

– Un terroriste, un maoïste et le président du mouvement trotskiste », répondait Catherine, très mondaine, versant une goutte de lait dans la tasse de son invité. (Comme moi, elle adorait taquiner.)

Au retour de son fameux et controversé voyage à Hanoi, Jane passa deux nuits avenue Le-Play avec Tom Hayden et son fils Troy. Le président Giscard d'Estaing nous avait rendu visite. Il parla avec Jane, très intéressé de ce qu'elle avait à dire sur la guerre au Viêt-nam et ses rencontres avec les dirigeants communistes. Tom revint de la cuisine avec une cuisse de poulet dégoulinante de sauce. Il s'assit sur le sol et se mit à manger le poulet avec les doigts. Je voyais l'expression terrifiée de Catherine, suspendue à la goutte de graisse prête à tomber sur le superbe tapis de Kenneth Noland, acheté à New York un mois plus tôt. Giscard, tout en écoutant Jane, observait la scène du coin de l'œil, surpris du style super-désinvolte de Hayden et intérieurement amusé par les angoisses de Catherine.

« Ces jeunes politiciens américains sont tout à fait décontractés », fit-il remarquer, après que Tom fut parti se coucher.

Une idée semblait le rendre perplexe.

« Croyez-vous qu'il sera un jour président des Etats-Unis? » me demanda-t-il.

Vanessa grandissait. Mes relations avec Jane restaient toujours excellentes. Notre fille partageait son temps entre la Californie et la France, et devint parfaitement bilingue. Le contraste des cultures lui réussissait. Mais quand elle eut neuf ans, nous décidâmes, Jane et moi, qu'elle ne pouvait plus changer d'école en cours d'année.

Je venais une nouvelle fois de divorcer. J'avais espéré, en épousant une femme qui n'était pas une actrice, parvenir à me ranger. Ce ne fut pas le cas. Je décidai de m'installer en Californie. Je pris une maison non loin de celle de Jane, à Santa Monica. Ainsi Vanessa put continuer de partager son temps entre son père et sa mère.

Nous avons passé plusieurs Noëls en famille, à la montagne. Une année, avec Robert Redford – presque un champion de ski – à Sundance (Utah), où il possède toute une montagne. L'hiver suivant à Panorama, au Canada, fameux pour son ski d'hélicoptère. L'appareil vous lâche à 3 500 mètres d'altitude; le froid est intense et il faut immédiatement protéger ce qui reste à découvert du visage, des projections de neige poudreuse soulevée par les pales de l'hélicoptère reprenant son vol. Après, c'est le rêve. Immenses pentes de neige vierge, glaciers, crevasses que le guide vous signale au dernier moment, changement de neige, avalanches qui vous guettent, rochers, traversée de forêts, et finalement, le soupir de soulagement quand on atteint le petit chemin glacé qui mène au fond de la vallée. Certainement pas un exercice pour débutant. J'étais fasciné par le courage et la détermination de Jane, engagée dans une aventure très au-dessus de ses moyens. Vanessa parvint aussi jusqu'au bas de la montagne sans s'être fait récupérer par l'hélicoptère, comme la plupart des autres membres de l'expédition. Mais je le confesse, j'ai un peu triché : je l'ai portée sur mes épaules au long des passages difficiles.

L'hiver dernier, nous avons passé les fêtes à Aspen (Colorado), avec les Kennedy qui sont tous de remarquables skieurs.

Jane s'est investie d'un rôle qui dépasse de loin les devoirs et les misères (!) de la star de cinéma. Lourd fardeau que de symboliser le rêve de la femme moderne... Figure politique, femme d'affaires exceptionnelle, actif supporter de la carrière de son mari, mère consciencieuse, productrice, écrivain, star internationale, c'est un peu beaucoup pour une seule personne. On a vu des actrices que le simple fait de devenir vedette a fait craquer complètement. Pour ma part, je ne pense pas que je pourrais survivre à une seule de ses journées.

Arrivée après vingt-trois heures de New York, Chicago ou Kansas City où elle a tenu un meeting politique, Jane ouvre son courrier, appelle son mari à Sacramento (élu au parlement californien, Tom Hayden doit passer plusieurs jours par semaine dans la capitale de l'Etat) et prépare sa journée du lendemain. Au lit, elle s'efforce de lire un article ou un scénario et s'endort sur sa page. A six heures du matin, elle est debout. Pas de bonne à la maison. Elle boit son jus de fruit et grignote quelque chose en prenant des notes pour son prochain livre ou son prochain discours. Elle court ensuite quelques kilomètres, mêlée aux joggers de l'aube. A huit heures, je la rejoins en compagnie de Vanessa à SMASH (Santa Monica Alternative School) pour un meeting avec les professeurs. Jane s'inquiète de retards répétés de sa fille et demande que le rapport de l'école soit bihebdomadaire et non mensuel. La directrice accepte. Les professeurs sont contents de Vanessa. Comme beaucoup d'enfants doués, elle a tendance à utiliser sa facilité pour en faire le moins possible, mais ses notes sont excellentes, « A » dans toutes les matières. A huit heures trente, le meeting s'achève. Jane est rassurée.

« Je suis un peu vexée, me dit-elle avec un demi-sourire. Apparemment, Vanessa est plus ponctuelle quand elle couche chez toi...

– Parce qu'elle ne compte pas sur moi pour se réveiller et l'obliger à se dépêcher. En général, moi, le matin, je dors. »

Jane quitte l'école au volant de sa Volkswagen. (Elle a un grand break pour ses déplacements à son ranch de Santa Barbara.) A neuf heures, elle se rend dans l'un de ses centres d'aérobic. Là, en bonne élève, elle martyrise pendant une heure son corps qui se refuse de vieillir. Elle rentre chez elle, prend une douche, se coiffe, se maquille – légèrement –, donne dix coups de téléphone.

A onze heures trente, elle est dans ses bureaux. Avec Debby, sa secrétaire, elle règle quelques affaires personnelles, signe des chèques et le courrier du jour. Ensuite, conférence avec d'autres collaborateurs sur les problèmes de production. Vers treize heures trente, déjeuner ultra-léger à la cantine d'un studio avec le scénariste de son prochain film.

L'après-midi n'est pas moins chargé. Interview pour une future émission de télévision. Rendez-vous avec une amie responsable de la lutte contre les nouvelles lois de l'administration Reagan qui grignotent peu à peu les avantages sociaux gagnés par les femmes depuis deux décennies. Vers dix-huit heures, elle retourne chez elle, passe un moment avec son fils Troy. Elle donne ses instructions au jardinier et téléphone à sa belle-mère Shirlee Fonda – la mort d'Henry les a encore rapprochées. Ensuite, elle file dans la cuisine-salle à manger préparer le dîner. Menu de santé, simple évidemment, au grand désespoir de Vanessa qui a hérité, avec ses chromosomes français, un goût marqué pour une nourriture plus sophistiquée.

Tom Hayden arrive de Sacramento. Après le

dîner, meeting avec le staff de Tom pour définir la stratégie à suivre lors de l'élection de novembre.

Il est vingt-trois heures, Jane boucle rapidement une petite valise : à 7 h 48, le lendemain matin, elle s'envole pour Miami.

Je ne sais si Jane apprécierait ce portrait de super-woman. C'est pourtant une journée type de son existence. Heureusement, il y a des rémissions. Elle prend le temps de voir des amis qui ne font pas tous partie de son entourage politique. Elle assiste volontiers à des concerts de musique rock et emmène ses enfants au cinéma. Il est lui arrivé de passer chez moi pour une raison quelconque (un livre à donner à Vanessa) et de rester deux heures à bavarder de tout et de rien, oubliant de culpabiliser. Deux heures à ne rien faire, c'est pour elle un luxe inouï... Elle se lève brusquement et me dit :

« J'ai encore fait l'école buissonnière! »

Pour les uns, Jane est une dangereuse extrémiste, une féministe fanatique, pour les autres une femme engagée, luttant pour la justice sociale sous toutes ses formes. Mais chacun se pose la même question : cette surprenante machine à tout réussir, a-t-elle un cœur?

J'y répondrai en parlant de l'amour que Jane portait à son père. Henry n'était pas d'un tempérament très expansif mais l'âge venant, il s'ouvrit davantage à sa fille. Depuis plus de trente ans, Jane attendait ce miracle et, les dernières années, ils étaient devenus très proches. Mais le destin semblait ne pas vouloir lui accorder de véritable paix dans ses relations avec Henry. Jane souffrait dans son corps et son cœur de la longue et incurable maladie qui emportait son père. En regardant les yeux bleus de Jane et l'expression de son visage, je devinais l'état d'Henry sans avoir à poser de question.

Sa douleur quand il est mort, douleur pudiquement retenue mais profonde et tragique, était la douleur d'une femme qui sait aimer.

Un jour que nous nous promenions dans les collines de son ranch près de Santa Barbara, je demandai à Jane :

« Tu as réussi pratiquement tout ce que tu as entrepris dans ta vie. Si pourtant tu avais un vœu à formuler, quel serait-il? »

Elle s'arrêta et s'assit près d'un buisson de genêts pour réfléchir. Puis elle me dit :

« Grandir... pas en surface, mais en moi-même. J'aimerais grandir en profondeur. Mieux comprendre les choses de l'intérieur. »

Bien que Catherine Deneuve soit française et que nous ayons un enfant ensemble, j'ai eu beaucoup moins d'occasions de la revoir que Jane Fonda.

La dernière rencontre qui m'ait laissé un souvenir plutôt charmant se situe il y a plus de dix ans. Catherine sortait beaucoup avec Marcello Mastroianni, qui était très amoureux d'elle, et un soir, nous nous retrouvâmes tous les trois pour dîner à Paris, dans un agréable restaurant de la Rive gauche.

J'aimais beaucoup Marcello. Je le trouvais séduisant, drôle, tendrement blasé, sans parler de son talent. Ce soir-là, nous bûmes généreusement. Catherine était gaie, à son mieux. Avant de partir, j'obligeai le patron à me vendre l'immense bouquet qui ornait le bar du restaurant et l'offris à Catherine. Marcello était fâché de ne pas y avoir pensé le premier.

« Tu m'ôtes les fleurs de la bouche », me dit-il.

Nous montâmes tous les trois dans ma voiture et Catherine me demanda de déposer d'abord Marcello à son hôtel. Ce que je fis. Puis je la raccompagnai chez elle et l'embrassai pour lui dire au revoir.

Si son idée avait été de taquiner Marcello pour le rendre un peu jaloux, elle y réussit. Quand je le revis, il me dit qu'il s'était brusquement trouvé de trop pendant le dîner.

« Vous étiez comme de vieux complices... Riant, vous comprenant à demi-mots. J'ai pensé un moment qu'elle était encore amoureuse de toi. »

Je lui affirmai que s'il devait être un jour jaloux, ce ne serait certainement pas à cause de moi.

Marcello prétendait que les femmes mettaient toujours les hommes à la porte et me raconta ce qui lui était arrivé avec Faye Dunaway. Ils étaient amoureux et vivaient ensemble à New York. Elle lui répétait : « Je ne suis pas à mon aise si je ne suis pas vraiment chez moi. »

Pour la rassurer, il décida de lui acheter (ou de louer, je ne sais plus) un appartement.

« Maintenant, c'est moi qui étais chez elle, dit Marcello. Ça n'a rien changé. Quelques jours plus tard, elle m'arrête dans le hall et me montre mes valises qui étaient devant la porte. Elle n'a jamais voulu me dire pourquoi j'ai été si brusquement remercié. »

Il était convaincu que Catherine le mettrait aussi à la porte un jour ou l'autre.

« Il faut dire que je ne suis pas toujours un ange », reconnut-il.

Christian, mon fils, aimait aussi beaucoup Marcello et fut désolé quand celui-ci repartit en Italie.

Quand Christian venait habiter chez moi, sa mère glissait dans sa valise une liste détaillée de tous ses vêtements. Si, à son retour, il manquait même une chaussette, elle le grondait et m'accusait d'encourager sa tendance au désordre. Aussi prîmes-nous l'habitude, mon fils et moi, de ne plus ouvrir la valise. A son arrivée, nous la glissions sous un lit et partions acheter quelques vêtements.

Je cite cette anecdote pour expliquer qu'avec Catherine j'ai toujours eu le sentiment d'être suspecté de quelque méfait, parfois accusé sans preuves en vertu de la « conviction intime » du juge d'instruction. Je comprends mieux ce sentiment aujourd'hui en apprenant que Catherine a été choisie après Brigitte Bardot pour prêter son profil très classique au visage de Marianne. J'ai partagé la vie des deux seules Françaises qui, en cent quatre-vingt-seize ans, ont officiellement donné leur visage à la République... Ma façon, sans doute, de me montrer bon républicain.

D'ici que Jane Fonda devienne la première présidente des Etats-Unis...

Brigitte Bardot, Marianne détrônée, ne me paraît pas, elle, avoir accompli la transition du monde de l'enfance au monde adulte. Elle est simplement passée de sa collection d'animaux en peluche aux animaux de chair et de sang. Tous les journaux depuis vingt ans parlent de sa croisade en faveur des chiens abandonnés, des singes de laboratoire, de tout ce qui souffre et ne peut pas parler pour se plaindre. Elle qui a refusé des fortunes pour tourner à Hollywood, parce qu'elle n'aime pas voyager, est allée jusqu'au bout du monde, en Alaska, pour essayer de sauver les bébés phoques. Elle se bat pour ses animaux avec la sincérité et l'énergie que met Jane Fonda au service des hommes.

Il y a dix ans, quand elle a renoncé brusquement au cinéma, beaucoup de gens ont dit : « C'est un faux départ. » Je savais qu'elle était sincère. Elle ne pouvait devenir, même à l'écran, une vraie grande personne, avec de vrais problèmes d'adulte. Elle n'a pas trahi la petite Brigitte. Elle a dit au revoir, elle a tiré sa révérence quand il en était encore temps.

J'ai revu Brigitte l'été dernier à Saint-Tropez où je passais les vacances avec mon ex-femme Catherine Schneider, en compagnie de Vania, Christian et Vanessa. (Nathalie, ma fille aînée, était à New York retenue pour le tournage d'un film.)

J'appelai La Madrague, la maison de Brigitte. Elle reconnut ma voix et s'écria :

« C'est toi, mon Vava!... »

La voix était chaleureuse, amicale. Je lui demandai quand je pourrais la voir.

« Pas ce soir. Je réponds à mes lettres. Plus de deux cents. Et je n'ai pas de secrétaire. C'est dur mais je dois le faire. Ce ne sont plus des chasseurs d'autographes qui m'écrivent, ce sont des amis, des amis que je ne connais pas mais qui me connaissent et me comprennent. Ils m'encouragent dans ma guerre pour les animaux. Demain soir, d'accord? Tu me sors au restaurant. Passe à La Madrague, vers huit heures. »

Le lendemain, à l'heure convenue, je sonnai au portail. Un concert d'aboiements me répondit. Le gardien m'ouvrit. Il me dit que Brigitte était encore à la Petite Garrigue, une maison pour Schtroumpfs isolée dans les pins et qui lui sert de « retraite secondaire », comme elle dit. Vers neuf heures et demie, un vieux break Renault s'arrêta dans la cour. La légende était au volant, en blue-jean et tee-shirt. Elle sortit de la voiture, le cheveu en bataille, le visage et les bras couverts de boue et de poussière.

« Pardon, je suis en retard, dit Brigitte. On vient de me faire un sale coup. Les gardiens de la Petite

Garrigue se sont tirés sans me prévenir. J'ai dû nettoyer, arroser les plantes, nourrir les pigeons et mes pensionnaires... (Elle rit malgré son humeur et sa fatigue.) Je te plais comme ça?... Ce que je ne comprends pas, c'est qu'ils aient embarqué la roue de secours neuve de la Mini. »

Je retournai avec elle dans la maison qui n'avait pas changé en quinze ans. Les meubles, les objets, le volume des pièces, étaient à l'échelle humaine. Confortables, simples et très personnalisés.

« Je me récure et je me change, dit Brigitte en partant vers sa chambre. Sers-toi un coup à boire en attendant. »

Je trouvai un petit espace laissé libre sur le divan par les onze chats et les huit chiens et je m'assis.

Nous décidâmes de dîner à l'Auberge des Maures, vieux restaurant tropézien situé dans une rue étroite, loin de la foule du port. On nous avait réservé dans le jardin une table isolée par quelques plantes grimpantes. Brigitte était vêtue d'un pantalon et d'un chemisier dont elle avait relevé les manches et sur lequel elle avait passé un gilet brodé. Ses cheveux tombaient en liberté sur ses épaules.

Elle commanda une bouteille de vin et l'on nous apporta quelques croûtons d'anchoïade pour sacrifier à la tradition. Entre vrais amis, le temps ne s'écoule pas. La conversation s'engagea comme si nous nous étions quittés la veille.

« Tu es heureux, toi? » me demanda Brigitte.

Je lui parlai un peu de ma vie et ajoutai :

« Et toi? »

Ce n'était pas de l'angoisse mais une sorte d'interrogation muette que je lus dans ses yeux.

« D'une certaine façon, je suis plus heureuse qu'avant, me dit-elle après un court silence. J'ai ce

404

que je veux : la paix. Est-ce que tu as peur de vieillir, toi?

— Le principe ne m'emballe pas, dis-je, mais enfin la tête fonctionne, je sème pas mal de gamins de vingt ans sur les pistes de ski et il y a même des dames qui me trouvent à leur goût. »

Elle rit.

« C'est drôle, non? Quand on s'est connus, je croyais qu'après trente-cinq ans la femme était définitivement rangée des voitures. J'approche cinquante et, pourtant, beaucoup de messieurs me trouvent encore pas mal. Ça ne veut pas dire que je réponds à leurs avances, mais ça me fait plaisir. »

Elle me parla de l'homme qui partageait sa vie (d'une façon plus ou moins assidue) depuis quelques années.

« Je m'entends assez bien avec lui. Une sorte de douceur que je n'avais pas connue. (Elle rit à nouveau.) Il faut dire que ma vie sentimentale a toujours été plutôt chaotique. »

Des clients marchaient vers la sortie. Une dame au visage avenant s'approcha de notre table.

« Mademoiselle Bardot, je vous admire tant! Pourrais-je avoir un autographe?

— Oh! non, madame, dit Brigitte. Je ne suis pas actrice. Je ne donne plus d'autographes.

— Excusez-moi, dit la dame. Vous savez, vous êtes... très belle. »

Elle s'éloigna.

« Elle allait dire : *toujours* très belle », remarqua Brigitte.

Dans une petite rue qui monte du port à la citadelle, Brigitte a ouvert une boutique. Un local de cinq mètres sur trois, envahi de babioles : un vieux vélo, des cartes postales et des photos dédicacées (elle ne donnait plus d'autographes, elle vendait le passé), une robe de *Et Dieu créa la femme*, les ballerines de *Vie privée*... Il n'y a que Brigitte pour abandonner au public, comme au marché aux puces, l'écume de sa légende.

La boutique lui permet d'aider les amis qui y travaillent à gagner leur vie. Je doute qu'elle lui assure personnellement un revenu, même modeste. Mais l'idée d'un pareil commerce est significative de la valeur qu'elle accorde à ses années de gloire. Elle abandonne le masque dont on l'avait affublée malgré elle. Comme si elle disait aux gens : « Mon image d'actrice n'était que chimère. Venez, régalez-vous de ces lambeaux d'étoffe que vous m'arrachiez à même la peau. Ils ne valent pas cher, je vous le dis. Prix d'ami... »

Et pourtant, il n'y a pas longtemps, l'ex-ministre de la Culture, Jack Lang, a décoré Brigitte de la Légion d'honneur.

La gamine insolente qui disait non à tous les tabous eût hurlé de rire, si on lui avait dit qu'un jour un ministre cravaté lui remettrait la médaille que seuls méritent les honorables citoyens et les bons soldats.

Aujourd'hui, Brigitte Bardot a cinquante ans. Qu'en pense-t-elle ?

EPILOGUE

ON m'a répété cent fois : « Vous devriez faire un film avec toutes vos ex-femmes en vedettes. » Idée amusante mais irréalisable pour des raisons qu'on devine aisément. Une fois cependant, le hasard a réussi ces déesses à l'apogée de leur beauté sur le même plateau.

Je venais de rencontrer Jane Fonda et tournais avec elle au studio de Saint-Maurice un film dont j'ai déjà parlé, *La Ronde*. Je montrais à Serge Marquand la façon de tomber d'une fenêtre sur le sol pavé d'une rue au cours d'une scène de bagarre. Ma démonstration fut trop réaliste et je me brisai l'épaule.

Annette Stroyberg, de passage à Paris, était venue nous dire bonjour sur le plateau. Elle assista à l'accident. Jane, prévenue dans sa loge, accourut aussitôt. Les deux femmes me soutenaient et me réconfortaient de leur mieux tandis qu'on attendait l'ambulance.

Il se trouvait que Catherine Deneuve répétait sur un autre plateau. Elle entendit parler de ma mésaventure et vint prendre de mes nouvelles.

Quand l'ambulance arriva, Jane, Catherine et Annette montèrent avec moi. Par un autre hasard extraordinaire, une voiture conduite par Brigitte

Bardot pénétra dans la cour du studio alors que nous en sortions. On refuse ce genre de coïncidence dans un scénario ou un roman. Dans la vie cela peut se produire...

Le gardien demanda à Brigitte de reculer pour laisser passer l'ambulance et lui donna le nom du blessé. Brigitte, affolée, sortit de sa voiture et monta dans l'ambulance.

Je regardai les visages anxieux des quatre femmes penchées sur moi et, malgré une terrible douleur à l'épaule, je sus apprécier toute la saveur de cet instant.

« Il est tout vert, s'inquiéta Brigitte.

– Normal pour un Martien », expliqua Catherine.

Elles s'observèrent un instant – Brigitte, Annette, Catherine, Jane – et éclatèrent de rire.

FILMOGRAPHIE
de
Roger Vadim

1956 *Et Dieu créa la femme*, avec Brigitte Bardot, Curd Jürgens, Christian Marquand, Jean-Louis Trintignant.

1957. *Sait-on jamais?* avec Françoise Arnoul, Christian Marquand, Robert Hossein.

1958. *Les Bijoutiers du clair de lune* (d'après Albert Vidalie), avec Brigitte Bardot, Alida Valli, Stephen Boyd.

1959. *Les Liaisons dangereuses* (d'après Choderlos de Laclos), avec Jeanne Moreau, Gérard Philipe, Annette Vadim.

1960. *Et mourir de plaisir*, avec Mel Ferrer, Annette Vadim, Elsa Martinelli.

1961. *La Bride sur le cou*, avec Brigitte Bardot, Michel Subor, Mireille Darc.

1962. *Le Repos du guerrier* (d'après Christiane Rochefort), avec Brigitte Bardot, Robert Hossein.

1963. *Le Vice et la Vertu* (d'après Sade, adapt. avec Roger Vailland), avec Annie Girardot, Catherine Deneuve, Robert Hossein.

1963. *Château en Suède* (d'après Françoise Sagan), avec Monica Vitti, Jean-Claude Brialy, Suzanne Flon, Françoise Hardy, Jean-Louis Trintignant.

1964. *La Ronde* (d'après Schnitzler, scén. Jean Anouilh), avec Jane Fonda, Maurice Ronet, Marie Dubois, Anna Karina, Jean-Claude Brialy, Jean Sorel.

1966. *La Curée* (d'après Emile Zola, scén. avec Jean Cau), avec Jane Fonda, Michel Piccoli.

1969. *Metzengerstein* (sketch d'*Histoires extraordinaires)*, avec Jane Fonda, Peter Fonda.

1969. *Barbarella* (d'après J.C. Forest), avec Jane Fonda, John Philip Lew, Ugo Tognazzi, David Hemmings, Marcel Marceau.

1970. *Pretty Maids all in a Row (Si tu crois fillette...)*, avec Angie Dickinson, Rock Hudson.

1971. *Helle,* avec Gwen Welles, Maria Mauban, Robert Hossein.

1972. *Don Juan,* avec Brigitte Bardot, Jane Birkin, Maurice Ronet, Robert Hossein.

1974. *La Jeune Fille assassinée,* avec Mathieu Carrière, Sirpa Lane, Alexandre Astruc et Roger Vadim.

1982. *Hot Touch,* avec Marie-France Pisier, Samantha Eggar, Melvin Douglas.

1983. *Surprise-party*, avec Christian Vadim, Philipine Leroy-Beaulieu, Caroline Cellier.

1984. *Beauty and the Beast*, avec Susan Sarandon, Klaus Kinsky.

IMPRIMÉ EN FRANCE PAR BRODARD ET TAUPIN
Usine de La Flèche (Sarthe).
LIBRAIRIE GÉNÉRALE FRANÇAISE - 6, rue Pierre-Sarrazin - 75006 Paris.
ISBN : 2 - 253 - 04276 - 5

♦ 30/6368/2